你不可不知的冷门知识

陈伟 宋浩 厉佳◎编著

中国纺织出版社

内 容 提 要

生活中有很多千奇百怪的现象,有很多让人费解的谜团,有很多不明所以的习俗和常识流传,你的好奇心和求知欲是否曾经无数次被激起,因为找不到答案却又不得已放下了呢?

本书采用一问一答的方式,将你能够遇到的冷门知识一一剖析开来,让你看尽奇闻怪事,阅尽千般奇谈,解你所不知,增人生见识。让你在趣味和快乐中满足求知欲,成为一个知之甚多的百事通,为你的生活增光添彩。

图书在版编目(CIP)数据

你不可不知的冷门知识 / 陈伟,宋浩,厉佳编著. -- 北京 : 中国纺织出版社,2017.7

ISBN 978-7-5180-3576-2

Ⅰ.①你… Ⅱ.①陈… ②宋… ③厉… Ⅲ.①科学知识—普及读物 Ⅳ.①Z228

中国版本图书馆 CIP 数据核字(2017)第 103898 号

责任编辑:闫 星　　责任印制:储志伟

中国纺织出版社出版发行

地址:北京市朝阳区百子湾东里 A407 号楼　邮政编码:100124

销售电话:010—67004422　传真:010—87155801

http://www.c-textilep.com

E-mail:faxing@c-textilep.com

北京通天印刷有限责任公司印刷　各地新华书店经销

中国纺织出版社天猫旗舰店

官方微博 http://weibo.com/2119887771

2017 年 7 月第 1 版第 1 次印刷

开本:710×1000　1/16　印张:19

字数:274 千字　定价:38.00 元

前言

现代社会,我们每个人都必须要要和周围的人打交道,不知你是否有过这样的体会:相亲时,你会因为找不到聊天的话题而彼此尴尬;午饭时间遇到领导,原本想与其沟通感情的你也不知如何开口;总有太多问题的孩子一回家就问你“为什么”,而你却哑口无言……面对这些情况,你可能会责备自己:只怪自己知识面太窄,如果“满腹经纶”,便不会如此。

当然,知识分很多种,为大众所熟知的,未必能带动谈话热情,也未必能起到好的谈话效果。为此,我们可以学习一些冷知识。“冷门知识”的范围很广,只要是那些被人们所忽略或者了解不多的知识,都属于这个范围,而且,这个系统庞大又零碎,它们或许饶有趣味,像另一种幽默一样,也或许是与生活息息相关,更有可能是那些书本上找不到的历史、物理、化学等知识。

的确,从表面上看,有些知识看似有些另类,而一旦走近,你会有曲径通幽、拨开迷雾、豁然开朗之感,然后进入一个精彩纷呈的别样世界,不但能增长知识、开阔视野,还能冲击你的思维、挑战你的认知,让你觉得新奇好玩。

从生活入手,举个简单的例子,你知道鸡蛋该怎样放置才能长时间保鲜吗?你知道狗狗为什么不能吃巧克力吗?为什么你吃了四五个桔子脸色就变得枯黄呢?仙人球真的能防辐射吗……再以历史知识和风俗为例,中国历史上有一夫一妻制吗?为什么中国人有拜年的风俗?中国人为何有闹洞房的结婚习俗……

当然,除了这些知识外,冷知识的范围还有很多,只要你能想到的、你应该知道的冷门知识都尽在本书中。为了方便阅读,把原本需要长篇幅表达的问题压缩至几百字,内容简洁、以小见大、深入浅出,以最小的篇幅让读者在最短的时间内获得尽可能多的知识，让人恍然大悟，受益无穷，阅览本书中各种有趣的冷知识，你会成为一个无所不知的“神人”、一个冷知识达人，你也会成为当之无愧的话题王和社交生活的焦点，让家人、朋友、同事、领导都更喜欢你，进而使你工作更出色、生活更幸福。

编者

2016 年 10 月

目录

第二章 大千世界，无奇不有：不可思议的生活真相 // 19

第三章 最熟悉的身体，被忽略的秘密 // 35

第一章

谣言粉碎机：这些『知识』真的科学吗

在我们的日常生活中，我们经常会听到一些小“知识”，比如，韭菜是壮阳神药、牙刷脏过马桶水、仙人球防辐射等，这些似乎已经被我们认为是“常识”，甚至从未怀疑过，但事实情况真的如此吗？有没有科学依据呢？接下来，我们不妨带着疑问来进入下面这一章。

人的智商和头部体积大小有关系吗

一直以来,人的脑部都是科学家们研究的对象,为的是探究人类智慧的秘密,一些人认为,人的头部越大,就越聪明,因为脑袋大的人脑容量就大,这一说法科学吗?

其实,这是一种普遍存在的荒谬认识。因为,智慧的高低并不是由头的大小决定的。头的大小只是一个人外形特征的表现。

那么,人的智慧与脑部的何种因素有关呢?近年来科学研究认为,脑功能的好坏似乎与脑表面沟回的多少与深浅有一定关系。脑表面沟回多而深,表面积就大,脑细胞就多,脑子就好些。反之就差些。但也不尽然。最近,科学研究又发现,聪明的人是因脑神经各部分细胞之间有更多的联系。

另外,人的大脑有很大的潜力,遵循达尔文生物进化论中的用进废退原理,勤用脑、多思考,智力就能得以很好的开发,人就会聪明些。否则,聪明的脑袋懒于思考就会变成愚笨的脑袋。所以聪明与否,既取决于社会环境条件,也取决于个人努力。而唯独不取决于脑袋的大小。

因此,我们可以说,脑袋大就越聪明的说法其实并不科学,而单纯比较脑袋的尺寸也没有意义。

听说牙刷比马桶水还脏,是吗

人们常说“病从口入”,因此很多人都特别注意口腔卫生,每天及时刷牙,觉得这样就能远离牙齿疾病,但最近我们听到了一个新的说法:每天我们使用的牙刷,在使用三周以上,细菌数量就多得惊人:比 9 杯抹布水、29 个一元硬币的细菌量还多,更不可思议的是,如果与马桶水相比的话,牙刷居然是马桶水细菌含量的 80 倍!

事实上,我们实在不明白为什么一些人要将自己平时用的清洁口腔的牙刷与那些抹布水和马桶水相比,除了恶心人以外,还能起到什么作用?难道是让人们不再使用牙刷吗?

我们当然要承认牙刷上残存的细菌,也有一些商家正在研究一些用于牙刷消毒的产品以及抗菌牙刷。不过,并没有专业的医生曾说牙刷上的微生物会对口腔的健康和人体的健康造成多大的危害,并且,我们的身体本身就是处于有细菌存在的微生物环境中,我们的身体也有一定的免疫力,所以,不是一接触到细菌,我们的机体就会生病。

不过,尽量保持牙刷的清洁卫生当然是更好。关于口腔卫生,专家建议:

1.不要和别人共用牙刷。

2.刷完牙以后,要将牙刷上的牙膏、污垢彻底地洗干净。

3.避免将牙刷放置在密闭的容器内。

以上是针对一般情况。如果是免疫力较低的人,比如服用免疫抑制剂、接受放化疗的病人,这些致病微生物可能造成的再次感染就会是很严重的问题。对于这样的人,需要格外注意牙刷的清洁,可以使用合格的牙刷消毒产品,并且要经常更换牙刷。

小分子水能治心血管病,果真如此吗

在水污染日益严重的情况下,人们对饮水健康问题越来越关注,对水质的要求也越来越高,所以,饮用水市场也越来越活跃,于是,竹炭水、月子水、冰川水、小分子水层出不穷。甚至有一些商家称小分子水能清除血脂、治疗心血管疾病。果真如此吗?

其实,这完全没有科学依据,纯属忽悠。专业医生称,一些商家在描述水的神奇疗效时,往往用一些看似很专业的词来描述,比如"饮用后改善人体生物化学作用,能升高血液中的高密度脂蛋白,成为血管清道夫"。血浆高密度脂蛋白的确是一种与患心血管病风险相关的蛋白,被誉为"血管清道夫",但目前临床上提高其浓度的方法,主要是抑制降解酶,仅通过饮水不太可能达到这样的效果。

还有商家声称,小分子水"由于渗透力与溶解力强,易进入细胞内滋养细胞,在血中容易使聚集成团的红细胞分散开,并使新生的红细胞刚度小、变形性大,从而使血液流变学指标改善,降低血液黏稠度"。对此,医生也给出了解释,细胞内的水含量最重要的是平衡,通过细胞内外的渗透压控制水分的吸收,维持细胞内的离子在合适的浓度。细胞内的水并不是越多越好,更多的水进入细胞也不存在"滋养"一说。至于血液黏稠度高,其原因是多方面的(如胆固醇过高、生成血栓等),在通常情况下,靠分散红细胞对降低血液黏稠度一般没多大作用。

因此,无论是那些装置能否产生小分子水,还是所谓的小分子水能否治疗心血管疾病,都没有可靠的科学依据,现有的科学知识也不支持这些所谓的功效。

食品添加剂真的那么可怕吗

电视节目曾曝光方便面有25种添加剂,引发网友关注。其实不仅方便面有添加剂,其他诸如饼干、酸奶、薯片、冰淇凌等食品都有不同数量和种类的食品添加剂。食品添加剂是用于改善食品品质、延长食品保存期、便于食品加工和增加食品营养成分的一类化学合成或天然物质。食品安全事件频出,也让大家对食品添加剂胆战心惊,很多人认为不能吃,甚至谈其色变,那么,添加剂真的那么可怕吗?

目前,我国有20多类、近1000种食品添加剂,如防腐剂、甜味剂、漂白剂、着色剂、乳化剂、营养强化剂等。可以说,我们日常生活中所接触的各种加工食品中基本上都含有食品添加剂,比如饮料中添加的糖精钠、安赛蜜和甜蜜素等,雪糕中添加的乳化剂、食用香精和增稠剂等。

其实食品添加剂都会有相关的安全性评价,按照我国国家标准,食品添加剂限量使用的话一般不会对身体造成危害。

所以,食品添加剂如果按国家标准使用并没有那么可怕,怕就怕不按规定使用,使用了有毒、有害物质而危害人们的身体健康。所以大家没有必要对食品添加剂“谈虎色变”,但是食品添加剂摄入过多的话也是没有益处的,虽然生活节奏快,但是健康饮食还是很重要的,在条件允许的时候,为自己和家人花点时间烹饪佳肴,既能增进感情,又有利于身体健康,何乐而不为呢?

血型与疾病之间有关联吗

在网上有传言说,血型与疾病各有一定的关系,比如A型血的人容易患葡萄球菌化脓感染、沙门氏菌病、结核病、白喉、痢疾、流行性感冒、动脉粥样硬化、风湿病、心肌梗塞、癫痫、慢性酒精中毒等疾病。

B型血的人易患的疾病包括痢疾、流行性感冒、神经根炎、骨病、泌尿生殖系统、关节炎等。

AB型血的人容易患脓毒性感染、急性呼吸道疾病、病毒性肝炎等疾病。据统计,AB型血的人患精神分裂症比其他血型高出3倍多,但AB型血在患结核病、妊娠贫血的比率上,则比其他血型的人低很多。

O型血的人易患疾病包括胃溃疡和十二指肠疾病、肝硬化、胆囊炎、阑尾炎、支气管哮喘、脓肿等。虽然平常较易生病,但平均寿命明显较长。

血型与某些疾病确实存在相关性，这些疾病的流行，加上遗传规律及人类的迁移，共同导致今天世界上各地区所能观察到的 A、B、O 血型的分布频率。与其说血型易让人患上某种确定的疾病，不如说在人类进化过程中，某些地区流行的疾病“挑选”了该地域人群的血型分布。

在不同的地区和人种中，A、B、O 血型分布是有差异的。譬如，西南非洲地区 O 型血人较多；A 型血人在欧洲分布最多，往亚洲方向逐渐减低；B 型血人在亚洲最多，欧洲最低。

因此，血型并不像谣言所说的那样跟一些具体疾病存在直接对应关系。在现代社会中，个体患特定疾病的风险及患病后病情的严重程度影响因素很复杂，血型并不是唯一的影响因素。与其为自己的血型担忧，不如改变不健康的生活方式。

听说有人是通过憋气自杀的，是真的吗

在我们的生活中，你可能经常听说或者在新闻上看到某人自杀了，自杀的方式有很多种，比如，坠楼、服药等，但如果你听说有人憋气自杀了，那绝对是个玩笑。因为人靠闭气是绝对不可能自杀成功的。

那么，什么是憋气自杀呢？所谓憋气自杀指的是人靠自己的意志力来屏住呼吸以此来缺氧致死。

那么，接下来，我们就来看看人的呼吸动作是怎样完成的。这一工作的控制中心是人的脊椎，也就是说，这是类属于植物神经控制的自发性活动。与呼吸动作相反的是，憋气则是属于大脑强行抑制自己的呼吸神经中枢达到的一种效果。而当你强行控制自己的呼吸动作，总会到失去意志的一种情况，此时，你的大脑也就无法再去掌控脊椎的条件反射了，那么，当一切失控的时候，呼吸系统就会自己“呼吸”了。

而且，既然此处已经提到自杀，那么，我们还可以说得直白一点，人都有求生的本能，当一个人真的在做憋气自杀的动作时，他的求生本能也会无限制地被激发出来，而且，憋气其实并没有什么实质性的制约性。所以无论是自己把自己憋死，抑或者“憋晕过去”也不大可能。

所以，我们可以承认人在憋气时会缺氧，也会在此时大脑失去意识，但正因为如此，昏迷状态下的人意志力也就消失了，也就不会再控制自己不呼吸了，此时，人的肺部在二氧化碳的刺激下会本能地呼吸，人又活过来了。

转基因食品不能吃,因为会导致不孕,是真的吗

一些人说,吃转基因食品会导致不孕,这是科学家都证明过的。转基因食品绝对有害。对于转基因食物,相信生活中很多人对其有一定的误解,甚至罗列了其众多危害。

其实,这一流言的来源是曾于2010年4月16日曾发表在《俄罗斯之声》(一个俄罗斯的电台网站)上的一篇文章:《俄罗斯科学家证实转基因食物是有害的》。并且,这篇文章还对此进行了实验论证,被实验的对象是坎贝尔仓鼠,实验人员将它们分为四组,然后都喂给它们常规的食物。不同的是,一组的食物不添加任何东西,一组添加非转基因大豆,另一组添加转基因大豆,最后一组则添加更多的转基因大豆。结果发现,食用转基因大豆的那些仓鼠,与那些吃不添加食物的仓鼠相比,它们的后代的生长速度和性成熟的速度都要慢些,而且,有一部分还没有生育能力。

那么,转基因食品能放心吃吗?

为了对这一问题给予确切的回答,科学家使用了更多的量来进行试验,来评估长期食用转基因食品的安全性。比如,大鼠90天喂养实验,其实验时长相当于大鼠整个生命周期的1/8;大鼠2年喂养实验,则是观察其整个生命周期的慢性毒性实验。

实验证明,食用转基因食品是安全的,生物的遗传特性也不会因此而改变。

总之,流言里的结论并没有什么科学依据,而对于这类出现在媒体上的所谓的"科学结论",我们需要冷静理智对待、持怀疑的态度。

多排汗能防癌,靠谱吗

在我们的生活中,大概谁也不能排除运动可以强身健体的说法,那些运动员的体质总是比我们一般人更好,为此,不少人做出解释,运动排汗法能防癌,只要我们多做运动和排汗,就能远离癌症,这是真的吗?

到目前为止,没有哪一项科学研究证明运动员因为排汗而不得癌症,并且,运动可以强身健体的说法与排汗并无多大关系。不过确实也有一些研究显示,适度运动与某些癌症风险的降低有关。

不过,我们可以通过一些研究看出运动的好处,比如,经常运动的人要比那

些久坐不动的人患结肠癌的风险更低，研究者发现，每天30~60分钟中等强度或高强度的运动可以帮助预防结肠癌。还有，对于女性而言，体育活动能让他们减少患乳腺癌的风险，此外，子宫内膜癌、前列腺癌等也是如此。

关于运动与癌症的关系，专家们更倾向于这样一种观点，运动可能是通过调节内分泌、代谢等方式影响肿瘤风险的。运动对改善肿瘤患者的预后可能也有一些作用。

除此之外，运动能控制人的体重，减少肥胖，而肥胖则与不少常见癌症的风险增加有关。从这个角度来看，坚持运动对预防癌症也会有些帮助。

总之，马拉松选手并非不得癌症，“出汗防癌”的说法也没有什么依据。不过，适度运动确实与某些癌症的风险降低有关。运动有益健康，不过还是要量力而行。

酸碱性体质真的能决定身体的健康吗

酸性体质之说已经盛行了数年。关于这一说法的基本观点是，如果人体体液的pH处于7.35—7.45的弱碱状态，那么此人的身体就是最健康的，但在现代社会中，不少人因为不良的生活习惯以及周遭环境的影响，体液pH都在7.35以下，他们的身体处于健康和疾病之间的亚健康状态，这些人就是酸性体质者。

持这一学说的人认为，我们可以将所有疾病的根源归结为体质的酸化，比如，肿瘤、高血压、糖尿病或者其他一些疾病等，而体质的酸化是因为人们吃了太多的酸性食物。而日常生活中的酸性食物有很多，实际上说，简直是太多了：鱼、肉、米饭、酒等人类的主、副食品，很多都被说成是酸性的。甚至让你完全想不到的是，中国人自古以来最常见的主食——米饭，被说成是酸性食物的代表。

这一学说后来被很多人认可，甚至导致了很多人饮食上的恐慌，如果人们真的相信此论，按该理论的说法来指导其日常饮食，那才真正将对身体产生极大的危害。

其实所谓“酸性体质”能够致病的说法，仅是无稽之谈。按照“酸性体质论”的说法，人体pH必须维持在7.4左右才好，从某种意义上说，这是一句多余的话，因为只要是正常人，他的体液一般都是就在7.4左右。另外，人的身体自身是有一定的调节能力的，它能自己维持体液的酸碱度，所以无论你摄入的食物是酸性还是碱性，人体的pH是基本不变的。

其实，国内外许多著名专家学者也都对“酸性体质论”进行过批判，他们认为，酸性体质是一个造出来的概念，实在荒谬！假如有人真的轻信了这一言论，而严格按照所谓的碱性食谱才进食的话，那么，时间一长，必然导致营养失衡，从而可能疾病缠身，因为人体必须各种营养均衡搭配，才能够保持健康体质。

仙人掌真的能防辐射吗

相信我们很多人都知道辐射对身体的危害,而我们的生活和工作中又离不开一些高辐射的产品,为此,我们会寻求一些防辐射的方法,比如,在自己的电脑桌上放一盆仙人掌。那么,仙人掌真的能起到这样的作用吗?

关于这一问题,专家给出了解释,他们称,我们在沙漠里能看见很多的仙人掌,其实是能起到这一作用的,这些仙人掌能够抵挡阳光、紫外线的破坏。但阳光中的"辐射能"与生活中电脑的"辐射线"是不同的。

我们电脑中放射出来的辐射线是一种直线行进的能量波,到目前为止,科学家们还没有发现任何一种物质能让这种辐射线转弯或者改变,那么,将辐射线"吸收"的说法也就更不科学了。我们也找不到任何一项科学依据可以证明仙人掌比其他物质有更强的防辐射的作用。所以,我们常听到人们说想在电脑旁摆一盆仙人掌以便吸收辐射,减少对身体的伤害,其完全是推断出来的,并没有科学依据。

那么防辐射真的就无计可施吗?其实也不是的,就目前而言,平时上班的时候多喝点绿茶就是一个不错的选择。因为绿茶中的成分可以改善机体,增强免疫力,从而对辐射也加强了抵抗力,如果再配以排毒的绿豆汤的话,就更好了。

虽然仙人球不能防止辐射,但是如果在办公室中养一些仙人球,对空气净化还是很有作用的。

如果你是孕妇,那么防辐射最有效的办法还是穿一件防辐射服。

传说中的木瓜丰胸,有依据吗

在生活中一直流传着这么种说法——"木瓜能丰胸",得到了众多女同胞热捧。而营养专家指出:这是一种误区,木瓜其实是没有丰胸功效的。

女性乳房发育与雌性激素有关,而木瓜中的维生素、矿物质、木瓜酶、木瓜酵素没有刺激雌激素生长的作用。特别是木瓜的蛋白酶有分解脂肪的作用,长期大量食用,会使体内包括乳房的脂肪减少,乳房变小。

木瓜中含有一种酵素能消化蛋白质,可促进食物的消化吸收,因此有健脾消食功效。木瓜中的蛋白酶可分解脂肪,缩小肥大细胞,促进代谢,从而达到减肥目的。木瓜酶有益乳腺发育,有催奶效果;木瓜酵素能帮助溶解皮脂及老化角质,使皮肤光洁红润,有美容效果。

木瓜虽好但不宜多吃。有人为丰胸一天吃3到4个木瓜已属过量,超过中国居民平衡膳食400克的标准。而大量吃木瓜会引起易怒、头疼、呕吐、无力、视物模糊等症状,严重者可导致死亡。

另外,木瓜中的番木瓜碱对人体有微毒,每次不宜多吃,过敏体质者慎食。怀孕期妇女不能食用木瓜,食用后易引起子宫收缩和腹痛。

可见,木瓜对丰胸的作用只是传说,并无科学依据。以一颗平常心做到均衡饮食、适当锻炼、佩戴合适的胸罩就好,而且青春期和怀孕后乳房也都有机会变大的。

加油站打电话,究竟是否会真的引发爆炸或火灾

人们来到加油站加油时,会看到醒目的“严禁烟火”的警示语,除此之外,也经常会看到“禁止打手机”的相关标语。为什么呢?因为人们都认为在加油站打电话会引发爆炸,这实在太危险了!然而,事实真的这样吗?——当然不是!支持这一理论的依据是,因为手机来电时,产生细微的火花会引爆空气中的油气。在全球已经连续发生好几起民众在加油时,手机突然响起,结果引发大爆炸的案件。而实际上,专家调查了各地加油站的火灾爆炸事故,没有一例是因为使用手机引起的,根本不存在“由于使用手机而引发的加油站火灾和爆炸的事件”。

也许能完全推翻这一谬论的依据是著名实验《流言终结者》,实验人员制作了一个爆炸室,将一只手机放在里面,把气雾状的汽油喷进去,并且控制适合爆炸的油气混合比。一切准备就绪以后,实验人员拨打了那部手机。结果是纹丝不动,根本不能被引爆,流言终结。

的确,手机在正常工作下产生静电的情况微乎其微,并且要在可燃气体浓度非常高的情况下才会发生。所以厂家只是提醒并建议用户注意使用,并没有对此进行强制规定。

总之,使用手机并不会在加油站引起火灾或爆炸,但是,如果有禁止使用手机的标志,你也只能遵守规定了。

美国人真的登上过月球吗

宇宙的秘密一直是地球人尤其是科学家们探索的内容。关于登月,一直是一个热衷的话题。不过,有人称,美国传奇般的太空登月壮举依然有很多未解之谜,许多人认为美国宇航员根本从未登上过月球。也就是说,阿波罗登月是伪造

的,包括1969~1972年的六次登月都是假的。认为从未到达过月球,与此相关的视频也只不过是人类通过特殊的技术在地球上拍摄并处理的,那些登上月球的照片也是假的。

其实,这些流言并不是最近才出现的,早在20世纪70年代就有了。一些人一直以来都在不断地挖掘能反驳登月的各种材料。那么,美国人到底有没有登上过月球呢?答案是肯定的。

对于那些列举的材料,我们不必一一论证推翻,我们只需要给出阿波罗登月事实的客观物证即可。

证据一:苏联无人取样器与阿波罗11号的太空赛跑。

证据二:来自月球的岩石样本。

阿波罗计划带回了382千克月岩和土壤。其中有少量作为礼物赠送给其他国家,包括中国。这些岩石样本自然也是分析美国登月真伪的绝好材料。

证据三:月球表面放置的反光镜。

如果以上还不足以说明问题,那么还有阿波罗11号、14号和15号在月面上安放的三台激光反射镜。

证据四:来自多个国家探测器的照片。

可见,“阿波罗登月从未发生过”这个流传已久的谣言,它所提出的证据丝毫站不住脚。

三杯咖啡真的会让女性的胸部缩小吗

最近,在女人们的话题中,出现了一种让不少爱喝咖啡的女性感到害怕的谣言:因为瑞典科学家发现,女性每天喝咖啡若超过三杯,她们的乳房会变小,这项研究是真的吗?胸部和咖啡真的不可兼得吗?或者每天只喝一两杯,是否就能化解变“太平公主”的麻烦?

事实并非如此,这是一些新闻媒体曲解了瑞典隆德大学(Lund University)科研人员对此问题的研究成果。媒体关于这一问题的报道中,其实省略了发表在《英国癌症杂志》上的相关论文里很重要的关于两种CYP1A2*1F基因在咖啡摄取与胸部大小关系中的不同影响。研究者找到了269位女性,然后调查了她们的生活习惯,也记录下了她们的CYP1A2*1F基因类型,并收集了她们胸部大小的数据,对这些数据进行统计分析发现,存在CYP1A2*1F C-allele基因的实验对象,每天喝大量咖啡的女孩乳房比咖啡喝得少的女孩要小;而存在CYP1A2*

1F A/A 基因的实验对象，摄入多少咖啡与乳房大小则几乎没有什么联系。

从这项调查研究中我们可以看到，一部分女性的咖啡摄入量和她们的胸部大小存在某种程度的相关性，但却并不能说一位女性多喝咖啡，胸部就会因此而缩小。

可见，这只是一种谣言，是对科学研究结果的又一次误读，目前还没有证据明确表明“女孩每天喝咖啡若超过三杯，她们的乳房会缩小”。

有人因为游泳怀孕了，传言是真的吗

曾有人说，在上海，有一名女子在去了游泳池后就怀孕了，而且，她并未发生过性行为。也有一些人认为，精子的生存温度一般在 32 度到 36 度之间，温泉游泳池的温度也差不多，尽管这种可能性只能有 1/14338，但只有做这种解释了，因为理论上是成立的。

实际上，精子在游泳池中只有短暂的生命，也成为它完成使命的重要障碍。游泳池的水都要经过消毒、澄清、杀藻等处理，消毒一般用漂白粉等含氯消毒剂，澄清一般用聚合氧化铝等来对水中的悬浮杂质进行沉淀，而杀藻则是通过向水中加入硫酸铜实现的。不难想象，含氯消毒剂的氧化性、硫酸铜的毒性和池水与体液环境相去甚远的渗透压，都会让小蝌蚪们浑身不自在。

精卵结合并不是游泳最快的那个小蝌蚪到了终点就能实现的，完成受精过程需要许多精子的通力合作。人类的卵细胞外面有叫“放射冠”和“透明带”的保护层，而精子头部有一个叫“顶体”的细胞器，顶体中含有顶体酶系统。当精子进入输卵管接近卵子时，这些酶被释放出来，将放射冠和透明带溶解，从而开辟出一条直达卵细胞的通道。但是，一颗精子所含的酶量是远远够的，只有在许多精子的共同努力下，才能杀出这条血路。通常，一次性交中男性会释放约 2 亿颗精子，能抵达卵细胞附近参与顶体反应的只有几百颗而已。

可见，游泳池可不是精子生存的有利环境，加上进入体内必须跨域的重重障碍，以及几乎不可能积聚足够数量的精子，女生们不必担心因为游泳池而怀孕，不过还是要注意，预防泌尿系统炎症是很有必要的。请选择有正规消毒措施的游泳场所，同时在生理期内也不应该游泳。

手机会让银行卡消磁吗

刷卡消费已经越来越被市民认同，但是，刷卡消费时，有时会遇到银行卡“消磁”的情况。那么,将手机和银行卡放一起,银行卡真的会消磁吗?

事实上,在我们的日出生活和工作中,我们接触到的卡有很多,比如公交卡、食堂饭卡、二代身份证、小区门禁卡、IC 电话卡、银行卡等。而只有那些背面带有磁条的磁卡才有可能被消磁。没有磁条的卡,比如公交卡、食堂饭卡、小区门禁卡以及二代身份证都是使用了射频识别技术的非接触智能卡;而 IC 电话卡是接触式智能卡。这些智能卡里的信息都是存储在半导体芯片上的,不使用磁性记录技术,也就不可能被“消磁”。

另外,还有人担心“银行卡短时间和手机放在一起没事,可是长时间放在一起后银行卡就会慢慢消磁”。这也是想当然的说法。磁性物质是否会被磁化只与受到的磁感应强度有关,和其他因素都无关。弱磁体附近的磁场并不会随着时间的流逝而变强,所以你也不用担心长时间把手机和银行卡放在一起会导致消磁。

所以,手机发出的电磁波并不会导致银行卡消磁。手机中的磁性部件的磁场强度也是不足以将银行卡消磁的。而之所以导致银行卡消磁的原因有很多,比如有钱包和手提包的磁性暗扣可能造成银行卡磁化。最容易让银行卡彻底消磁的就是被磨损、刮伤和扭曲了。

传说中的“发物”真的不能吃吗

在中国民间,有发物一说,尤其是那些有外伤或术后的人,更应忌发物。现代临床研究证实,忌食发物对于外科手术后减少伤口感染和促进伤口愈合具有重要意义。很多时候患者会被告知不能吃“发物”,不然不利于疾病治疗和机体康复。据传明太祖朱元璋登基后大肆屠戮功臣,大将徐达因患背疮忌食“发物”鹅肉。朱元璋听闻后便赐鹅肉予徐达,徐达食用后背疮发作而亡。可见在传说中,发物的力量不容小觑。

然而,到底何谓“发物”,经典的传统医学典籍上却似乎没有明确说明。从名单来看,民间所谓发物多是一些具有刺激性或蛋白质和脂肪含量较高的食物,前者以辣椒等调味品为代表,后者则以易引起过敏的蛋、奶、红肉和海鲜为代表。有些极端的说法甚至把糖也作为发物罗列了进来。不可否认,某些特定人群在食用这些食物时的确需要加以控制,然而伤口愈合时真的也不能吃这些吗?

事实上,如果说“发物”真的会对伤口产生影响,那么,它只有通过两种方法起作用——局部和全身。伤口感染与病原微生物污染和滋生有关,要避免这一点,最重要的是消毒和保持局部清洁干燥。迄今为止,还没有科学证据证明食物会增加伤口的感染率,其中自然包括那些“发物”在内。当然,如果某些食物会引起过敏,那么无疑应当避免摄入,这无论是对健康人还是伤口愈合期的患者来说都一样。

总之,“发物”并不是一个十分明确的改。它对于伤口的愈合也要看具体情况,所以,医学上也不认为以高脂、高蛋白为特点的所谓发物会影响伤口的愈合。

磁铁能预报地震,有科学依据吗

近期,常有人说,“将磁铁悬挂,能预测地震。”具体的操作方法是,听说用磁铁吸住一个铁块,将磁铁吊起,等地震的时候铁块就会掉下来,这样就可以提前预报地震,这一说法的理论依据是:地震前地球磁场发生剧烈变化,磁铁会失去磁性。那么,这是真的吗?

对于磁铁来说,其内部磁单极子方向是基本固定的,这些方向固定的无数个磁单极子的共同作用,形成了磁铁的磁场。我们知道,地球是个大磁体,也有磁场,但当我们分别把一根铁块放在磁铁表面和放在地球表面时,磁铁磁场对铁块的吸引力是地球磁场对铁钉吸引力的几千万倍,相当于近距离时,磁铁磁场是地球磁场的几千万倍,对应其近距离磁场强度也是几千万倍。所以,我们常说,地球对铁块有重力作用,对铁块的磁力作用则忽略不计。当然,这是正常情况下!

地震发生时,地球内部磁场会发生紊乱,其磁场强度也发生变化,其变化表现在地球内部是比较大的!但磁场强度会随着距离按指数衰减,地球的半径以及地壳厚度都是比较大的数字,其变化传递到地面可以说微乎其微!对磁铁磁场的改变也是微乎其微的,甚至是不会改变磁铁的磁场的!所以磁铁上的铁块在地震发生时是不会掉下来的!

所以,事实证明,“磁铁预报地震”的说法是十分荒唐的!

戴隐形眼镜真的会引发白内障吗

最近,在网上流行一种说法:戴隐形眼镜上网,会导致白内障!危害无穷。这种说法认为,当隐形眼镜的感光材质遇到电脑的辐射时,它的结构会分解,眼睛就会有很多的分泌物,这是分解出的眼镜材质,有一部分会留在自己的眼睛里,时间长了,慢慢地就会成为白内障!事实情况真是如此吗?

人们常用的隐形眼镜大多数是软性隐形眼镜,它的材料是一种高分子材料,名字叫聚甲基丙烯酸羟乙酯(HEMA),具有亲水性,与水接触会变得非常软。如果不注意科学使用隐形眼镜,会导致眼角膜发炎。没有实验证明,计算机辐射照射使一种合格隐形眼镜材料在其保质期内分解变质,更何况由于眼球结构的特殊性,眼外的隐形眼镜材料分解物不会轻易进入眼球内部发生所谓的"白内障"。

戴隐形眼镜的主要并发症大都和角膜有关,而白内障是晶状体病变,他们两个离得实在有点远。电脑的辐射会使隐形眼镜的材质分解,更是想当然的说法。戴隐形眼镜不但不会导致白内障,有的隐形眼镜反而因为可阻挡部分紫外线对眼睛的伤害,从而延缓白内障的发生。

事实上,导致白内障发病的原因是多方面的,除个别类型白内障病因明确外,例如外伤性白内障是由于外力损伤晶体而引起的白内障,先天性白内障大多数是由于孕妇妊娠期间感染了风疹病毒导致新生儿白内障,大多数白内障患者形成过程可能有多方面的因素,情况相当复杂。

雾霾天多吃某些食物能清肺,真的有效吗

空气污染的日益严重、持续出现的雾霾天气等,人们都在努力寻找能减少空气质量差给身体带来的危害,除了减少出门、戴口罩等,人们似乎还找到了另外一种方法——清肺食物,比如,曾在网上流行了这样一条微博:"木耳、葡萄、紫甘蓝滋阴润肺。白萝卜治痰多咳嗽;雪梨炖百合、银耳莲子羹润肺抗病毒;罗汉果茶清肺降火;特别推荐鸭血和猪血,清肺效果最棒!而那些工作在工地的工人,每天收工必吃一顿新鲜鸭血。"那么,这些食物真的能起到清肺的作用吗?

事实上,有在我们空气中的这些粉尘对人体的影响主要来自于物理作用。要"清除"它们,就得让"清洁工"与它们见面。而食物从消化道进入体内,经过胃肠,大分子被消化分解成小分子。跟食物中的其他小分子一样,穿过小肠绒毛进入血液,然后被运送到人体各处的细胞中。

对比空气颗粒物与食物在体内的动向,会发现食物跟那些大于 0.1 微米的颗粒完全没有见面的机会,自然也就无法"清除"。而那些进入血液的极其"细小"的微粒,在食物的小分子面前依然还是庞然大物。虽然逻辑上也不能排除这话总的可能,但却没有实验证据,也就是说,仅凭这些小分子去清除身体内的粉尘也就只是一种美好的愿望。

总之,"食物清肺"并不科学,任何一种食物,都无法清除或者减轻空气中的粉尘污染物对肺的影响。"清肺食物""清肺保健品"很多时候只是噱头而已。

一些解酒秘方真的有效吗

现代社会,对于那些经常需要参加应酬的人来说,喝酒是家常便饭,为此,很多人都按照传统的食物法来解酒,比如,他们认为:

蜂蜜水能解酒,因为蜂蜜成分中含有一种大多数水果没有的果糖,它可以促进酒精的分解和吸收。此外,关于各种食物的解酒功效,还有:新鲜葡萄——酒后反胃、恶心。还有各式说法:西红柿汁——酒后头晕。西瓜汁——酒后全身发热。芹菜汁——酒后胃肠不适、颜面发红。酸奶——酒后烦躁。香蕉——酒后心悸、胸闷。

那么,这些解酒食物真的管用吗?

其实,很多用来解酒的方法并没有解酒的功效,只是针对部分症状,使用以后人觉得舒服了些,好像起到了解酒的作用。但实际上酒精该在哪儿还在哪儿,该怎么作用还是怎么作用。而酒后吃些食物能起到缓解酒精对消化道的刺激作用,还可以补充水分、矿物质以及各种营养素,对于恢复正常的生理功能都是有好处的。至于吃什么并没有特别的要求,只要是你爱吃的、吃了以后感觉舒服的都是可以的。

另外需要提醒一下的是,有些想当然的对症下药可能带来更坏的效果。为了对付昏昏沉沉的大脑,有人会尝试喝咖啡或者茶,但这种做法并不好。虽然咖啡和茶里的咖啡因能兴奋你的大脑,但是不利的方面是咖啡因会加重你的脱水状况。

可见,所谓的解酒其实并没有对酒起到什么作用,喝酒的危害也并不会因此而减轻。补充水和食物在一定程度上可以改善身体的难受状况,解酒的说法也就仅仅在这个层面上有那么一点意义。

韭菜真的是壮阳神药吗

提到韭菜,大概是我们生活中最为常见的蔬菜之一,在我国北方,韭菜饺子也是人们十分喜爱的一道美食,关于韭菜,素来有一种说法——“壮阳神药”。那么,韭菜真的有这样的神奇功效吗?

我们先来看看中国古老医典的记载,也许可以找到证据。在《本草纲目》中,韭菜的功效是:“生汁主上气,喘息欲绝,解肉脯毒。煮汁饮,能止消咳盗汗。韭籽补肝及命门,治小便频数,遗尿。"在这一记载中,提到了韭菜与人的排尿系统的关系,但却并未提及其与男性性功能之间存在任何关联。

生活中,不少人说最为壮阳的食物是锌,然而,不少韭菜壮阳论的宣传者忽略的一点是,韭菜中所含的锌含量并不高,每100克韭菜含锌量只有0.43毫克左右。我们暂且不提锌含量高达71毫克的生蚝,就连香菇的锌含量也有8.6毫克。如果我们要用锌含量的多少来决定男性功能的话,那么,韭菜连香菇也比不上。

事实上,最近的医学报告显示,锌的主要作用是用来促进雄性器官的正常发育,并维持精子的活性。而对于人们传说的韭菜能壮阳的说法,未必有科学依据。

另外,韭菜壮阳论的宣传者还提到韭菜中含有的一些物质,比如维C,多糖物质等也有壮阳之功效啊,我们不否定这些物质对身体的好处,但对于男性功能确实没有直接的关联。

总之,韭菜并不能起到壮阳的作用,不过无论如何,对于喜食韭菜的人来说,权当以此为一种心理安慰。

秋裤真的会减弱人的抗寒能力吗

到了秋冬之际,当天气寒冷时,生活中的大部分人都会选择一条御寒方法——穿秋裤,秋裤的保暖作用是毋庸置疑的。但随着网络的发达,与秋裤有关的各种话题也流传开来。其中,就有人说,穿秋裤会使人失去抗寒能力。这种说法认为,中国人穿秋裤,并不是在中国漫长的封建时期,而是新中国成立后,穿秋裤也是一种号召——1953年,苏联遗传学家李森科对斯大林说了这一句话:"假如一个国家穿了60年秋裤,就再也没可能脱下它了。"于是,秋裤的利弊得失在未经过验证的情况下,便传入了中国。秋裤会保暖,但人的双腿和关节的抗寒性就会在几代之后丧失,变得完全无法在高纬度地区活动。

那么,真相到底是什么呢?

首先,我们可以肯定的是,秋裤绝不是在20世纪50年代才发明的,事实上,穿两层裤子这种行为在西方大概可以追溯到公元8世纪,那时的欧洲人因为骑马的方便已经普遍抛弃了罗马式的袍子。

另外,在那些高寒地区,人们不穿秋裤的原因是,良好的室内保暖条件以及"以车代步"的生活方式的普及。

还有,上述观点是建立在"越用越发达,越不用越退化"的基础上的,实际上这早已被包括达尔文在内的科学家们否认了。人类的基因也不会为此而退化。那么,回过头来,想想保暖衣物在现实中的作用,你还会为此担心吗?

总之,秋裤对于人"抗寒能力"的影响,与羽绒服、手套、帽子等其他保暖衣物并无区别。如果你着觉得冬天难以抵抗严寒,那么,最好还是穿上秋裤吧。

身上有伤口,不应该吃颜色深的食物,这一说法科学吗

身上不幸出现了伤口,常会听人说,"不要吃酱油、巧克力等深色食物,不然会留疤!"深色食物真的对伤口愈合不利吗?深色食物真的会让疤痕发黑吗?

那么,我们首先应该了解的是皮肤发黑的机制。让皮肤发黑的物质叫黑色素,黑色素是由存在于表皮中的黑色素细胞分泌的。当紫外线照射到皮肤上作用于皮肤基底层,肌肤就会处于"自我防护"的状态,激活酪氨酸酶的活性,以酪氨酸为材料生成黑色素。

浅表创面愈合后的黑色素沉着,主要是皮肤的黑色素细胞受刺激所导致,多见于暴露部位。这种黑色素的沉积在某种程度上是一种机体的自我防护机制,因为新生的皮肤比较娇嫩,而大量的黑色素有助于对抗紫外线的损伤。要预防这一点,最主要的是避免被太阳曝晒。而如果皮肤的损伤比较严重,黑色素细胞缺失,则不仅不会有黑色素沉着,反而可能因为色素脱失形成白斑。

那么,颜色深的食物,能否影响黑色素的形成呢?黑色素形成的两个重要环节是酪氨酸的合成。的确,很多深色的食物中富含酪氨酸,但是很遗憾的是,即便是那些非深色的食物中,所含的酪氨酸含量也会很丰富。并且,酪氨酸是一种可以自体合成的氨基酸。因此,通过食物的控制抑制黑色素的合成是不可能的。就比如去热带的海边度假,然后晒了几天的太阳,那么,即便不吃那些颜色深的食物,同样皮肤也会黑。而酪氨酸酶就更不用考虑了,酶类是一种蛋白质,它在胃肠道里面会被分解,无法通过口服的途径进入人体皮肤。

总之,吃颜色深的食物会妨碍伤口的愈合这一说法并不科学,另外,任何的烧伤、创伤指南中也未曾有这样的说法。要让伤口愈合良好,最主要的就是避免伤口发炎和注意防晒。

第二章

大千世界，无奇不有：不可思议的生活真相

所谓生活，我们得到的解释是，是指人类生存过程中的各项活动的总和，为幸福的意义而存在。我们的生活，包罗万象，正如人们说的："大千世界，无奇不有"，可能我们都认为自己对生活中的细节已经驾轻就熟，但实际上呢，如果你从细处观察，你会发现，其实生活中令人惊奇和不可思议之处还有很多。

晒好的被子千万不要拍

一到冬天,当阳光普照的时候,大部分人都喜欢把自己的被子拿出来晒晒,并且,他们还有个习惯,就是将晒好的被子拍打拍打,因为他们认为这能将被子上的灰尘和细菌拍打出来,但其实,这样做是错误的。

因为在我们的生活中,被褥上生活着数以万记的螨虫,种类有许多,它们都以我们的皮肤碎屑为食。但是,它们都害怕紫外线,在被阳光照射后,大多数螨虫会被杀死,这些尸体以及它们生活的排泄物就沾染在我们的被褥上,所以不能拍打。但也不是没有办法,可以用刷子轻轻地刷下来(最好在户外)。

另外,拍打被子时,被子表面的粉尘及螨虫的排泄物会飞扬起来,容易引起人的过敏反应。因此,对于晒好的被子,只要用刷子轻轻刷一遍,去掉浮沉即可,切忌用力拍打。

还有一点,关于晒被子的事件问题,一般来说,冬天的日照时间短,晒被子的最佳时间是中午 11 点到下午 2 点。棉被晒三四个小时就能达到很好的晾晒效果,不要晒得时间过长,否则会导致棉纤维缩短引起脱落,被子的保暖性就会变差。如果是真丝被,那么,不必曝晒,只需要晾在在干燥通风处即可,否则会破坏材质中的蛋白质成分,产生变色、易损等情况。

为什么一看书就想睡觉

对于很多学习者来说,他们都有个共同的感受:原本精力旺盛,但一拿起书本,就想睡觉,这是为什么呢?

对此,我们从心理学的角度看,这是一种不良的习惯,是人们的条件反射引起的。我们都知道,睡眠是一种人类的本能行为,当人们感到疲倦时,睡眠能帮助我们很好地休息,可以说,这是与看书完全无关的一种行为,但由于与无关刺激建立了联系,就形成了相应的条件反射。如人在疲劳动情况下,仍然坚持看书学习,当拿起书时,又抵制不住疲劳的侵袭,便想抛书睡觉,但又觉得不看不行而勉强支持,多次反复以后学习与睡觉两种无关的活动就联系起来了,经过不断强化,这种联系被逐渐固定下来,以后看书便成了瞌睡的诱发因素,只要拿起书便想睡觉。

当然,有些人并不是因疲劳而引起,也可能因对书不感兴趣或对学习反感等形成这种抑制性条件反射。所以,要克服这种毛病,必须消除抑制性条件反射,建立兴奋性条件反射。那么,怎样建立这种反射呢?

培养浓厚的学习兴趣是推动前进的原动力。它对于主体来说,总是带有快乐、欢喜和满意的情感体验。人一旦对看书学习产生了兴趣,就会自觉积极地投入学习活动,激发学习的动力,从而改变抑制性条件反射。有了兴趣,就会促进兴趣,以此形成良性循环。而良性循环的形成也就是兴奋性条件反射的建立。

另外,为了避免产生抑制性条件反射,在学习要时要注意方式方法,科学用脑,合理安排学习时间,做到劳逸结合。

生活小妙招:切洋葱时掉眼泪原来可以这样解决

提到洋葱,可能是不少人喜爱的食物,洋葱被称为蔬菜皇后,不过,切洋葱时,由于洋葱有一种挥发物质,常使切菜的人流泪,有没有什么好方法能让切洋葱的过程不这么痛苦呢?有个很简便的方法便是嚼口香糖。

洋葱和口香糖看上去是毫不相干的两种物质,但搭配在一切却能起到奇妙的作用。

当你在嚼下一片口香糖后,开始切洋葱,将整个洋葱切完之后,惊奇地发现,虽然眼部有些许不适,但相比于没嚼口香糖切洋葱时流泪不止的情况,确实有了很大缓解。为什么嚼口香糖可以让切洋葱不流泪呢?

对此,我们先要了解为什么洋葱“催泪”,在人的下眼睑靠近鼻梁的地方有个小孔,这个小孔和鼻梁、咽喉是相通的,这个孔是用来排出多余的泪液的,通常这个孔是利用泪液的自重来排出多余的泪液。

但当泪腺分泌的泪液过多,小孔来不及排出时,就会流泪。切洋葱时的辛辣气味使眼睛受到刺激,导致泪腺分泌的泪液增加,所以就会流泪。

而咀嚼口香糖时上下颌不断开合,在张开的瞬间口腔内部空间变大,会在内部形成负压从而把泪液通过这个小孔吸到口腔。这样眼睛里没有多余的泪液当然不会流泪了。

所以,我们看出来的是,这嚼口香糖并不是压制了洋葱刺鼻的味道,而是让我们自己把眼泪“吞了”下去,让眼泪无法外流只能内部消化。

巧克力可口，为什么狗狗不能吃

很久之前，就从美国流传出一种说法：狗狗不能吃巧克力，否则很有可能会因此丧命，即使只吃了一小口也是，那么，这到底是什么原因呢？

巧克力由可可豆加工而成，含有多种甲基黄嘌呤（methylxanthine）的衍生物，咖啡因和可可碱就属于这类物质。这些物质会与细胞表面的某些受体结合，从而阻止动物体内的天然物质与受体结合。服用小剂量的甲基黄嘌呤类物质，狗狗会呕吐、腹泻，而人类却会有一种欣快感。巧克力含有大量的可可碱和少量的咖啡因，如果狗狗食用过多的巧克力，就会发生肌肉痉挛，甚至休克。服用可可碱和咖啡因后，狗狗的心跳速率会骤升至平常的两倍以上，某些狗还会四处狂奔，就像喝了一大杯浓咖啡。

狗狗也能消化少量的巧克力，具体能消化多少，则要看它的体型和食用的巧克力种类。无糖烘焙巧克力（Unsweetened Baking Chocolate）含有的甲基黄嘌呤的量，是奶油巧克力的 6 倍以上。据专家透露，对一些小型犬而言，4 盎司（约 120 克）的奶油巧克力就可能是致命剂量。

如果只是吃了少量的巧克力，小狗尚能抵抗，不用劳烦兽医们。倘若吃得又急又多，那就只有逼它吃下活性炭，把巧克力中的甲基黄嘌呤类物质清除掉，避免通过消化系统进入血液循环。尽管巧克力不能在刹那之间夺走小狗们的生命，我们还是少给自己的爱犬喂食巧克力。

打喷嚏为什么会不自觉地闭上眼睛呢

这是一个很有意思的问题。当你下次打喷嚏的时候，你不妨尝试下，你能睁着眼睛吗？肯定不会！因为人打喷嚏闭眼睛是一种本能。

打喷嚏是人体的一种防御性呼吸反射，它从深吸气开始，然后膈肌突然收缩，产生一急速有力的呼气动作，这时，人会张大嘴巴，一股气体从口鼻冲出，于是就会打喷嚏了。

那么，人打喷嚏时为什么会闭眼睛？

一方面，打喷嚏时要用很大的力量逐出气体，肺内、口腔内、鼻腔内都有很大的压力，不仅膈肌和肋间肌等呼吸肌要突然剧烈收缩，颈部、面部、额部的肌肉都要紧张，这时支配闭眼的眼轮匝肌也会收缩，因为它与面部肌肉同受面神经支配，于是就会不由自主地闭上眼睛。另一方面，打喷嚏时神经系统要高度集中精力，才能完成打喷嚏的一系列反射，闭上眼睛，可减少外界的干扰，有时想要打喷嚏，正巧有人和你说话或拍你一下，很可能喷嚏就打不出来了。

另外，还有一种解释，打喷嚏时要用很大的力量排出气体，肺内、口腔内、鼻腔内都有很大的压力，这种压力可以使喷出气流达到160公里/小时的速度，能喷到三四米以外！如果睁着眼睛打喷嚏，喷嚏的压力就有可能严重伤害泪腺导管，甚至使视神经受到创伤。

所以，为了保护脆弱的眼睛，在长期进化过程中，我们的大脑就形成了这种本能反应。

如果在微波炉里加热石头，会发生爆炸吗

我们都知道，微波炉是用来加热食物的，它也给我们的饮食生活带来了很大的方便。不过，假如我们用微波炉加热其他东西呢？例如加热石头呢？对此，有人说，用微波炉加热石头会引发爆炸。真会如此吗？

事实上，石头不能被微波炉加热，所以也就不会发生爆炸。不过用微波炉加热石头相当于空转，会对设备本身造成损伤，要尽量避免。

所谓微波，微波是指频率为0.3—3000GHz的电磁波，是无线电波中一个有限频带的简称。对于玻璃、塑料和瓷器，微波几乎是穿越而不被吸收。对于水和食物等就会吸收微波而使自身发热。

而对于石头、陶瓷、塑料等材料内部没有极性分子，对微波几乎没有吸收，因此不能被加热。也就是说，把石头放在微波炉里，石头基本不会发热，也不会爆炸。

但是，如果在微波炉里只有石头而没有其他东西，那么，此时的微波炉就是在空转，加热时，微波的能量不能转化成热能，最后会被微波炉自身吸收，会损坏设备。如果经常出现这样的情况，可能真的会引发微波炉爆炸，所以要尽量避免这种情况。

为什么人在睡觉时大脑比看电视时更活跃

对于休息，每个人的看法不同，有些人认为，只有睡觉才算休息，而一些人认为，看看电视也是休息。而其实，真正的休息就是良好的失眠。这就是为什么那些睡不好觉的人精力总不如人的原因，那些有睡午觉习惯的人也总是在下午时能更精力充沛地投入到工作中。事实上，人的大脑在睡眠时比看电视时更活跃。那么，这是为什么呢？

进入梦乡时，人的大脑会处理白天经历的所有事情，一些科学家认为这是我们会做梦的原因所在。一些科学家表示大脑以做梦的形式处理复杂的情感和日常生活中经历的事情，其他一些科学家则认为这是大脑将信息归零的一种方式，就像电脑一样。最近进行的一项研究发现，做梦能够帮助我们缓解伤痛。智商越高的人越容易做梦，在白天稍微打个盹儿能够让人精力更加充沛，以更饱满的热情投入到工作中去。

所以，当你累了的时候，不妨就睡一觉吧，因为只有睡觉才会让你得到真正的休息。

为什么站立比走路更累

相信很多需要站着从事工作的人都有这样一个体会，站一天，累得腰酸背痛！可是出去跑业务，反倒没有这么累。我们也听过这样一句话："宁愿跑着，不愿走着；宁愿走着，不愿站着；宁愿站着，不愿坐着；宁愿坐着，不愿卧着着；宁愿卧着，不愿躺着；宁愿躺着，不愿睡着。"也就是说，我们一般的感受是，人在站立时居然比走路还费力，那么，这是为什么呢？

根据人体构造学，人体站着的时候双腿一直在承受身体的重量，腿部肌肉得不到休息，很容易劳累，而在走路的时候会不时地抬腿，可以使腿部肌肉得到适量的休息，另外肌肉一收一缩也可以促进腿部血液循环，有利于新陈代谢，就不会感觉那么费劲了！

所以，站着不运动，肌肉没有活动，腿部总是在受力，就感觉到费劲。而如果你假如需要长时间站立的话，不妨适当抬腿活动活动，也许能帮你缓解一下疲劳！

猪的悲哀:永远看不到天空

提到猪,想必这是与我们日常生活里关系最密切的动物之一了,我们经常会吃猪肉。猪给我们的印象往往是能吃、能睡,但不知你是否留意过:猪的头一直是低着的,从未抬起过,因此,有人说,猪无法看到天空。情况果真如此吗,这是为什么呢?

的确,猪想看到头顶上的东西,只有掉转角度,才能看到原来头顶上的东西(假设原来的东西不动)。但是,即使掉转角度,它头顶上新的东西还是看不到。这就像坦克一样有一个死角。

因为,猪的颈部和脊椎不会相互配合往后弯,它要抬头,必须连身体都抬起来,这是它的生理所决定的。

为此,科学家们做过很多实验,包括最后把食物放在已经十分饥饿的猪的头上,猪能够闻到香味随后在地上拼命地找,但却始终无法抬头看一眼近在眼前的食物。

所以,猪在一般的时候是看不到天空的,当然,也有例外的情况,就是猪在背躺着大地的时候。

木糖醇是糖吗

可能你在超级市场或者便利店都看到有出售的木糖醇,那么,木糖醇到底是不是糖呢?其实不是!

木糖醇(Xylitol)是一种多糖类的天然代糖,可从白桦树的汁液中提取。木糖醇的化学式为C5H12O5。原子质量单位为152.15amu。

木糖醇的甜度与蔗糖相当,但热量只有蔗糖的60%。另外,由于木糖醇能够直接被人体分解,不会形成蔗糖,因此糖尿病患者可以食用。此外,由于木糖醇不能被细菌分解,利用它来取代甜品中的糖分,可以防止蛀牙。木糖醇产品在芬兰十分普遍,儿童的糖果都以木糖醇代替,以保护儿童的牙齿健康。此外,亦有多种口香糖(比如益达®牌和乐天®牌)亦采用木糖醇来提供甜味。

木糖醇是一种从玉米芯、甘蔗渣等物质中提取的、纯天然的新型甜味剂和高级疗用食品。其味甜,外观呈白色结晶粉末状,甜度相当于蔗糖。木糖醇是人体糖类代谢的中间体，在自然界中也广泛存在，尤其在蔬菜、水果、天然蘑菇等食用菌中含量丰富。在人体缺少胰岛素影响糖代谢的情况下，无需胰岛素促进，木糖醇也能透过细胞膜被组织吸收利用，并能促进肝糖元合成，改善肝功能，是糖尿病和肝炎并发症病人的理想药物；同时，本品不被口腔中产生龋齿的细菌所利用，能防止龋齿；广泛用于食品、医药、轻工等领域。

世界各国牙医学会都积极推荐使用木糖醇含量超过糖分含量50%以上的产品。我国于1995年开始进行木糖醇防龋的研究，今年8月成立了木糖醇健齿专家组。目前市场上销售的，已经通过全国牙防组认证的木糖醇含量超过50%的口香糖品牌有3个：魄力、乐天和华爱康。

身份证号后面原来隐藏这么多你不知道的密秘

身份证是我们日常生活中必不可少的一张证件，无论我们去哪里，它都是最权威的证明。那么，假如现在你的面前有一张身份证，你能看出身份证后面隐藏的玄机吗？也许，你能从照片上看到对方是男是女，但如果你只知道一个身份证号码，我们该怎样判断它内部的信息？

事实上，身份证号码背后包含的信息量很大，其中有一个人的籍贯、性别、民族、姓名、出生年月日等。

目前我们使用的18位身份证号码中包含着大量的个人信息。在18位身份证号码当中，第1~6位代表着我们的居住地址，第7~14位代表着我们的出生日期，第15~17位是我们的顺序码(*1)，第18位是校验码(*2)。

*顺序码：顺序码是指在同一个区域内，对同年同月同日生的人所编定的顺序号，通常情况下，顺序码的奇数为男性，偶数为女性。

*校验码：最后一位的校验码通常是根据前面的一串数字通过某种算法运算得来的，机关人员用来辨别身份证的准确性。

可能有些人会问，在一些身份证号码的最后一位是“X”，这是怎么回事儿呢？原来，按照原本的算法，得出的结果是10，但如果用10作为尾数的话，身份证就变成了19位了，有违国家标准；而X在罗马表示为数字10，用X来代替10可以保证身份证的长度符合国家制定的标准。

另外，在已被淘汰的16位身份证号码中，除了6位出生日期和最后一位校验码，其他的均与18位第二代身份证代码相同。

粥里的增稠剂真的不能食用吗

关于“增稠剂”这个词,相信我们并不陌生,这在我们的生活中随处可见,比如食堂、餐厅,在一些粥和汤里。食品添加剂中的增稠剂有 30 种左右,它们赋予食品黏稠、适宜的口感。这些增稠剂中最常见的是改性淀粉和胶类物质,某种程度上讲,增稠剂也是“纯天然”的。不过随着人们对食品安全的重视,人们对这些食品添加剂都是谈虎色变,那么,增稠剂安全吗?

增稠剂的安全性一般来说都非常高,所以在很多食品中都没有限制其使用量,而且它们也算“膳食纤维”,所谓的“长期使用、超标使用会对人体有损害”,并没有科学依据。而其实,餐厅、食堂熬粥,也是可以不放增稠剂的,只是为了让食物出现更好的口感而已。很多消费者不知道的一点是,增稠剂的成本更高。这是从成本效益考虑的,那些商家就算舍不得放米,放淀粉显然是比放食品添加剂更方便,也更省钱的选择。新闻报道称,35 块钱才能买 2 斤黄原胶,如果是买淀粉可以买 20 多斤。在网上查了几个所谓的“粥宝”的信息,配料也主要就是淀粉或改性淀粉。

确实,熬粥并不是非用增稠剂不可。但只要没有违背食品添加剂的使用原则,用了也无安全性问题,消费者无须恐慌。食品添加剂说起来好像很神秘,其实有不少都是受到我们传统工艺的启发。即使是所谓的“人工合成”“化工产品”,其安全性也是受到严格科学程序的检验后才能上餐桌的。不过,我们还是要承认一点,在饮食行业,食品添加剂乱卖乱用的现象确实存在,相关人士必须做好监控工作,为的是让消费者吃得安心!

你相信吗:下班后逛街,你会不由自主地多花很多钱

相信很多人,尤其是女性都有个爱好——购物,尤其是那些职场白领,经常相约下班去购物,不过,花钱如流水,白领们也有经济紧张的时候,为此,他们经常告诉自己:“只逛不买、只逛不买……”尽管心里不停地叨念,但一旦他们看到那些琳琅满目的商品,还有那些数不尽的试吃、吃穿活动,他们还是失去了抵抗力,于是,他们经常会问自己,为什么自己的意志力这么差?

其实,如果你不在下班后逛街,可能情况不大一样。

为此，一些研究者就人的自控力进行过研究。自我控制的对象可以是方方面面，比如人的行动、表情、注意力等，而这种调节资源是有限的，打个比方，假如有个水池，当里面被放满水的时候，即使是容易冲动购物的人也能理智地抉择；而当里面的水杯大量放出或者仅限少量的时候，我们对冲动与欲望的控制力也会降低，更易冲动性购买。这意味着，如果前一件事耗费了大量控制资源，那么你对下一件事的控制会变得困难。

进一步研究发现，各种需要自我调节的任务，例如不断地压抑念头、故意展露出愉快的表情等方式，都会降低调控资源这个水池的水位，其结果不仅是购买意图的增长，更带来了实际购买花销的增加。

意思很简单，因为忙碌了一天，我们已经耗费了大量的资源，此时，冲进商场的你更容易因为冲动而购物。其实，对于节食减肥者也是如此，而这其中，他们会比非节食者吃得更多——他们平时控制饮食颇为辛苦。

所以，在经过了一天的疲惫工作后去逛街并不是明智的选择，不妨先回家，然后泡个热水澡，美美地睡上一觉，你也许会发现，其实这更是一种享受！

算一算，一个人一次能徒手搬动多少现金

相信我们在电影或者电视剧中经常看到这样的情节：一些黑帮老大会带上自己的弟兄们在码头进行交易，他们多半都是提着装满钱币的手提箱，一打开，就是几百万元；另外，在一些抢银行的镜头中，我们看到了劫匪在成功抢劫后，将那些装在黑袋子里的钱倒出来的时候，最起码也是上千万元。

那么，我们是否曾问过一个问题，一个人一次能搬动多少钱？

以现行第五套人民币 100 元为计算对象，每张长 15.5 厘米、宽 7.7 厘米、厚 0.1 毫米，那么 1 万元人民币约 1 厘米厚。100 万元能码出长 31 厘米、宽 38.5 厘米、高 10 厘米的“现金块”，用一般的随身背包就能装下！1000 万元则能得到长 77.5 厘米、宽 77 厘米、高 20 厘米的“现金块”，用一个麻袋装也是可以的。

那么 1 个亿呢？则有长 1.55 米、宽 0.77 米、高 1 米那么大，似乎让人手足无措了。考虑体积还不行，还得考虑重量。一般成年人抗个 100 千克便会非常吃力，那就以 100 千克为标准。1 万元大约重 115 克，100 千克大约有 8695700 元，即约 870 万元！

当然，如果我们要计算的是 1 元的人民币呢？这种情况就应该另作他论了。

大象为什么跳不起来

关于大象，我们大致都了解这些：大象是现在世界上最大的陆栖哺乳动物。象牙是防御敌人的重要武器。象是群居性动物，以家族为单位，由雌象做首领，每天活动的时间、行动路线、觅食地点、栖息场所等均听雌象指挥。而成年雄象只承担保卫家庭安全的责任。有时几个象群聚集起来，结成有上百只大象的大群。然而，可能我们没发现一点，大象是跳不起来的，我们也未曾在动物园或电视中见过跳起来的大象，那么，大象为什么无法跳起来呢？

的确，大象是唯一不会跳跃的哺乳动物，大象脚上的骨头和其他哺乳动物一样多，但骨骼之间的空隙更小，与其他哺乳动物相比，大象的脚灵活性较差，缺少跳离地面所需的弹性结构。因此，大象虽然能走得比人还快，但它不能跑。

我们可以根据地球的引力大小来算，以大象的重量，即使它的腿是钢做的，只要跳 5 厘米，它的腿就会骨折。

实际上，大象从来不会奔跑，因为大象的四条腿从来不会同时离开地面，大象即使是在运动最快的时候也只能说它是在快走。

最“恐怖”的过山车位置在哪

在游乐园，必定会有个刺激的运动——过山车，胆大的人也多半喜欢坐过山车，每当过山车从两个极端的位置滑落时，我们都能听到害怕的尖叫声。然而。你知道过山车哪个位置最“恐怖”吗？

有些人可能会说，一定是第一排了，看前面看得最清楚，所以最恐怖，其实不然。最恐怖的位置当属最后一排，当过山车急速往下冲的时候别有玄机。

过山车爬上斜坡时，前排座位过了顶点会往下走，而最后一排还在爬坡，这时候，过山车因为要拖着后面的，所以速度不是最快。等后排上了坡到达顶上，就开始加速，而这时前排已经下到了半坡，再冲也冲不出去多远，而真正从顶点往下强烈冲击全程的，正是最后一排。

现在，你若要想追求刺激，就记得选择最后一排，如果你是一个胆小的人，那么，最好是坐在车头最前面的位置，千万不要坐最后一排，因为那是最恐怖的位置。

打火机与火柴,谁更早问世

无论是打火机还是火柴,在我们的日常生活中都十分常见,表面上看,火柴似乎更“原始”,但打火机与火柴,到底哪个更早被发明呢?

火柴要比打火机发明得晚,打火机发明于16世纪,火柴发明于19世纪。

过去一般认为打火机的图绘最早出现在公元1505年德国纽伦堡地区一名贵族MartinLoffelholz拥有的手卷之中,另外有人认为打火机装置也有可能是出自文艺复兴大师李奥纳多·达文西(LeonarddaVinci)之手,在他的手卷CodexAtlanticus中也有类似机械的图绘。不过由于该页的时间无法确定(绘成时间可能在1500—1519年),所以两者虽然类似,却无法能够肯定地将之归功于达文西,因为达文西的图绘也可能是在看到别人的发明后记录下来的。

火柴是由谁发明呢?根据记载,最早的火柴是由我国在公元577年发明的,当时是南北朝时期,战事四起,北齐腹背受敌进迫,物资短缺,尤其是缺少火种,烧饭都成问题,当时一班宫女神奇地发明了火柴,不过我国古代的火柴都只是一种引火的材料。其后在马可波罗时期传入欧洲,后来欧洲人就在这个基楚上发明了一度被人们称为“洋火”的现代火柴。“洋火”能借着摩擦生火。而发明这种火柴的人是英国人沃克,他在1826年利用树胶和水制成了膏状的硫化锑和氯化钾,涂在火柴梗上并夹在砂纸上拉动便产生火。

可是早期生产的火柴有两个非常致命的缺点:(1)黄磷非常稀少,而且遇热容易自燃,非常危险,(2)黄磷是有毒的,造火柴的工人一不小心就会中毒身亡。在1852年经过瑞典人距塔斯脱伦姆的改进,发明了安全火柴。以磷和硫化合物为发火物,必须在涂上红磷的匣子上摩擦才能生火,安全程度提高。

所以,真正靠摩擦的火柴要比打火机发明得晚!

从小到大,你的眼睛大小变过吗

我们都知道,我们的身体是在不断成长的,看着我们孩童时代的照片,再看看现在的自己,就大致能看出一个人的成长过程:我们的手脚,四肢都会变化,那么,人的眼睛呢?也会变化吗?

对于这一问题,人们的答案不尽相同,一些人说:“小时候我的眼睛好大好大,现在貌似不太大了”“怪不得我经常发现我的眼睛还没有某些婴儿大”。他们的依据是因为眼睛大小没变,但是脸在长大,才从当年的大眼睛变成了现在的小眼睛。

也有一些人认为这是不可能的事情,“脑袋大了肯定器官都变了”“小时候眼睛大那是脸小的关系,这是个比例问题”“眼睛生长速度只是没有面部其他器官大而已”。事实到底是怎样的呢?

专业医生指出,如果从医学的角度来看,眼睛指的是一个人体器官,是由眼球和眼的附属器官组成,其中最主要的是眼球。“我们看到的眼黑,是角膜和虹膜,眼白是巩膜。”眼球的组织结构是角膜、虹膜、巩膜。眼球的构造分眼球壁和内容物两部分。其中,角膜和巩膜位于眼球壁的最外层(前 1/6 为角膜,其余 5/6 为巩膜),角膜无色透明,巩膜呈乳白色不透明。虹膜位于眼球壁的中层,虹膜中央的孔是瞳孔。刚出生的婴儿眼黑特别多,而眼白少,就是因为角膜和虹膜占的比例大,而巩膜小。

专业医生认为,人到了 6~8 岁之后 相对来说他的眼睛就会不变了。大小跟成人差不多。成人的眼球直径一般是 2.3~2.5 厘米,不过这种定型也只是相对的,如果一个人是近视眼,那么,他的眼轴就会变长,到了年老,眼球内的晶状体失去弹性,会变成老花,眼球内的晶状体浑浊,会发生白内障,这都是眼球的结构在发生变化。

所以,在我们的日常生活中,我们常说的一个人的眼睛,指的是其眼睛大小,实际上是指眼裂的大小,就是上、下眼睑之间形成的裂隙。眼裂随着面部长大在相应增大,到一定年龄眼裂的变化会相对静止。

车上的“安全座位”在哪儿

随着汽车越来越快走进人们的生活,安全也成为人们最关心的话题。生活中,很多人问:汽车上哪个座位最安全?

据美国一个专家小组以乘坐 5 人的小汽车为对象,通过近 10 年的事故调查分析,并通过多次的实车检测后得出这样一个结论:如果将汽车驾驶员座位的危险系数设定为 100,则副驾驶座位的危险系数是 101,而驾驶员后面座位的危险系数则是 73.4,另一侧座位的危险系数为 74.2,后排中间座位的危险系数为 62.2。也就是说,小汽车内安全性由大到小可排列为:后排中间座位,驾驶员后面座位,后排另一侧座位,驾驶座位,副驾驶座位。

有人发现，这个被称为最安全座位的后排中间座位与我国乘车的礼仪不谋而合。从礼仪上来讲，我们都要让最尊贵的客人坐在后排中间的座位上，其次是驾驶员后边的座位，再次是后排的另一侧座位，最后则是副驾驶座位。

你猜猜，一个人多久不睡觉就会死亡

经过科学证明，一个普通人的基本生存的边界很早就家喻户晓了：在没有空气的情况下人仅能存活 3 分钟；在没有水的情况下人能活 3 天；在没有食物的情况下，人能存活 3 周。那么，人在连续多久不睡觉之后才会因此毙命？

经过论证，人不睡觉大约 10 天就会死亡。人类最长不睡觉的纪录是 264 个小时，这个纪录由一个高中生在 1965 年创造，在 11 天之后他将要睡着时，他基本上已经进入了无意识状态。

关于睡眠对人的身体的作用早已毋庸置疑，不管睡眠时间长短如何，睡觉是人必不可少的行为之一。通过睡眠休息，人体可以促进体内组织的生长和修复，从而消除体力疲劳。不仅如此，睡眠还可以消除精神疲劳、缓解压力。所以，如果人长期间不睡觉，精神和身体将会受到双重严重伤害，必然影响生命。

据称，空军飞行员在被剥夺睡眠 3 到 4 天之后会进入一种精神错乱的状态，而且会因为突然进入睡眠而导致飞机坠机。即使只有一个通宵没有睡觉，也会晕晕乎乎的，像喝醉了酒一样。

因此，生活中的我们，无论工作和生活再忙碌，也要注意休息，保持充足的睡眠，不可挑战自己的身体极限。只有休息好了，才能以更饱满的精神状态投入到工作中。

第三章

最熟悉的身体，被忽略的秘密

我们生活中的每个人，承载我们每天生活、工作等各种活动的，就是自己的身体，也许我们最熟悉的也是自己的身体，但对于人体的知识，你了解多少呢？其实，人体的奥秘很多，接下来，我们不妨带着疑问来看看下面这一章的内容。

人的两只眼睛长得一样吗

人和动物都长着两只眼睛，为什么不跟鼻子一样只长一只呢？这是因为生存竞争的需要，用两只眼睛观察周围比用一只眼睛来得准确和精细。人们观察到的世界为什么是立体的？这也是因为人长着两只眼睛的缘故。

成年人的双眼大约相隔6.5厘米，观察物体（如一本竖立着的书）时，两只眼睛从不同的位置和角度注视着物体，左眼看到书的封底，右眼看到封面。这本书的封面和封底同时在视网膜上成像，左右两面的印象合起来人就得到对这本书的立体感觉了。引起这种立体感觉的效应叫作“视觉位移”。用两只眼睛同时观察一个物体时物体上每一点对两只眼睛都有一个张角。物体离双眼越近，其上每一点对双眼的张角越大，视差位移也越大。

正是这种视差位移，使我们能区别物体的远近，并获得有深度的立体感。对于远离我们的物体，两眼的视线几乎是平行的，视差位移接近于零，所以我们很难判断这个物体的距离，更不会对它产生立体感觉了，夜望星空你会感觉到天上所有的屋星似乎都在同一球面上，分不清远近，这就是视差位移为零造成的结果。

当然，只有一只眼的话，也就无所谓视差位移了，其结果也是无法产生立体感。例如，闭上一只眼睛去做穿针引线的细活，往往看上去好像线已经穿过针孔了，其实是从边上过去的，并没有穿进去。

爱因斯坦的大脑真的比常人的大吗

提到阿尔伯特·爱因斯坦这个名字，相信早已家喻户晓，他可以说是智慧的化身，关于爱因斯坦，人们常说其大脑比我们常人大，这一点是事实吗？

于是，有科学工作者为解决这一问题展开了研究。日前，美国加利福尼亚大学的达利亚—扎德尔博士在一项研究中发现，科学家爱因斯坦的大脑灰质区与普通人确实有明显的区别，然而，我们却并不能断定这些区别与其超人的智商之间是否存在一定的关联。

爱因斯坦1955年去世，享年76岁，为了研究这位天才与普通人之间的大脑有什么区别，在爱因斯坦死后，扎德尔对其大脑中的两块脑切片进行了分析。这两块切片中包含爱因斯坦脑部海马区的细胞，这个区域主要承担记忆和语言功能。

后来，扎德尔又找来是十个人的大脑组织，他们的去世年纪在22岁和84岁之间，他将这十个人的大脑组织与爱因斯坦的大脑组织进行了对比，结果发现，爱因斯坦脑部海马区的左侧神经细胞比右侧神经细胞大得多，而这十个人此区域的神经细胞差别并不大，意思也就是说爱因斯坦的大脑的确与普通人有很大区别。

扎德尔认为，爱因斯坦脑部海马区左侧神经细胞大于右侧可能说明其左脑海马区和大脑皮层之间神经细胞的联系较之右脑更加紧密。扎德尔表示，大脑皮层正是人类逻辑、分析以及创新思维发生的地方。

扎德尔称，爱因斯坦脑部为什么会出现这样的不对称，是一出生就是如此还是在成长的过程中逐渐演变而成的呢，迄今为止也是一个谜。

对此，路透社的记者曾经访问过扎德尔，扎德尔说："我也不清楚这种不对称现象到底与爱因斯坦具有超常智商之间有什么联系。"

人身上有多少骨骼，你知道吗

我们都知道，骨头是支撑人身体的支架，但不知你是否曾思虑过这样一个问题：人的骨骼有多少块？

关于这一问题，大概骨科医生能给出我们最权威的答案。实际上，我们不曾料想到的是，人在不同时期的骨骼数量是不同的。

成人有206块骨。骨与骨之间一般用关节和韧带连接起来。除6块听小骨属于感觉器外，按部位可分为颅骨23块、躯干骨51块、四肢骨126块。

但儿童的骨头却比大人多。因为：儿童的骶骨有5块，长大成人后合为1块了。儿童的尾骨有4—5块，长大后也合成了1块。儿童有2块髂骨、2块坐骨和2块耻骨，到成人就合并成为2块髋骨了。这样加起来，儿童的骨头要比大人多11—12块，就是说儿童的骨头有217—218块。医学书上说，初生婴儿的骨头竟多达305块。

当然，说成人有206块骨头，这是人类"总体"而言的，人群中在这方面也存在差异。我国科学工作者1985年进行的抽样调查表明，中国人的骨头要比欧美人少，大多数人只有204块骨头。而在欧美，绝大多数人有206块骨头。这是由于大多数中国人的脚上第5趾骨为2块骨头，不像欧美人有3块骨头。每只脚少1块，所以只有204块。

人一生会脱落掉多少皮肤

我们都知道，覆盖人的身体表面的就是皮肤，可以说皮肤是人体最大的器官。一个成年人的皮肤组织面积大概有2平方米，但其重量却是人体重的1/20。为什么会这样呢？因为人的皮肤实在太薄了，平均只有2毫米左右。其中人体皮肤最薄的部位，只有0.5毫米，而最厚的手掌和脚后跟的皮肤，也不过4毫米而已。

人体的皮肤虽然比较薄，但是却由好几层构成。皮肤主要由上皮组织、真皮组织等构成，其中上皮组织又被称为表皮。

人的身体每天都在进行新陈代谢，所以其表皮死亡的细胞是不断脱落的。科学家计算过，人的一生脱落的表皮加起来的重量将超过227公斤，我们每天会有一二百万个皮肤细胞生长起来，同时也会有一二百万个皮肤细胞老化。所以说，皮肤脱落是一个一直存在的现象，经过27天左右，全身的表皮就全部换上了一件“新衣”。

虽然我们的表皮不断地脱落，但是却并没有因此而变得更薄。这主要是人的表皮也是由两部分构成的：外侧的角质层和内侧的生发层。角质层虽然脱落了，但是生发层却不断补充着新的皮肤。这也是皮肤的神奇之处。

总之，我们了解到的是，人的皮肤表皮死亡的细胞是不断脱落的。人的一生大概会脱落40磅的皮肤。

你可以和达·芬奇一样一手写字、一手画画吗

达·芬奇，全名为列奥纳多·迪·瑟皮耶罗·达·芬奇，儒略历1452年4月15日（公历1452年4月23日）至1519年5月2日，享年67岁。欧洲文艺复兴时期的天才艺术家、科学家、发明家、建筑学家。

他是一位思想深邃、学识渊博、多才多艺的画家、天文学家、发明家、建筑工程师和军事工程师。他还擅长雕刻、音乐、发明、建筑，通晓数学、生理、物理、天文、地质等学科，既多才多艺，又勤奋多产，保存下来的手稿大约有6000页。他全部的科研成果尽数保存在他的手稿中，爱因斯坦认为，达·芬奇的科研成果如果在当时就发表的话，科技可以提前30—50年。

现代学者称他为“文艺复兴时期最完美的代表”，是人类历史上绝无仅有的

全才，他最大的成就是绘画，他的杰作《蒙娜丽莎》和《最后的晚餐》等作品，体现了他精湛的艺术造诣。他认为自然中最美的研究对象是人体，人体是大自然的奇妙作品，画家应以人为绘画对象的核心。

作为文艺复兴时期卓越的代表人物，达·芬奇的成就和贡献是多方面的。他是一位天才，把科学知识和艺术想象有机结合起来，把解剖、透视、明暗和构图等零碎的知识整理成为系统的理论，对后来欧洲绘画的发展影响很大，使当时绘画的表现水平发展到了一个新的阶段。

达·芬奇一方面热心于艺术创作和理论研究，研究如何用线条与立体造型去表现形体的各种问题；另一方面他也同时研究自然科学。达·芬奇是意大利文艺复兴时期最伟大、最著名的巨匠，他不仅是一位天才的画家，并且是大数学家、科学家、力学家和工程师，是一位多才多艺、全面发展的人。他有着多方面的才能，对人类做出过多方面的贡献。

最值得一提的是达·芬奇可以同时一手作画、一手写字。他道德高尚，举止温雅，且体格健壮，力量过人，据说他一只手就能轻易地折断马蹄铁。他左右手都会写字、作画，他用左手写的字是反向的，人们只有在镜子里才能看懂。

头脑聪明的人原来头发中含有更多的这样的物质

生活中，想必每个人都想拥有一个聪明的大脑，都希望自己能思维活跃，那么，聪明人的头脑中是不是在某些物质的含量方面比我们更多呢？《读者》2009年第3期（总440期）第61页有这样一句话：聪明人的头发中含有更多的锌和铜。

的确，锌在生理上的重要作用已被医学界广泛认可，它被称为“生命之花”和“智力元素”，一个人，如果缺锌就会导致人体智力发育不全等。

关于锌的作用，研究人员在做实验时，分别对运动员和大学生进行头发锌含量分析，发现大学生的锌含量明显高于运动员。美国的调查也表明学生中成绩优良者其发锌含量普遍高于一般学生，而学习困难儿童的发锌含量又低于一般学生。目前利用锌制剂治疗某些智能低下症已取得了一定疗效，说明锌与智力的关系是密不可分的。

另外，缺铁不但会引起贫血，也会造成儿童注意力分散、学习能力差，出现易烦躁和意识障碍等智能发育不良的表现。

碘也对人的脑部发育起着不可或缺的作用。缺碘地区儿童智力水平普遍低于非缺碘地区，严重缺碘者导致甲状腺功能低下及精神发育迟钝，生殖能力低下，智力及脑力活动降低。我国内陆地带的深山区域往往存在缺碘现象，现已通过加碘盐而加以控制，但仍不能放松警惕，因为加碘盐中的碘并不稳定，容易因挥发或分解而丢失，因此要常增加一些海产品作为食品来满足碘的需求量。

影响脑发育及智力水平的微量元素还有很多，对于发育期的儿童来说，要想健康、聪明，就要注意均衡营养，注意必需微量元素吸收是必不可少的一步。

对于减肥者而言，长跑有效吗

对于大部分身体肥胖者来说，大概都在努力寻求一条减肥之道，因为肥胖会给身体带来一系列负面影响。对于减肥，相信大多数肥胖者都会认为，长跑有助于减肥，因为长跑会消耗热量，而且还是体育锻炼中比较经济实惠的一种。

其实，这种做法不仅不科学，无法起到减肥的作用，还是一种非常危险的行为。俄罗斯医学专家对数千名想通过长跑以达到减肥目的的肥胖者进行了研究，结果表明胖人不宜从事健身长跑。这是因为，肥胖者身体重，长跑时，膝关节和踝关节将承受较大的地面反作用力，这种反作用力易使他们的膝关节和踝关节产生各种伤痛，如膝关节肿痛、踝关节炎症性疼痛等。

所以对肥胖者而言，最好不要进行长跑运动。如果想达到减肥的目的，可以进行一些强度适宜的运动项目，比如游泳、跳绳、骑自行车、散步等。上述有氧运动只要持续超过 30 分钟，就可以扩张人体心肺，加速代谢，燃烧体内脂肪，减肥才能达到效果。所以，每天固定持续运动一段时间，大约 30 分钟即可，再加上营养均衡的低热量食物，这才是正确的减肥方法

运动减肥是肥胖病人减轻体重的重要手段之一，科学地选择运动方法并配合饮食控制，一般都能达到减肥的目的。但是，很多胖人往往不喜欢运动减肥，可是仅靠控制饮食又很难奏效，选择服用减肥药品又担心副作用。想要减肥，必须树立起恒心，关键还要掌握好运动量和运动方式。

总之，运动减肥是肥胖者减轻体重的重要手段之一，科学地选择运动方法并配合饮食控制，一般都能达到预期目的。但我们要记住的是，长跑对肥胖者减肥并无良好的效果。实际上，想要减肥，必须树立起恒心，长期坚持科学的、行之有效的减肥锻炼。

人体最强韧的肌肉部位在哪

关于“肌肉”这一词，我们并不陌生，那么，人体肌肉的秘密你知道多少呢？人体哪个部位的肌肉最强韧呢？

健康男女老幼人体全身的肌肉共有639块。约由60亿条肌纤维组成，其中最长的肌纤维达60厘米，最短的仅有1毫米。大块肌肉有2000克重，小块的肌肉仅有几克。一般人的肌肉占体重的35%—45%。肌肉内毛细血管的总长度可达10万公里，可绕地球两圈半。

你绝对无法想到的是，人的身体上，最强韧有力的肌肉居然在人的舌头部位，当然，对舌头部位有病残的人，则另当别论。

舌，是人类身体的重要的语言器官，帮助我们感受味觉，它是口腔底部向口腔内突起的器官，由平滑肌组成。舌头看似柔软，确实人体最强韧的肌肉，它也是人的身体部分唯一一块仅有一段与人体相连的肌肉。至于其他肌肉，最长的是从臀部到膝盖的缝匠肌，表面积最大的是覆盖背部的宽阔的背阔肌。

大量排汗真的有助于减肥吗

在日常生活中，许多人都用坚持运动减肥的方法来瘦身，有不少人会误以为流的汗越多，减肥效果就越好，身体脂肪消失得也就越快了，这种认识其实是不正确的，在进行减肥瘦身的时候，出汗过多也容易导致体内失水过多而体虚等情况，所以健康减肥的时候也要掌握一定的技巧。

大家都明白出汗对身体是有利的，不仅可以发泄不愉快的心情，而且还可以使身体充满活力，显得更有精神。当热引起血管扩张时，血液中的水将热量传递至皮肤表面，然后随汗水蒸发，将热传到周围环境中，在高温环境下，人体的出汗量可高达每天8—12升。

然而大量的运动后，身体排出过多的汗液，增加患上风湿、发热等疾病的概率。这主要是因为有些疾病也会导致身体出汗，如果患有风湿病、结核病时出汗就很多，脑炎后遗症经常伴有出汗，如果出现这种情况，就要及时到医院进行相关的检查。“出一身汗正好减肥”的观点没有太多根据，因为出汗的过程主要是把体内的多余热量散发出去，大量地出汗还会导致人体处于失水状态，只能暂时减轻体重，真正减肥应是减少脂肪，每天进行适当的运动，消耗一定的热量，这样才能达到有效减肥。

综上所述，只有持有了正确的观点才可以更好地进行减肥瘦身，选对了健康减肥方法就可以很快地瘦身成功了。在进行运动过后不要立即洗澡，这时候很容易使皮肤受到一些刺激，造成血管收缩，加重心脏的负担，所以运动减肥不适宜出过多的汗。

原来声音和我们的容颜一样会变老

生活中，我们常听到一些老人感叹："人老了，连声音也变老了。"人的声音竟然也会变老，太不可思议了。的确，当今社会，尽管美容技术的发展让人看起来变年轻并不难，却掩盖不了"声音听起来老"的事实。在更年期前，女性在雌性激素的作用下，音调比男性高，到了更年期后，男女的声带都因老化而变薄，男性的声音会较高些，女性则因少了激素，声音反而较为低沉。年轻女性的声音较为清脆，音频高于年长女性。

那么，有帮助声音保持年轻的方法么？我们可以掌握几条保养声音的方法：

多喝水、少吃辛辣食物、有规律地聊天、在洗澡时唱歌、不要大声喊叫、保护你的牙齿、除了以上几点外，你还要让喉咙适当休息。

如果你长年不正确地使用自己的声音，那么你的声带会伤痕累累。通常在人感冒的时候如果喉咙会发炎，不停咳嗽。在这样的情况下，我们应该有 1—2 天的时间尽可能地不说话。如果喉咙发炎时我们没有注意保养它，也许会留下后遗症，甚至可能会终身影响我们的嗓声。

还有，吸烟对声带和喉咙有非常严重的影响。它会使喉咙变得干燥，而且会阻断喉部气流，影响声带的振动。此外，香烟中所含的尼古丁也会极大程度上损坏声带，它会使你的声带越来越衰老，越来越不健康。相对于烟来说，酒对声带的影响并没有什么大碍，不过无论是什么，过量就不好了。

可见，随着年龄增长，喉咙与声带部位的肌肉也开始变得逐渐衰老，我们的声音也跟着变老了。但我们依然可以掌握一些保养声音的方法，以延缓声音变老的进程。

耳屎居然也有作用

生活里,我们会经常做这样的身体清洁工作——掏耳朵,而其实,耳屎也是有作用的,也不必经常掏。

耳屎是人体耳道内耵聍腺产生的油脂性分泌物,呈黄色,又名耳垢,学名"耵聍"。它能保护鼓膜,起屏障作用。

耳屎并非可有可无的东西。其自然干燥后在耳朵里堆积得多了,当人在活动时,就会自行脱落,排出体外。所以也就不必经常去掏它、挖它。

耳屎是由哪些东西构成的呢?从物理性状看,耳屎通常呈淡黄色蜡样干片状物质,味苦,不溶于水、酒精或乙醚;从化学分析来看,耳屎含有油、硬脂、脂肪酸、蛋白质和黄色素,还有0.1%的水以及少许白垩和钾、钠等元素。

耳屎因富含油脂,它可以滋润耳道皮肤上的细毛,这些细毛能阻挡由外界吹进来的尘埃颗粒。耳屎和细毛还能防止昆虫等微生物对耳朵的侵害。偶然闯进来的小虫等碰上密茸茸的细毛,被挡住去路;耳屎味苦,当小虫尝到耳屎的苦味后,便会"知难而退"。此外,富含油脂的耳屎能使耳道保持一定的温度和湿度,尤其可以保护耳道深处的鼓膜,使其不致干涸,从而使鼓膜经常处于最佳运动状态。

富含脂肪酸的耳屎,在耳道皮肤表面形成一层酸膜,使外耳道处于酸性环境,具有轻度的杀菌作用。有人证明,耳屎里的化学成分能抑制好几种细菌的生长、繁殖。

耳屎和细毛,不仅能吸附进入耳道的灰尘和微生物,保持耳道的清洁,而且还能使耳道空腔稍稍变窄,对传入的声波起到滤波和缓冲作用,使鼓膜不致被强声所震伤。

由此可见,正常的耳屎不是废物,对保护听觉器官还是有一定功劳的。

你知道指甲中长得最快和最慢的分别是哪个吗

我们每天都会使用双手,那么,对于手部的秘密,你知道多少?你知道指甲中长得最快和最慢的分别是哪个吗?

其实,右手的指甲长得比左手的快,而中指指甲长得最快,长得最慢的是小指的指甲。

人的手指甲和脚趾甲是皮肤的附件,是由一种硬角蛋白组成的,是从表皮细胞演变出来的。表皮细胞从出生一直到死,一层一层不断地新陈代谢着,新的角蛋白不断产生出来,因此,指甲不断生长。指甲有保护手脚的功能,使手脚在活动时不致碰伤柔软的尖端。

手指甲和脚趾甲生长的速度的确不一样,手指甲每天生长 0.1 毫米,脚趾甲每天只长 0.05 毫米。那么,为什么手指甲长得更快呢?

指甲的生长速度受年龄、健康、季节和机械刺激的影响,经常摩擦就会使指甲生长速度加快。人一般用手活动的机会比脚多,所以,手指甲比脚趾甲损耗快,为了保护指尖,手指甲自然长得比脚趾甲快。

指甲白天生长的速度比晚上快,夏天比冬天快,这就是说使用得越多,生长得越快。

指甲留着不剪,它会按照一天长 0.1 毫米的速度不断地生长下去吗?不会的。因为指甲只有在耗损、修剪的情况下才正常生长,如果一味地保护着不剪,指甲生长的速度就会放慢。

头发和胡须哪个长得快

在生活中,我们可能经常听到一些女性朋友说:“我的头发长得太快了,上个月才剪的,现在又长了。”这是她们苦恼的问题。去理发店剪头发是她们经常从事的活动。但我们是否观察过,对于男性来说,他们经常早上起来做的事除了洗漱外,还有刮胡子。

胡须,俗称胡子,泛指生长于男性上唇、下巴、面颊、两腮或脖子的毛发。如果要仔细区分,“胡”本来是指长在嘴边的毛,而上唇的称为“髭”又叫“八字胡”“八字须”“两撇胡”,粤语叫“二撇鸡”,下巴的叫“山羊胡”(goatee, beard),两鬓连至下巴的叫“落腮胡”(又叫“络腮胡”“连须胡子”),两颊上的叫“髯”,蜷曲的叫“虬髯”。青春期后的男性一般都会长胡子。胡子比头发长得快,这是雄性激素作用的结果。生殖机能越旺盛、胡须生长就越快。长胡子部位的血管分布要比头发根部多,养分也容易得到,所以,刚刮去胡子,不几天就又长了。

事实上,人的胡须的生长速度远比头发快很多。胡须是生长速度最快的人体毛发。如果一名男性从不修容,终其一生他将蓄出 30 英尺长的胡须。

不过,国外专家研究发现,胡须具有吸附有害物质的特性。人在呼吸时,可排出多种有害的化学气体,而且均可滞留在胡子上;另外,大气中含有多种重金属微粒，尤其在繁华的街道上，汽车尾气排放出的多环芳烃、铅也会被胡须吸附；对于吸烟者，烟雾中的苯并芘等致癌物质也会在胡须上停留。此外，长胡须的表皮上油脂分泌较多，平时用清水洗脸时又往往较难洗去。研究表明，油脂有黏附灰尘和微生物的特性。

因此，这些有害物质有可能随着人的呼吸作用，被吸回呼吸道，危害人体健康。因此，奉劝人们不要留胡子。

人体哪个部位含有的水分最多

我们都知道，水是生命的源泉。人对水的需要仅次于氧气。人如果不摄入某一种维生素或矿物质，也许还能继续活几周或带病活上若干年，但人如果没有水，却只能活几天。由此可见，水对人的生存有多么重要。人体不同器官的水分含量差别很大，如人的眼球含水量是99%，血液85%、肌肉76%、骨骼22%。

眼球位于眼眶内，呈球形，周围有眼肌附着保护，后面有视神经连于脑。眼球由眼球壁和眼球的内容物组成。那么，眼睛的构造是怎样的呢？

眼球壁：维持眼球的形状，由外膜、中膜、内膜三层所组成。

(1)外膜：前面眼黑部分有一层透明的膜叫角膜，有透光作用，感光敏锐，其他部分为乳白色不透明的巩膜。它坚韧，对眼球有保护作用，发生黄疸时会出现黄色。

(2)中膜：又称血管膜，包括虹膜、睫状体和脉络膜三部分。

虹膜：呈棕黑色，中央有一可变化的小圆孔称瞳孔，是光线射入眼球内部的孔道。虹膜内有平滑肌，可调节瞳孔的大小，光线过强瞳孔就缩小，光线过弱则瞳孔放大。起着照相机光圈的作用。

睫状体：呈环形，内含有平滑肌，有调节晶状体凸度和产生房水的作用。

脉络膜：在睫状体后部，含有丰富的血管和色素，可供给眼球营养和防止光线的散射，具有照相机暗盒的作用。

(3)内膜：又称视网膜，含有感光细胞，具有感光辨色作用。类似照相机的感光胶片。

眼球的内容物：由房水、晶状体、玻璃体三部分组成屈光系统，有透光、折光作用，能把外来的光线聚集在视网膜上。

(1)房水：是透明液体，充满于角膜与晶状体之间。

(2)晶状体：为双凸透明体，具有弹性。

（3）玻璃体：为透明胶冻状物，充满于整个眼球后部。

十个手指有长短，为什么呢

手在我们日常生活中可以说是使用最多的，我们无论从事什么活动，都离不开手。当我们伸出双手，我们可以看到，两双手的手指都长短不一，我们可曾思考过为什么会这样？其实，人类手指不等长可能来自于生存环境的竞争。

依据达尔文的进化论而言：在手指中的食指、中指和无名指比较长，这是在人类进化当中，猿猴所留下的遗迹，因为猿猴在树上攀爬时，需要这几只手指，所以会特别发达。精细的手工业，也是由不同长短的手指做成的。所以说，人类的历史中“手”的存在，实在是占有很重要地位的。

人的器官的外形和功能都是进化的结果，不同长短的手指和他们的位置也是进化的结果，比较常用的手指就会比较长，如中指、食指、无名指，或者比较壮，如大拇指，而不常用的手指就会变得比较短、比较细，如小拇指。

大拇指的位置可以很好地和其他手指形成对握等功能，从而和其他手指形成很好的配合。用进废退，大自然自己进行了这样的演化。

你知道血液循环一周需要多长时间吗

我们知道，任何一个有生命的人，身体里都流淌着血液，因为血液，我们的身体在一天 24 小时中才会不断地循环，血液将人体精华巡回支援人体各脏腑。然而，人的血液循环一周需要多长时间呢？血液循环一周只需 20 秒！

每天人体心脏跳动产生的能量，足以把 9 千克重的物体升高 1 米。据科学家推算，人从出生到 50 岁的时候，心脏跳动所产生的能量可以把 100 颗重量级的人造卫星送入地球轨道。

心脏送出来的血液，经过大动脉、中动脉、小动脉，流到全身的毛细血管，然后又经过小静脉、中静脉和大静脉，再返回心脏。血液按这个顺序旅行，速度非常快，在体内循环一圈只需要 20 秒钟，依此速度算，血液在一小时内可循环 180 圈，1 年是 157.68 万圈，如果一个人活到 80 岁，血液会在体内循环 12614.4 万圈。

大多数歌剧演员为什么体型更胖些

当我们在欣赏歌剧的时候，我们常常会陶醉其中，不过我们可能也会发现一个很奇怪的现象：那些歌剧演员似乎比一般人更胖，这是为什么呢？这其中有什么奥妙吗？

其实，这是因为唱歌剧需要很大的肺活量，而体型胖的人共鸣比较大，所以在唱歌剧的时候也就能发挥得更好。不过，也并非所有的歌剧演员都是如此，比如很多花腔女高音并不胖。

毕竟，人的音色音质是天生的，与身体胖瘦没有绝对的关系，但与个人体质还是有一定的关系的，因为歌剧确实需要一定的体力，必须体质强才能胜任。

从这一方面来看，我们也就能明白，那些歌剧演员也正是因为经常消耗体力所以必须加强营养，自然身体就很胖！

为何喝酒会醉人

无论是中国还是世界其他国家，酒都有着深厚的文化内涵，无酒不成席，酒能加深人与人之间的感情，但为什么人在喝酒喝多了之后就会醉呢？

其实，这是因为酒精对神经有一定的影响。

酒精以不同的比例存在于各种酒中，它在人体内可以很快发生作用，改变人的情绪和行为。这是因为酒精在人体内不需要经过消化作用，就可直接扩散进入血液中，并分布至全身。酒精被吸收的过程可能在口腔中就开始了，到了胃部，也有少量酒精可直接被胃壁吸收，到了小肠后，小肠会很快地大量吸收。酒精吸收进入血液后，随血液流到各个器官，主要是分布在肝脏和大脑中。

酒精在体内的代谢过程，主要在肝脏中进行，少量酒精可在进入人体之后，马上随肺部呼吸或经汗腺排出体外，绝大部分酒精在肝脏中先与乙醇脱氢酶作用，生成乙醛，乙醛对人体有害，但它很快会在乙醛脱氢酶的作用下转化成乙酸。乙酸是酒精进入人体后产生的唯一有营养价值的物质，它可以提供人体需要的热量。酒精在人体内的代谢速度是有限度的，如果饮酒过量，酒精就会在体内器官，特别是在肝脏和大脑中积蓄，积蓄至一定程度即出现酒精中毒症状。

如果在短时间内饮用大量酒，初始酒精会像轻度镇静剂一样，使人兴奋、减轻抑郁程度，这是因为酒精压抑了某些大脑中枢的活动，这些中枢在平时对极兴奋行为起抑制作用。这个阶段不会维持很久，接下来，大部分人会变得安静、忧郁、恍惚，直到不省人事，严重时甚至会因心脏被麻醉或呼吸中枢失去功能而造成窒息死亡。

据说，女性经期洗头易得癌症，是真的吗

每个女性进入青春期后，都会来月经，月经会伴随女性大半生的时间。不过，经期是每个女性一个月中最为敏感和脆弱的时间。有种说法是女性经期内不能洗头，否则易引发癌症。传言说，如果在月经时，洗头发、吃冰冷食物，会让污血残留在子宫之内，导致荷尔蒙分泌失调，而引发乳癌、子宫癌。这则消息究竟是不是真的呢？

其实，这一说法是没有科学依据的。经期洗头与癌症没有直接关系，荷尔蒙失调不是由月经情况引起的，而是与生理、心理、环境、遗传因素相关。癌症则与人的生活环境和生活习惯有关，如果经期不注意生活习惯，可导致瘀血内停，日久可引发病变，但不一定癌变。女人在月经期间，抵抗力下降，若身体受寒，则气血凝滞，可导致月经失调或痛经，因此，经期不宜冷水洗脚或洗冷水浴，不吃生冷食物，这些是有道理的。但用温水洗澡、洗头对健康完全没有影响。排除相关内科疾病，头晕、胀胸、便秘等，这些都属于“经前期紧张综合征”，很多女人都有此类症状，这是因为月经前，人体体内荷尔蒙发生变化等原因引起的，其成因较复杂，却跟癌症没有关联。并且如果真有癌症，仅凭食物是无法防止癌细胞发展的。

有氧运动越多越好，是真的吗

生活中，出于减肥或获得健康身体的目的，很多人都采取有氧运动的锻炼方式。有氧运动的种类有：步行、慢跑、游泳、跳绳、骑自行车、固定式自行车、乒乓球、篮球、爬山、网球、羽毛球、跳舞（有氧舞、民间舞、爵士舞）、爬楼梯、健身操、跳板操等。

我们都知道，有氧运动能燃烧脂肪。有些人可能会问：每天运动多久的运动量会有更明显的锻炼效果呢？有氧运动是不是越多越好呢？

其实不尽然，一件好事做过了可能会变成坏事，导致相反结果。有氧运动也

是如此。虽然它不失为一种有效的脂肪消耗办法，但长时间的有氧锻炼消耗的不仅是脂肪，而且还包括肌肉。研究发现，两小时中量的有氧锻炼可耗尽体内90%的白氨酸——对肌肉生长非常重要的一种氨基酸。通常情况下，正常的白氨酸水平可防止因锻炼过度引起的肌肉分解。

有专家曾说："如果在一天当中有氧运动超过1小时，你的力量就会下降，肌肉萎缩，即使摄入许多热量和蛋白质也无济于事。"有氧锻炼能达到消耗热量的目的，但却不能长时间地提高新陈代谢率。力量练习虽不能长时间提高心率，但它却增加了肌肉总量。

所以，要想获得良好的锻炼效果，最好将力量锻炼和有氧运动结合起来，并且，有氧运动时间不宜过久，也不宜太多。

人的尿液为什么是黄色的

尿液是我们身体排泄物的一种，是人类和脊椎动物为了新陈代谢的需要，经由泌尿系统及尿路排出体外的。排出的尿液可调节机体内水和电解质的平衡以及清除代谢废物，尤其是退化变性的蛋白质和核苷酸所产生的含氮化合物。正常人的尿液大多数为淡黄色液体。那么，为何人的尿液会呈现黄色呢?

这主要是因为尿液中含有一种黄色尿色素的缘故。当然，正常的尿一般呈现淡黄色，但当人体泌尿器官或其他系统出现问题时，人的尿可以出现不同颜色。

对于病理尿来说，红色尿很常见，引起的原因也很多。血尿是最常见的原因之一。泌尿道任何部位有损伤出血均可引起血尿，如急性肾炎、泌尿道结石、结核、肿瘤、泌尿系统的先天畸形或运动性血尿等。此外，全身性疾病如血液病、某些传染病也常可出现血尿。当肌肉受到严重的挤压伤时，肌红蛋白进入血液，通过肾脏排出，尿液也可呈暗红色。

黄褐色像浓茶样的尿多数见于黄疸患者，例如急性黄疸型肝炎或胆道梗阻。

棕褐色似酱油样的尿常是血管内溶血引起的血红蛋白尿，例如蚕豆病、血型不合的溶血性输血反应等。

白色尿的常见原因是丝虫病时引起的乳糜尿、严重泌尿道化脓感染引起的脓性尿。

一般情况下，尿颜色改变的同时，还会有相关的症状。虽然尿的颜色可以告诉我们一些疾病，但是也不能看到颜色改变就惊慌失措，因为尿液颜色与饮食、服药也有关系。最常见的是大量进食胡萝卜时尿呈黄亮色；服中药大黄，可使尿色深黄如浓茶样。

打喷嚏的速度原来如此惊人

我们都知道，我们在感冒、鼻炎发作或鼻部被刺激的时候，都会打喷嚏。那么，什么是打喷嚏呢？打喷嚏的现象是指在将进入鼻腔的异物（如灰尘、细菌、花粉等）驱赶时出现的一种无意识的"反射"。异物进入以后，位于鼻黏膜上的三叉神经向作用于肺部的呼吸肌肉发出指令，猛烈地排出空气将异物驱除出境。喷嚏反射，俗称"打喷嚏"或"打嚏喷"，是鼻黏膜受刺激所引起的防御性反射动作。

打喷嚏这一经常性动作，你是否了解其速度是多少？其实，打喷嚏的速度为每小时177公里。当人打喷嚏时，空气穿越餐桌的速度可以达到177公里/小时，相当于英国驾车极限的一半。

如此高速的气流可以对上呼吸道进行彻底"清扫"，把刺激物、致病因素（如烟雾、粉尘、花粉、病原体、有毒化学气体以及鼻腔中的原有病毒）都带走了，从而减少了病原体及有毒物质对人体的危害，有助于预防疾病。

人类肤色为什么各有不同

我们都知道一个常识：世界各地，有很多不同肤色的人。亚洲人黑发黄皮肤；非洲人黑发黑皮肤；欧洲人金发白皮肤。

那么，人类为什么会有不同的皮肤颜色？

通过长期研究，科学家们找到了皮肤有不同颜色的根本原因：在人体中存在一种色素细胞，不同种族之间和同种人之间肤色的不同，只是由于皮肤中黑色素（一种褐色的色素）的含量不同而已。无论什么种族，色素细胞所产生的黑色素越多，肤色就越深。

阳光中有大量的紫外线，黑色素能吸收紫外线，用以制造人体必需的维生素D，但紫外线过多则有害。在非洲及其他阳光充足的地方，黑肤色有保护身体的作用，因为黑色素把大量的紫外线吸收掉，进入细胞的紫外线就不会太多了；而在斯堪的纳维亚及其他阳光较少的地方，白肤色使人能吸收足够的紫外线，以制造维生素D。所以肤色的不同是人类在长期进化过程中为适应环境而逐渐形成的。

人的皮肤颜色是由白、黄、黑、红四种颜色决定的，是按照不同的比例搭配而成的。皮肤最白的人在北欧，皮肤最黑的人在西非，皮肤发黄的人在东南亚。阳光能在皮肤中促进黑色素的产生，所以居住在热带地区的人黑色素更多，皮肤也更黑。

第四章

健康隐患多：你不知道的某些引发疾病的行为

我们每个人都有一些生活习惯，或者有些固有的健康观念：比如，运动之后大口喝水或洗澡、饭后剔牙、在周末补觉等，但其实你可能不知道的是，这些小小的生活习惯可能会引发疾病，也有可能是某种疾病的表现。那么，从健康的角度考虑，我们来看看本章中的这些冷知识吧。

什么是“水中毒”

相信每个人都知道喝水的好处,医生和养生专家也建议我们多喝水。不过,水真的是喝得越多越好吗?

最近,在网上有一则新闻:有一位女士,对自己的“丰满”身材很不满意。听说多喝水既减肥又美容,一个星期以来,她几乎每小时喝 500 至 600 毫升水。大约七天后,张小姐出现头痛、呕吐症状,经医生检查后发现,病根竟是“过量饮水”,患了“脱水低钠症”,俗称“水中毒”。

专家指出,大量出汗后又大量补水,容易导致“水中毒”。有些人在热天干渴得难受,或在运动、劳作出汗之后,一口气来个“牛饮”,甚觉痛快,他们不知这可是一种错误的饮水方法。

原来,人在大量出汗后,不仅丢失水分,也丢失了不少盐分。如果大量饮水而不补充盐分,血液中的盐分就会减少,吸水能力随之降低,一些水分就会很快被吸收到组织细胞内,使细胞水肿,造成“水中毒”。这时,人就会觉得头晕、眼花、口渴,严重的还会突然昏倒。

为此,专家提醒,要避免水中毒,必须掌握好喝水的技巧。一要及时补充盐分。适当地喝一些淡盐水,以补充人体因大量排汗而带走的无机盐。据介绍,在 500 毫升饮用水里加上 1 克盐,适时饮用。这样既可补充机体需要,同时也可防电解质紊乱。二要喝水少量多次。口渴时不能一次猛喝,应分多次喝,且每次饮用量少,以利于人体吸收。每次以 100 毫升至 150 毫升为宜,间隔时间为半个小时。三要避免喝“冰”水。

晚饭吃得晚,危害多多

现代社会,对于忙碌的人们来说,似乎按时吃饭也成了一种奢侈。很多人因为加班到很晚,所以晚饭也就吃得晚,也有一些人,有吃夜宵的习惯,但其实,你可能不知道,夜间进食,患胃癌的风险会增加。

最近,日本科学家做了一项调查研究,研究结果表明,晚饭吃太晚,无形中就给胃造成了更大的负担,久而久之,会增加患胃癌的风险。对此,日本东京大学的栗田英男教授领导了这项研究。

调查的对象是30—40岁的胃癌患者，栗田英男对他们在患病之前的生活习惯进行了调查，他发现，这些患者在以前都有吃夜宵的习惯，并且，大概有38%的人晚餐时间无规律。

栗田英男教授指出，吃夜宵对胃的伤害非常大，因为胃黏膜的上皮细胞寿命很短，大概2—3天就会自动换新一次，这也就是再生的过程，一般也只会在夜间胃肠道停止运作和休息时才会进行，如果夜间进食，那么，胃黏膜就会因不能得到及时修复而对胃产生损伤。

另外，夜间进食，会让食物滞留在胃部，促进胃液大量分泌，对胃黏膜造成刺激，导致抵抗力减弱，出现溃疡。如果常吃一些油炸、烧烤、腊制食品，里面的致癌物质会进一步伤害胃部。

因此，在现代生活方式下，为了健康，我们很多人的饮食习惯需要改变，最好按时、按量进餐，并养成良好的饮食习惯。

听说运动能治疗感冒，是真的吗

我们每个人都会感冒，治愈感冒的方法通常是吃药和打针，但也有一些人说，感冒了小做一下运动治疗，打打球或跑跑步，出一身汗就好了，这样真的有用吗？

从医学上讲，这种说法是不对的。诚然，人在感冒后打球、跑步、游泳，出一些汗，感冒症状当时的确会减轻一些。这是因为人在运动时，交感神经兴奋，体内的白细胞和其他抗体所组成的防御系统的机能得以提高，再加上出汗时体内的毒素排出体外较快，能使感冒症状得到一些缓解。这种情况多见于少数体质较强、感冒初期、症状较轻的人，但对于多数人来说，尤其是儿童、体弱者和老人，感冒时运动，尤其是参加一些强度较大的体育锻炼是有害无益的。

有临床医生称，一些人患了感冒后想用游泳锻炼来“治病”，病情不但没好，反而出现了发热、心悸、胸闷等症状，后经医生检查，该患者得上了心肌炎。感冒后体育锻炼，会消耗大量体力，直接导致免疫力下降，这是诱发心肌炎的主因。

我们要知道，感冒是由病毒或细菌引起的一种急性上呼吸道传染病。人体为了抵御入侵的病毒或细菌，会出现一些变化，如体温升高、白细胞增多等。如果再进行体育锻炼，就会使体内产热增加，这样热上加热，势必造成体温过高，进而使体内调节功能失常，氧的消耗量大大增加，以致加重心、肺等系统的负担，甚至引起急性心、肺功能不全等症状。

因此,感冒时不要用参加体育锻炼的方法来治疗,而应在医生指导下积极服药、休息。

为何周末睡了一天,周一上班却比平时更疲惫

可能很多上班族都有过这样的体会:忙碌了一周,终于到周末了,终于可以好好休息了,于是便倒头大睡,但是奇怪的是,为什么周末睡了一天,第二周的周一却更累呢?

人体生物钟大约以 24 小时为一周期,周末比平时睡得多会搞乱生物钟,让人在试图恢复通常模式时更感疲劳。

身体可以适应最多延迟一小时的生理节奏,也就是说,周末睡个小懒觉不大可能对周一早晨的疲劳状态产生太大影响。

但是,晚两小时或两小时以上起床却可能让身体失去平衡,让人在周日晚上更难入睡,而且第二天早晨起床也越加困难。

英国《每日电讯报》网站 9 月 12 日报道题:周一觉得累,周末别睡懒觉。一项研究也说,周六和周日多睡点可以把这一周损失的睡眠“补上”的想法是错误的。这项研究显示,周末睡懒觉可能不仅不会使工薪族在新的一周感到精力充沛,反而会让他们更加疲惫。

得克萨斯大学达拉斯西南医学中心的睡眠医学专家格雷戈里·卡特博士说:“有关睡眠缺乏的一个错误想法是,如果在工作日缺觉,我们就得在周末补觉,缺多少小时就补多少小时。”

卡特博士说,工作日因为上床太晚“亏的觉”可以在周六或周日补上,但只需要睡 8 小时,因为感到疲倦时大脑休息的效果更好。

那么,最有效的方式是什么呢?周末比平时早点上床,以便第二天在正常时间起床,以得到最佳的休息。这种方法甚至对失眠也有效。

你绝对会吃惊:接吻居然有如此功效

情侣、夫妻之间少不了卿卿我我,接吻就是甜蜜的表现。那么,你知道接吻有什么好处吗?也许你会觉得不可思议,但事实便是如此,专业人士为我们罗列了接吻的六大功效:

1.减肥和美容功效

据科学家们的统计显示,每日三次接吻(每次持续时间为20秒)就能够使一个人在一年内减掉一公斤的超标体重。激情式的接吻方式还能够促使脸部30多块肌肉处于紧张状态。这有利于脸部皮肤有充足的血液供应并保持弹性。

2.止痛效果

接吻过程中人体分泌出来的安多芬有良好的止痛作用。越是激情炽烈的接吻,机体内安多芬的分泌就越多。一次接吻所产生的安多芬对人的抚慰作用相当于打一次小剂量的吗啡。同时,接吻还能诱发人体一些自然抗体的产生,这都具有良好的止痛效果。

3.有利牙齿健康

在接吻过程中,人的口腔会产生大量唾液,而由于唾液中含有丰富的钙和磷,所以只需接吻就可以有效保障牙齿免受蛀牙威胁。此外,由于接吻中产生的大量唾液还具有中和作用,所以接吻还能保护牙齿和牙床免受其他疾病的干扰。

4.促进血液循环

接吻可使男性的脉搏跳动次数骤然升高到每分钟110次至120次、使女性的脉搏跳动次数升高至每分钟达180次。这极大地改善了人体的血液循环状况。

5.防病健身

接吻能够延缓人体内各类有害化学物质的合成进程,能减少患血液、肠胃和胆囊疾病的可能,能减缓体内动脉硬化过程、预防植物性神经障碍和血液循环系统疾病。长时间的接吻还能摆脱老打嗝的毛病。接吻过程中呼吸被遏制也对机体组织非常有利,其原理类似于瑜珈或气功。

6.调节情绪,保持乐观

正是由于接吻的这一功效,那些时常接吻的情侣们才保持一种乐观的情绪。此外,接吻使人分泌出来的肾上腺素还有利于我们保持愉悦。

剧烈运动后,你必须要记住的禁忌

生命在于运动,运动有利于强身健体,这一点我们早已知晓。然而,在大汗淋漓后,你知道有哪些是不宜做的吗?健康专家为我们总结出以下七点:

1.不宜立即停下来

如果剧烈运动刚一结束就停下来休息,肢体中大量的静脉血就会瘀积于静脉中,心脏就会缺血,大脑也就会因供血不足缺氧而出现头晕、恶心、呕吐、休克等症状。所以剧烈运动，如长跑之后逐渐改为慢跑，再走一走，做几下深呼吸，这样肌肉就会轻快地消除疲劳。

2.不宜立即大量喝水

一次性喝水过多，胃肠会有不舒适的胀满感，甚至会引起脑压升高，使人头疼、呕吐、嗜睡、视觉模糊、心律缓慢等“水中毒”症状。

3.不宜马上洗冷水澡、游泳、吹风或用空调

有些人剧烈运动后立即就下水游泳或进行冷水浴，由于体表温度和水的温度相差悬殊，这样极易发生小腿抽筋儿。因此剧烈运动后应先擦干汗液，等汗不再出时，再进行游泳或冷水浴。

4.不宜立即喝啤酒

剧烈运动后，有人把啤酒当水大口大口地喝，这样容易使血液中尿酸急剧增加而导致痛风。

5.不宜立即吃饭

剧烈运动时，由于血液多集中肢体肌肉和呼吸系统等处，而消化器官血液相对要少。消化吸收能力差，运动后需要经过一段时间调整，消化吸收功能才能逐渐恢复。

6.不宜大量吃糖。

运动后过多吃甜食会使体内的维生素 B1 大量消耗，人就会感到倦怠、食欲不振等，影响体力的恢复。因此，剧烈运动后最好多吃一些含维生素 B1 的食品蔬菜、肝、蛋等。

7.不可吸烟解疲

运动后吸烟会使人体新陈代谢加快，体内各器官处于高水平工作状态，而使烟雾大量进入体内，还会因运动后的机体需要大量氧气又得不到满足，而更容易受一氧化碳、尼古丁等物质的危害。

肥胖也会“传染”

在这个肥胖群体越来越庞大的现代社会，大街小巷，人们聊到的最多的话题之一就是减肥。无论什么场合下，这都会被人们津津乐道，尤其是那些正在寻求减肥方法的人们，可是，你知道吗？最新研究表明肥胖会传染！

这一研究称，两个人中，双方彼此都认为是朋友，那么如果一个人发胖，另一个人发胖的概率会增加 171%。然而，如果只有一个人认为对方是自己的朋友，

那么,前者更有可能被传染上肥胖。

如果你的朋友有肥胖症,那么你肥胖的概率会增加20%,如果你的兄妹中有肥胖的,你的肥胖概率会增加40%,如果夫妻中有一人肥胖,另一人的肥胖概率会增加37%。

地理位置对这个结果并没有多大影响。一位肥胖的邻居,对你来说,没有多大威胁。但是一位发胖的朋友,即使离你很远,但仍对你的体重有影响。同性朋友有更强的影响。

所以你是个正在减肥的人,那么,减肥期间选择朋友是很重要的。如果你总是和一个很注重热量摄取,饮食很健康的朋友在一起,那么,你就很有可能保持苗条或者很快减肥成功。但是,如果你的朋友圈里的都是那些饮食不规律,尽是喜欢吃高热量食物,甚至连一点水果都不吃的。那么,如果你不想减少与他们一起进餐的次数,就要在饮食上多一点自己做主了。

此外,多与有健康意识的朋友一起进餐,大家互相监督,共同促进健康的饮食习惯,这样能够大大提高你减肥成功的机会。

多吃水果确实有益,但也要有方法

我们都知道,水果含有丰富的维生素、糖类、纤维,能促进人的消化,让我们的皮肤更富有弹性。水果的种类繁多,各种水果的种植地域不同,收货季节不同,我们在吃水果的时候也要注意,吃水果有哪些禁忌事项呢?

1.水果不能空腹吃

苹果、橘子、葡萄、桃子、梨等水果中含有大量有机酸(如苹果酸、柠檬酸、酒石酸等)会刺激胃壁的黏膜,对胃部健康非常不利。尤其是儿童,饭前空腹吃水果,还会影响正餐的质量。时间一长,不是缺这个营养素,就是缺那个营养素,很容易引起消化不良,对儿童的生长发育极为不利。

2.水果不能当饭吃

许多白领女性认为正餐光吃水果,不但可以减肥,还可以起到养颜美容的作用,一举两得。其实,这个观点是错误的。久而久之,不但会造成毛发干燥断裂、皮肤失去光泽,还可能经常感冒,出现贫血、锌缺乏、工作或学习障碍。正餐光吃水果,不论过与不及,都无法摄取足够的蛋白质、脂肪及钙、铁、锌等微量营养素。因为水果中并不含有这些营养素或含量甚微。水果的水分占80%,以葡萄糖、果糖、蔗糖为主的糖类占10%。因此,水果不可当饭吃,应以正餐为主,水果为辅。

3.吃水果并不是多多益善

在营养学里,无论什么营养素、什么食物,都要讲究一个“度”。国外研究表明,食用过多的果糖会使人体缺铜,导致血液血胆固醇增高,引起冠心病。含糖较高的水果有苹果、梨、柑橘、柿子、西瓜、桃等。所以,吃水果过多也有害于身体健康。

4.不能吃腐烂的水果

水果储存时间久了,就容易变霉烂,此时,水果就不能再食用了,因为水果霉变后,细菌会慢慢渗透、扩散到水果的每个角落,腐烂的水果中还含有有毒的亚硝酸盐,这些有害物质会损害我们的身心健康。

洗澡时间过长,原来危害如此大

对于那些爱干净的人尤其是女士来说,洗澡是他们最爱从事的活动之一。他们是无法容忍皮肤上的汗渍、污垢的。有些人甚至每次洗澡达一个小时时间甚至更久。诚然,养成良好的卫生习惯固然是好事,但最近来自于墨西哥墨旭尤州立大学的一项皮肤病研究给爱干净的女士们,也包括洗澡过于勤快的男士们当头浇了一盘冷水——洗澡过于频繁会导致皮肤癌。

因此,洗澡时间过久会让我此增加接触氯仿的机会,每百万人有 12 人因此致癌!

的确,导致患癌的因素很多,比如,生活中的各种污染物,如甲醛、柴油机排出的废气等,还有抽烟、熬夜,这听起来或许有些普通,但你可能想不到,连洗澡时间过长都有可能得上癌症!

美国加利福尼亚大学洛杉矶分校教授梅尔指出,自来水中加入氯气,是很好的杀菌消毒剂,伴随产生的氯仿却是致癌物。

另外,洗澡时间久,反而会觉得浑身无力。疲劳与血液中的乳酸浓度有关。有研究显示,剧烈运动后,洗澡 5 分钟,血液中的乳酸浓度几乎没有变化;而洗 10 分钟,乳酸浓度会降低 7~8 毫克;洗 30~60 分钟,乳酸浓度就基本恢复到疲劳前的水平了。对一般的上班族或轻微劳动者来说,洗澡 15 分钟,体内的乳酸浓度就可以恢复正常水平,否则时间长了,会消耗体力,反倒使疲劳感卷土重来。

“左眼跳财，右眼跳灾”原来是身体健康状况的不良预警

在我们的生活中，相信每个人都遇到过眼皮跳的情况，在这个时候，很多人将其与祸福联系起来，便有了“左眼跳财，右眼跳灾”的说法，这种说法流传之广，影响之深，但真的科学吗？如果不科学，那么，眼皮跳又是怎么回事呢？

将眼皮跳和运气联系在一起当然不科学。实际上，眼皮跳在医学上叫作睑痉挛，是眼皮内的肌肉不自主的收缩引起的，这种情况从医学及解剖学的角度来解释就简单多了。

眼皮跳有轻有重，轻度的眼皮跳只有自己能够感觉到，其他人看不出，可以累积上眼皮或下眼皮，可以推测此时受刺激的部位应该在跳动的肌肉附近。这种情况往往与劳累，缺乏睡眠，大量喝酒，过度吸烟，以及离子紊乱等情况相关。这种眼皮跳非常常见，往往随着影响因素的消除而停止，一般是临时性的。

稍重的情况是眼皮跳动累及整个眼轮匝肌，由于眼轮匝肌负责闭眼，因此眼皮跳动时患者会不由自主地用力闭眼，如果累及双眼，跳动时会导致暂时无法看清东西，这时候如果开车就可能导致事故发生。这种情况如果持续较长时间不能缓解，就需要进行治疗，最主要的治疗方法是局部注射肉毒毒素，肉毒毒素可以使神经不发送指令，从而缓解肌肉痉挛。由于肉毒毒素是非常危险的生物毒素，需要到正规的大型医院进行注射，以免引起严重的不良反应。

最严重的情况是眼皮跳动的同时伴有半边脸的肌肉痉挛，表现为眼皮抽动的同时，同侧的面部和嘴角抽动，医学上我们称这种情况为半侧面肌痉挛。对于出现半侧面肌痉挛的患者，均需要进行头部核磁共振扫描或 CT 扫描，以排除肿瘤的可能性。对于出现面肌痉挛的患者，首先可以尝试药物治疗或局部注射肉毒毒素，如果无效，则可以考虑手术，解除血管等因素对于面神经主干的刺激。

从某种意义上讲，眼皮跳可能是身体健康状况不良的一种预警，因此“右眼跳灾”可能具有一定的科学意义，但“左眼跳财”就未必了。

能睡是福，真的吗

相信很多人曾经都听过一句话：“能睡是福。”也都知道，睡觉是休息的一种最好的方式，但能睡真的是好事吗？可能你还曾有过这样的经历：终于到周末

了,为了奖励自己,周五的晚上,你早早地就上床睡觉了,顺便打算第二天再赖一赖床。但是,当你第二天早上醒来的时候,头脑似乎清醒不起来,甚至会有些头疼。很多人都想不明白,如果睡得太少会各种不爽,那补觉怎么也会这么难受呢?其实,睡眠过度的感觉和宿醉非常相似,因此科学家们也把它称为"睡醉"。

其实,睡得太多对健康不是件好事。睡眠质量的好坏直接影响着身体和大脑的发育。良好的作息习惯和睡眠卫生,能够促进大脑正常发育并得到充分休息。如果在睡眠环境良好的情况下还是无法缩短睡眠时间,那么,你可能要去咨询一下医生了,因为这可能是发作性嗜睡症的表现,这种病会导致身体无法调节疲劳感因而睡得更多。更严重的还可能出现睡眠呼吸暂停。

那么,什么是睡眠呼吸暂停呢?睡眠呼吸暂停通常由气管阻塞引起,其结果就是打鼾。在一小部分人中甚至还会出现睡眠呼吸暂停,最终导致大脑缺氧而引发突然的喘息反应。除了这些可怕的症状以外,这种病对睡眠质量也有很大的影响。当然,还有一些很明显地可以导致睡眠过度的原因,比如酗酒、嗑药和抑郁,事实上,过度睡眠会让人更加抑郁。但不管原因是什么,睡得太多总归对健康不是件好事。

要想有高质量的睡眠,我们在白天应适度增加运动量,不仅可以增强体质,还能促进脑神经递质的平衡。而且白天的活动多了、累了,晚上也容易睡得深,对于失眠的治疗也有帮助。

吃饭时牙齿咬到舌头到底是怎么回事

生活中,我们的牙齿和舌头总有"打架"的时候——在吃饭时常常会因不警惕而咬到舌头,不只舌头疼得要命,还易引发口腔溃疡。老话常说:"吃饭爱咬舌头是想吃肉了。"事实真是如此吗?

当然不是,科学研究表明,吃饭咬到舌头,可能是以下原因造成的:

第一种是吃饭时谈话太多、太快或饭菜过烫。

吃饭时说话,说着说着就可能"咬了"一口。这种情况下咬舌头是很正常的,因为舌头太"忙"了。

第二种是由于牙齿的咬合关系不太好。一般情况下,如果我们把嘴巴闭合、将牙齿咬紧,那么,都是上牙包在下牙的外面,这样舌头就比较安全。如果是相反的情况,那么,就容易咬到舌头,不过也不全然是。一些人上牙里面的牙弓小,他们咬到舌头的概率就比较大了。如果你是这样的情况,也不必担心,戴一段时间的牙套,调整一下就好了。

第三种是由于舌头肥大。一些人似乎天生舌头就偏大一些,还有一些人是因为牙齿缺失时间较长,在这颗牙旁边的舌头部位就慢慢长大了一些。在这种情况下,也容易咬到舌头。

第四种是由于神经方面的原因。有种说法认为,如果压力过大,或是身体疲劳、休息不足,神经系统就可能无法正常控制肌肉进行咀嚼活动,所以在吃饭时就容易咬到舌头。

看3D电影,为何会出现头晕

看电影是现代人们休闲娱乐的一种重要方式,随着科学技术的发展,3D电影也逐渐普及,经常看电影的你可能有这样的感触:为什么在看3D电影时会感到头晕呢?

我们先来看看3D电影的原理是什么?

3D电影是建立在这样的双眼视觉基础上的:它模拟人眼观察景物的方法,利用两台并列安置的电影摄影机,分别代表人的左、右眼,同步拍摄出两个略带水平视差的电影画面。放映时,将两条电影胶片分别装入左、右电影放映机。当画面投放于银幕上时,就会形成左、右"细微"的双重影像。特制的偏光眼镜能将左、右"双影"叠合在视网膜上,由大脑神经产生三维立体的视觉效果,从而展现出一幅幅连贯的立体画面,让观众感受到景物扑面而来,自己身临其境的神奇体会。

其实,现代的数字3D电影不会对眼睛造成伤害,出现头晕也是因人而异的。由于3D电影画面逼真,视角切换频繁,使得人眼向大脑传达"自己真的在动"这一信息,但大脑却没收到肌肉运动的信号,于是大脑就会发生"知觉错误"矛盾;加上耳前庭器的平衡感被打乱,人就可能出现头晕、恶心等不适。这种头晕并不会损害人体健康,事后经过短暂的休息就能恢复。如果晕得厉害,建议观看一定时间后,取下眼镜休息一下,再继续观看。

需要注意的是,患有青光眼、斜视、严重散光等眼部疾患的病人,以及高血压、心脏病等病人,不宜观看3D电影;儿童及中老年女性应谨慎观看。3D电影声光效果强烈,容易引起瞳孔放大、眼压升高,导致急性青光眼发作。

另外,散光病人因光线不能准确聚焦在视网膜上形成清晰物像,斜视病人两眼不能同时注视目标,都不宜观看3D电影。

如果你近视,最好戴隐形眼镜去看 3D 电影。因为戴框架眼镜的近视者,如在眼镜外面再加一层 3D 眼镜,两个视轴一旦没重叠好,就可能造成视觉疲劳和头晕感。

长时间戴耳塞的危害有多大你知道吗

生活中,我们经常见到晨练的人们戴着耳塞型耳机在听广播,在校园内也可见到学生边走或边骑车戴着耳机在听音乐。在公共汽车上见到年轻人听着摇滚乐声音很大,甚至连邻座的人都能听到声音。殊不知,这样长期地使用耳塞型耳机能导致噪声性听力下降。可能你不知道,戴耳塞 1 小时,耳朵里的细菌数量将是原来的 700 倍。

我国科技人员经过研究,将平均年龄在二十三岁左右,每天使用耳塞型耳机 1 小时、1~2.5 小时的受试者与对照组相比,有显著的听阈差异。他提示使用耳塞型耳机可导致噪声性听力下降,特别是在高频区 4000 赫兹以上(明显大于低频区)。而使用耳塞型耳机时间越长,听力损害越严重。也有学者报道,常在噪声环境中可引起 4000 赫兹听力首先下降。

在人们的内耳中有耳蜗器官,学者认为由于长期过量的刺激,细胞组织代谢紊乱,供血、供氧不足,致使末梢感受器受损害,导致噪声性听力下降。

提醒大家一下,在您有高音调耳鸣出现(如蝉鸣、汽笛声、金属声等),需要到医院耳鼻喉科检查诊治,对防止耳聋非常重要。

总之,我们一定要知道,长时间用耳机的危害:会产生听觉疲劳、损伤,引起听力减退,人体就会出现烦躁不安、头晕、失眠、记忆力减退、注意力不集中、思维反应迟钝、异常心理障碍等情况,对身体健康十分有害。因此,相关人士建议,建议使用耳塞型耳机不要长时间、高音量,以防止发生噪声性听力下降。

唱歌跑调,居然也是一种"病"

生活里,谁都唱过歌,亲朋好友聚会的时候会去比歌喉,甚至自己没事的时候也会哼几句,你唱歌跑调吗?唱歌跑调的人应该不少。

不过,最近,一个关于"唱歌跑调是种病"的帖子在网上引起了热议,帖子的主要内容是:研究人员指出,原来唱歌跑调也是一种病,被称为"失歌症"。"唱歌跑调是种病？那岂不是有很多人无药可救？包括我。”很多网友这样问。

对此，医学专家称：“并不是所有唱歌跑调、五音不全的人都是失歌症患者，一般来说，那些五音不全的人只是对音乐的感知能力比较差，主要原因是因为缺乏正式的、系统的音乐训练，分辨不出音节、节拍的高低罢了。但如果在经过了三个月甚至更久时间的严格训练后，还是丝毫没有进展的话，那么，就可以说成是失歌症。”

失歌症又称歌乐不能，是失语症的症状之一，由大脑颞叶前部病变造成，患者部分或全部丧失本来具有的认知音符和歌唱、演奏、欣赏乐曲等能力。

和一般的“五音不全”的人相比，失歌症者的最大特点就是：对于自己唱的歌，即便跑调了，也浑然不知。这些人在听力、智力和记忆力上面是正常的，但就是无法感知音乐。他们无论是听到什么样的曲调，都觉得差不多，即便是已经听过上千次的旋律，在他们听来还是陌生的。一些不和谐的和弦，别人听到了会觉得很不舒服，但他们却听不出来，他们甚至是一首最简单的、完整的歌也唱不出来，但他们往往自己意识不到，还以为自己唱得不错。

这些人为什么会得失歌症呢？迄今为止，医学界还没有得到明确的研究结果。从理论上讲，人类大脑的右半球主管着人的想象、颜色、音乐、节奏等，被称为“音乐脑”，可能是遗传等方面的原因导致“音乐脑”出现了对于音高的识别障碍，结果造成了失歌症。

因此，遗传等原因造成的失歌症，目前尚没有办法预防和治疗，但是，如果从孩提时代就开始培养一个人对声音的感知能力，是能尽量避免唱歌跑调、五音不全的情况发生的。

原来噪声对眼睛也有如此危害

我们都知道，人的耳朵是倾向于欣赏美妙动听的音乐而害怕被噪声“吵”到的，人的听觉器官会被噪声干扰，严重的情况下，甚至使人丧失听力。而其实，我们的眼睛也怕“吵”。因耳朵与眼睛之间有着微妙的内在“联系”，当噪声作用于听觉器官时，也会通过神经系统的作用而“波及”视觉器官，使人的视力减弱。

实际上，对于声音，我们的身体是有一定的承受范围的：低于 15 分贝的声音我们很难听得到，超过 40 分贝就会睡不好觉，60 分贝的环境容易让我们焦虑不安，100 分贝已经接近可以忍受的极限了。音量超过 130 分贝就和喷气式飞机引擎声相当，即使是短时间内出现这样的噪声也会让耳朵疼痛。

有研究指出，噪声能使人眼对光亮度的敏感性降低。有人做过实验：当噪声强度在90分贝时，视网膜中的视杆细胞区别光亮度的敏感性开始下降，识别弱光反应的时间也延长；当噪声在95分贝时，有五分之二的人瞳孔放大；当噪声达到115分贝时，眼睛对光亮度的适应性降低20%。

噪声还能使视力清晰度的稳定性下降，比如噪声在70分贝时，视力清晰度恢复到稳定状态时需要20分钟，而噪声在85分贝时，至少需要一个多小时。

另外，噪声可使眼睛对运动物体的对称性平衡反应失灵。科学研究发现，噪声可刺激神经系统，使之产生抑制，长期在噪声环境下工作的人，还会引起神经衰弱症候群（如头痛、头晕、耳鸣、记忆力衰退、视力降低等）。比如在乘务员中，对运动物体的对称平衡反应敏感者少，迟钝者增多。再者，噪声还可使色觉、视野发生异常。

男性久坐易伤“精”

现代社会的男性，尤其是那些“IT男”，大多数都有这样的“职业习惯”：早起上班，坐在电脑前工作8~10小时，回家后又坐在电脑或电视前数小时；工作时顾不上喝水，甚至连上厕所的时间都没有。可以说，久坐是“IT男”一个重要的工作表现。其实，这会让男性的睾丸出现局部温度增高的情况，容易发生前列腺炎及睾丸生精障碍。

睾丸产生精子的合适的温度是低于腹腔2~4℃，久坐会影响阴囊的散热，导致阴囊的温度升高，从而影响睾丸的生精能力。而如果长期在电脑、电视等电子辐射的环境中，可影响睾丸产生精子。

诚然，虽然我们并未阐述清楚前列腺炎与生育的关系，不过，当一名男性发生前列腺炎时，可出现前列腺液分泌功能的改变，从而影响精液的数量及其成分，干扰精子的生存和活动。而前列腺液中酶的活性下降，会使精液黏稠度增加，精子液化时间延长，炎症的存在也可使精液的pH降低，产生抗精子抗体，导致精子死亡。

男性久坐使前列腺受到压迫，前列腺液排泄不畅，形成郁积；憋尿让尿道压力增高，易使尿液反流入前列腺；饮水少使尿液浓缩，储存尿液的时间延长，易出现感染，这些都是前列腺炎的诱发因素。

另外，我们发现，随着社会压力的增大，男性成家立业的时间也在延迟，生育年龄也推迟到30岁之后。据研究表明，35岁后男性的生育能力会出现自然的衰退，从而使这些男性加入到不育的大军之中。

对此，不少专家提出建议，对于那些缺乏体育运动的行业，比如IT业、教师、服务行业的男性，为了预防不育的发生，应该在日常生活中注重对私处的保护，注意饮食健康，多锻炼，尽量减少和电子产品的接触，最好在适宜的生育年龄结婚生子。

鼻涕细菌太多，你还敢“回收”吗

我们经常都会流鼻涕，但是一些人似乎有个习惯——“回收”鼻涕，那么，这种做法卫生吗？

我们先来看看鼻涕的形成过程：流鼻涕是鼻部疾病常见症状之一，可经前鼻孔流出，也可后流入鼻咽部。流入鼻孔后，经鼻咽、口腔吐出者称后流鼻涕。正常鼻腔中只有少量黏液，呈湿润状态，以维持正常的生理功能，鼻腔有病变时可以引起鼻分泌物性质和量的改变。鼻腔分泌物外溢时，称为流鼻涕。

大部分的鼻涕是鼻黏膜自己分泌的。鼻黏膜含有一种杯状细胞，它制造出很多黏蛋白，黏蛋白被释放到细胞外后，大量地吸收水分，这就形成了供鼻腔使用的鼻涕。

有一部分鼻涕其实是眼泪。这些泪水都是从连接眼睛和鼻腔的泪管流到鼻子里，成为鼻涕的一部分。

鼻腔里时刻都有鼻涕，也离不开鼻涕。鼻涕是保护身体的一道屏障：鼻涕防止鼻腔黏膜干燥，使之湿润吸进的空气，黏住由空气中吸入的灰尘、花粉、微生物，以免它们刺激呼吸道或引起感染。

但是，可能你并不知道，在鼻咽腔内有很多常见微生物：葡萄球菌、绿色链球菌、类白喉杆菌、卡答儿球菌、绿浓杆菌、大肠杆菌、变形杆菌、副大肠杆菌、变形杆菌、腺病毒等，了解这一点后，现在，你还会让鼻涕“回收”吗？

从走路姿势，看你身体健康状况

在我们的生活中，我们每个人都有自己习惯的走路步态，但你知道这其中可能蕴藏着一些有关健康的秘密吗？为此，专家为我们总结出了以下八点：

1.走路速度很慢——寿命短

美国一项研究表明：人在走路时的速度快慢，是一个人寿命的预兆，这一点，更适用于那些年纪在75岁以上的人。普通人的走路速度是每秒钟0.9米，那些走路速度低于每秒钟0.6米的人死亡的可能性会增加，而那些走路速度超过每秒钟1米的人寿命较长。

2.走路时手臂不摆——后背下方存在问题

生理学家认为，走路左腿向前迈时，脊柱会向右旋转，右臂也会随之摆动。如果有人在行走时手臂不怎么摇摆，可能意味着他后背的移动性受到了限制，易引起后背疼痛和受伤。

3.罗圈腿——骨关节炎

人群中有高达85%的人或多或少患有这种骨科疾病，通常是由于年龄增长造成骨骼损耗引起的，如果严重，可通过支架纠正。

4.步幅小——膝盖骨骼退化

脚后跟接触地面的一刹那，膝盖应该保持笔直。如果不是这样，则意味着可能是膝盖骨的移动能力或臀部的伸展能力受限，这种功能退化可通过按摩推拿来解决。

5.内八字——风湿性关节炎

这种炎症会造成内八字的步态，有85%的风湿性关节炎患者会表现出这种特征。

6.跳跃着走路——小腿肌肉绷太紧

这种步态更常见于女性，足科医生认为，这是因为她们长期穿高跟鞋造成小腿肌肉过于紧绷，脚后跟一着地面就会迅速抬起，因此，还是少穿高跟鞋为妙。

7.踮着脚尖走路——大脑可能有损伤

双脚踮着脚尖走路，与肌肉紧张有关，而当脊柱或大脑受到损伤时，也会出现这种情况。

8.脚掌先拍打地面——椎间盘突出或中风

健康人迈步时，首先是脚后跟接触地面，如果有人走路时是脚掌先拍打地面，多由于其肌肉控制力量较弱，这意味着，可能是中风发作或椎间盘突出，压迫神经引起了肌肉神经功能受损。

吃饭又塞牙了？别不当回事！

生活中，人们似乎都有个习惯，饭后，如果牙被塞住了，就会很自然地拿起牙签去剔，饭后，但很少有人会想自己为什么会经常塞牙。

有专家表示，一吃东西就塞牙，很可能有牙周炎等口腔问题，时间一长，就容易引起牙龈发炎甚至牙槽骨缺失。

很多人都没对塞牙这件事引起过注意。专家说，塞牙也被称为食物嵌塞，往往是牙缝过大导致的，常发生在牙周炎患者和老年人身上。前者易塞牙是因为牙周病会导致牙体被腐蚀，出现缝隙；后者易塞牙则是由于人老后牙龈萎缩，牙缝变大；还有些老人缺牙后没及时补牙，致使缺牙区两侧牙齿移位，或是以前补过的材料有缺损。另外，有些人牙齿排列紊乱，咬合不好，都会造成食物嵌塞。

为此，专家提醒，对塞牙千万别不当回事。如果常出现塞牙，可到综合医院口腔科或口腔专科医院的牙体牙髓科、修复科治疗。如果是牙邻面龋坏、牙齿充填物缺损，可以通过修复解决塞牙问题；如果是重度磨耗的边缘缺损需要做冠修复，严重牙周炎可以制作牙周夹板。同时，建议塞牙时不要用牙签剔牙，因为牙签会把牙缝越弄越大，反而更容易造成塞牙，最好用专业的牙线来清除。

第五章

食物知多少：你该知道的饮食常识

“民以食为天”，吃在我们的日常生活中占据着极为重要的一部分，就如中国人常说的，人生存很多时候就是为了“三餐一宿”，现代社会，从养生的角度考虑，我们也都在努力寻找更健康的吃法，但你真的会“吃”吗？一些饮食常识你又知道多少呢？那么，接下来，我们来看看一些为人所不知的饮食冷门知识吧。

你知道黄瓜的本名吗

生活中,黄瓜是我们喜食的一种蔬菜。并且,黄瓜的保健作用很多,黄瓜是很好的减肥品,能加速人体的新陈代谢,提高人体的免疫能力,鲜黄瓜中含有非常娇嫩的纤维素,既能加速肠道腐败物质的排泄,又有降低血液中胆固醇的功能,因此,患有肥胖病、高胆固醇和动脉硬化病的病人,常吃黄瓜大有益处。黄瓜还能健脑安神,因为黄瓜含有维生素 B1,对改善大脑和神经系统功能有利,能安神定志,辅助治疗失眠症。而且,对于那些爱美的女士来说,黄瓜更是一种可以美容的菜蔬,被称为“厨房里的美容剂”,经常食用或贴在皮肤上可有效地抗皮肤老化,减少皱纹的产生,并可防止唇炎、口角炎。然而,你知道黄瓜的本名叫什么吗?

黄瓜原名叫胡瓜,是汉朝张骞出使西域时带回来的。胡瓜更名为黄瓜,始于后赵。到了唐朝时,黄瓜已成为南北常见的蔬菜。现在黄瓜的种类很多,大致分为春黄瓜、架黄瓜和旱黄瓜。而闻名全国的品种乃是外形美观、皮薄肉厚、瓤小的北京刺瓜和宁阳刺瓜。

“千沸水”能喝吗

我们可能听过这样一个名词——“千沸水”,所谓“千沸水”,就是在炉火上沸腾了一夜或很长时间的水,还有电热开水器中反复煮沸的水。很多人认为,都是烧开了的水,没什么差别,也就毫无疑虑地饮用了。但其实,你可能不知道的是,“千沸水”对人的身体是有很大的负面影响的。

那么“千沸水”是如何产生的呢?

原来,水中本来就含有少量硝酸盐与亚硝酸盐。硝酸盐为离子化合物,其离子键是比较稳定的。因此按理来说硝酸盐是比较稳定的,但由于硝酸根是由非金属元素-N 与 O 构成,硝酸根是不稳定的,所以,硝酸盐化学性质很活泼。碱金属和第ⅡA 族的无水硝酸盐在加热情况下可分解为亚硝酸盐和氧气,如:$2NaNO_3 = 2NaNO_2 + O_2 \uparrow$,因此在烧水过程中,硝酸盐不断分解,再加上水的不断蒸发,就导致亚硝酸盐浓度不断上升——这就是“千沸水”,“千沸水”中亚硝酸盐的含量很高,因此,长期饮用,很会干扰人的胃肠功能,出现暂时性腹泻、腹胀;有毒的亚硝酸盐还会使血液中的血红蛋白失去携氧功能，造成机体缺氧，使口唇、指甲、皮肤青紫，出现头晕、头痛、心慌、胸闷、恶心、呕吐、腹痛、腹泻，严重者昏迷惊厥，甚至死亡。

蔬菜和水果的临界点在哪，你知道吗

我们每天都会吃一些蔬菜和水果，它们富含维生素、水分和糖类，对于我们身体的代谢和免疫系统的提高有很大的帮助，但其实蔬菜和水果有着本质的区别。

在植物学中，蔬菜是泛指一株植物的不同部分；而水果则是指一棵植物中带有种子的植物器官。蔬菜中的纤维素，以及维生素C、钙、磷、镁含量丰富，它是人体维持生命和生长的主要营养来源。而大多数的水果，虽然含有维生素，但其所含的碳水化合物大多由葡萄糖、果糖和蔗糖一类的单糖和双糖组成。

正因为如此，水果都带有一定的甜味而大多数蔬菜却都是淡味的，也正因为如此，蔬菜中所含的卡路里要比水果少得多。如是为减肥考虑，不吃蔬菜，多吃水果，其效果适得其反。

水果中很少含有维生素，而多种纤维素的摄入可帮助人体预防便秘及消化道疾病，还有预防多种癌症功效。另外，多种蔬菜搭配主食吃，不仅可以增加消化液的分泌，促进食欲，还可以大大提高营养的吸收。

另外，我们还对蔬菜和水果的特点进行了归类：

一、蔬菜中含有多种营养成分，其主要要营养特点如下：

1.水分——新鲜蔬菜的含水量在90%以上，它是蔬菜鲜嫩程度的标志。

2.维生素——绿色、橙色蔬菜中含有较多的胡萝卜素、维生素C、核黄素及叶酸。

3.无机盐——蔬菜是无机盐的重要来源。绿色蔬菜含量最为丰富。

4.食物纤维——各种蔬菜都含有，它有促进肠道蠕动、降低胆固醇和改善糖代谢等作用。

二、水果类的营养价值近似蔬菜，但所含无机盐和维生素不及蔬菜，其特点为：

1.各种鲜水果都含有维生素C，因其多生吃，故损失较少。

2.水果中的纤维素、果胶是天然的缓泻剂。

3.水果具有芬芳的果味，鲜艳的色彩能促进食欲。

4.水果含有较多的钠、钾、镁等元素,合成碱性食物。

常说果蔬越新鲜越好,是真的吗

很多人都喜欢购买鲜嫩油绿的新鲜果蔬,回家后趁着新鲜劲儿立即烹调食用。而科学家们的研究表明,新鲜并不一定意味着更有营养,大多数果蔬存放一周后其营养成分的含量与刚采时是相同或相差无几的,而刚刚采摘的果蔬往往还带有多种对人体有害的物质。

美国缅因州大学的食品学教授洛德·勃什维尔发现:西红柿、马铃薯和菜花经过一周的存放后,它们所含有的维生素C有所下降;而甘蓝、甜瓜、青椒和菠菜存放一周后,其维生素C的含量基本无变化。经过冷藏保存的卷心菜甚至比新鲜卷心菜含有更丰富的维生素C。

另外,现在市面上的果蔬经常大量使用化肥和其他有机肥,特别是一些菜农或果农为防治病虫害,经常施用各种农药,有时甚至在采摘的前一两天还往果蔬上喷洒农药,这些肥料和农药往往是对人体有害的。食用时最好是略作存放,使残留的有害物质逐渐分解衰减后再吃也不迟,对于那些容易枯败的果蔬也应多清洗几次再食用。

热带水果不要放冰箱

很多时候,人们通常都会将吃不了的水果放进冰箱冷藏起来,其中就包括一些热带水果。如香蕉、火龙果、芒果、荔枝、木瓜等,其实这样做,对于热带水果的保鲜作用是负面的。

专家称,冰箱一般设置为恒温,但实际上,不同的果蔬有不同的保鲜温度。例如1~3℃是苹果、梨子的最佳储存温度;香蕉、荔枝、芒果等热带水果的保鲜温度则为8~12℃左右,如果把鲜荔枝在0℃的环境中放1天,其表皮会变黑,果肉变味。

其实,不同的水果有不同的保鲜方法。例如,将荔枝用纸包住,放进塑料袋,再放进冰箱冷藏可保存四五天;香蕉不宜放冰箱。买香蕉最好选稍生的,吃时把香蕉和苹果同装一个袋内,扎起袋口,香蕉就能在几小时内速熟;保鲜草莓,则是将其整齐装入罐中,用塑料薄膜封口,置于阴凉通风处可放一周;水蜜桃只宜低温保存，冷藏温度为-0.5~0℃，但冷藏时间不宜过长，否则果淡而无味；猕猴桃适宜在-0.5~0℃的冰箱保存，但不能与苹果和梨放在一起，这样会加速果肉成熟腐烂；西瓜可挑选表面光滑的，放入浓度为10%左右的食盐水中浸泡15分钟左右，装入塑料袋里密封，置于阴凉处，可延长保鲜期。

因此，如果非要把那些热带水果放冰箱，则最好将温度调高一些，而且保存时间不要超过两天；在从冰箱里取出后，应尽快吃掉，因为一旦进入室温后，它们就容易很快变质。而实际上，对于热带水果，我们最好还是放置在避光、阴凉的地方。

水果腐烂，切忌食用

生活中的大部分人都爱吃水果，但一些人在买回来水果以后。由于保存不当，常常会发生水果有腐烂的现象。于是，人们就用刀把腐烂部分挖掉，把剩下的没有腐烂的部分赶快吃了。街上有些商贩也会对那些腐烂的水果进行低价处理，一些人为了贪图便宜也会去购买，他们认为只要将腐烂的那一部分切除再使用是安全的，其实，这种观念是错误的。

因为尽管剩下的部分并未腐烂，但是其中绝大部分已经被微生物代谢过程中所产生的各种有害物质侵蚀，特别是真菌在水果上的繁殖加快。有相当一部分真菌在繁殖的过程中会产生有毒物质。

这些有毒物质可以从腐烂部分通过果汁向未腐烂部分扩散，使未腐烂部分同腐烂部分一样含有微生物的代谢物，尤其是真菌毒素。特别严重的是，有些真菌素具有致癌作用，所以，水果去除腐烂部分也不能吃。

人吃了烂水果中的真菌毒素，可能会发生头晕、头痛、恶心、呕吐、腹胀等，严重的还会发生抽风、昏迷，危及生命。其中对人体健康威胁最大的有毒物质是展青霉菌的毒素。吃入后除了会对神经、呼吸、泌尿等系统造成伤害外，还有较强的致癌作用。此外，水果腐烂后还会带有有毒的亚硝酸盐。

因此，为了健康，吃水果要选择新鲜的水果。如略有小斑或少量虫蛀，应用刀挖去腐烂虫蛀处及其周围超过1厘米处的好果部分；如霉变腐烂或虫蛀面积达到或超过水果的1/3，应果断弃之，以防后患。

相对于其他肉类而言，鱼为何更易变质

如果你经常买菜的话，你可能会发现，即便是同时从菜市场购买回来的鱼和其他肉类，在经过相同时间的放置后，鱼肉比起其他畜肉来，其致腐进程要快得多。这里面除了与鱼类的被捕捞和运输中是否有及时、有效的冷冻保鲜条件有关外，还有以下几种原因：

（1）鱼体内的含水量比畜肉含水量大，大约为80%（而猪肉的含水量大约为50%），水分多就给细菌的繁殖创造了良好的条件。

（2）鱼肉的肌肉组织比较细嫩、脆弱，再加之鱼的鳃及内脏中细菌很多，鱼死后，这些部位的细菌迅速繁殖，并向鱼体深处发展，使之腐坏。而畜肉的肌肉组织致密坚硬，细菌不易侵入。

（3）鱼属于水产动物中的冷血动物，即使在低温下，鱼的生物生化变化仍能进行。而附在鱼体内外的某些有害微生物也是属于耐冷微生物，它们已习惯在冷水中生活。所以鱼死后，在一般低温下，细菌仍能很快繁殖。而其他畜肉中的细菌在低温下繁殖就比较慢。

最重要的一点，鱼类在捕获后，不是立即清洗处理，而多数情况下是带着容易腐败的内脏和鳃一道进行运输，这样就容易引起腐败。

巧克力居然有助于人的计算能力

生活中，不少人爱吃巧克力，尤其是女性，我们都认为巧克力能带来幸福的感觉。每当我们心情不好时，吃块巧克力会让我们迅速缓解情绪，因为高糖和高脂肪食物可以快速促进多巴胺分泌。并且，有研究表明，巧克力中含有一定含量的大麻素，可以帮助迅速改善情绪。我们也知道，巧克力是减肥大忌，很多正在减肥的人对巧克力是又爱又恨，其实，适当吃点巧克力除了愉悦我们的心情外，还能提升人的计算能力。

最近，英国研究人员又给吃巧克力找到一个新理由：巧克力中所含的黄烷醇能帮助提高大脑计算能力。

一些研究表明，试验所用黄烷醇剂量太大，普通人很难从日常饮食中获得。不过，肯尼迪也说，充足证据可以证明，普通剂量黄烷醇可以防止功能退化，“吃

富含黄烷醇的蔬菜和水果数量越多,对大脑越有益”。

因此,研究人员建议常吃巧克力、苹果和葡萄,或饮用葡萄酒、茶和可可饮料补充黄烷醇。其中,黑巧克力的黄烷醇含量高于普通巧克力。

嚼口香糖有利有弊,你知道多少

我们生活中的一些人常有嚼口香糖的习惯,确实,口香糖是很受世界人民喜爱的一种糖类。既可吃又可玩,深受儿童和青年人喜爱。但是嚼口香糖的利弊你知道多少呢?

益处:口香糖的基质黏性很强。能除去牙齿表面的食物残渣,咀嚼运动,机械刺激又能增加唾液的分泌,冲洗口腔表面,有一定的清洁口腔的作用,咀嚼口香糖,促进了面部血液循环与肌肉的锻炼,对牙齿颌面的发育有促进作用。咀嚼口香糖时,唾液分泌增多,可促进消化。

弊端:

首先,不少口香糖都以蔗糖为甜味剂,咀嚼时糖分会长时间在口腔内停留,有利口腔中的致龋菌产生酸性物质,诱发龋齿。《美国牙科协会杂志》建议民众选择以木糖醇替代蔗糖的新型口香糖。因为木糖醇具有和蔗糖一样的味觉和营养价值,但不会发酵产酸,不会破坏牙齿。

其次,使用含汞材料补过牙的人最好不要嚼口香糖。瑞士科学家研究发现,常嚼口香糖会损坏口腔中用于补牙的物质,使其中的汞合金释放出来,造成血液、尿液中的水银含量超标,从而对大脑、中枢神经和肾脏造成危害。

最后,嚼口香糖对儿童不利。儿童自控能力较差,嚼口香糖有可能造成吞食或误入气管,危及生命。此外,长时间嚼口香糖,咀嚼肌始终处于紧张状态,有可能造成睡觉磨牙的不良习惯,影响睡眠质量。

因此,专家建议,嚼口香糖别超15分钟,有胃病者更不宜过多嚼口香糖。

总之,嚼口香糖有利有弊,咀嚼口香糖可以让口气清新,有利社交。但医学专家却不主张过多、过长时间咀嚼口香糖,因为这可能会影响身体健康。

鸡蛋营养丰富,一天应该吃多少

我们都知道一个生活常识:吃鸡蛋对身体好,因为鸡蛋的营养成分比较全面而均衡,人体需要的营养素几乎都有,无论是蛋清还是蛋黄,它们的蛋白质生理价值都极高,且易于消化吸收,利用率能达到95%以上,因此是较全价的天然食品。

那么,一天究竟吃几个鸡蛋好?很多人认为:“鸡蛋有营养,多吃补身体。”其实不然,吃得太多,反而会给身体带来一些不良影响。

首先,鸡蛋中含有大量胆固醇,吃鸡蛋过多,会使胆固醇的摄入量大大增加,造成血胆固醇含量过高,引起动脉粥样硬化和心、脑血管疾病的发生。其次,多吃鸡蛋容易造成营养过剩、导致肥胖。多吃鸡蛋还会造成体内营养素的不平衡,从而影响健康。

其实,无论是哪一种食物,无论它的营养价值有多高,我们也不可能从中获取到我们每天所需要的全部的营养。

那么,一个人每天吃几个鸡蛋才比较合适呢?从营养学的观点看,为了保证平衡膳食、满足机体需要,又不致营养过剩,每天吃1~2个鸡蛋;老年人每天吃一个比较好;脑力劳动者每天吃两个鸡蛋比较合适;孕妇、产妇、哺乳期女性及身体虚弱者每天可吃2~3个鸡蛋,不宜再多。煮蛋是最佳的吃法,但不宜煮得过熟。一个蛋黄的胆固醇含量为一个健康成年人每天应摄入胆固醇量的2/3,通过控制肉和乳制品的摄入量,如吃不加奶酪的蔬菜和大量水果,全麦、低脂食品及少量的瘦肉、禽类、鱼,胆固醇是不会超标的 。

然而,鸡蛋该怎么吃合适呢?

专家建议,鸡蛋还是一定要加热和处理以后再吃为宜,相对来说,荷包蛋、糖水蛋一般以蛋黄凝固成半固体为佳,这样,鸡蛋既嫩也无害,而炒蛋则是刚凝固为宜,相对于消化不是很好的老人和病人而言,则更适宜吃蒸蛋。

总之,一个代谢正常的人,适当地吃些鸡蛋,例如每天吃1~2个,或一星期吃几次,是对身体有好处的。

鸡蛋怎么放,才不容易坏

鸡蛋是我们经常甚至是每天都需要购置的食品,很多人在将鸡蛋买回家之后便将其随便用塑料袋装起来,然后放到冰箱里,其实,这样放鸡蛋是不科学的。那么,鸡蛋该如何放呢?

不知道你是否发现,在冰箱门内一般都会有一排圆孔是供人们摆放鸡蛋用的。这个小装置的设计不仅是为了把每个鸡蛋独立放进孔里,使其不易摔碎,而且鸡蛋竖放能更好地起到保鲜作用。

关于鸡蛋如何放的问题，行家为我们介绍了以下鲜鸡蛋保存的技巧：用透气的纸巾将鸡蛋逐一包裹好，放置于冰箱的冷藏室。放置时，应注意，鸡蛋要竖着放，大头朝上、小头朝下。这样鸡蛋保存的时间就会更长些。

那么，这是为什么呢？

那些新鲜鸡蛋的蛋白比较浓稠，因此，其中的蛋黄也就能被固定在鸡蛋中央。然而，随着放置的时间久了，特别是当气温高的时候，那些蛋白黏液在蛋白酶的作用下会逐渐脱去一部分水分，也就失去了固定蛋黄的能力。此时，假设鸡蛋是被横着放的，那么，因为蛋黄比重比蛋白小，蛋黄就会上浮，靠近蛋壳，变成黏壳蛋。这样的鸡蛋更容易变坏。

如果我们将鸡蛋竖着放，将小头朝下、大头朝上，就能大大降低黏壳蛋的风险。这不仅是因为竖着放置，蛋白黏液变得更"深"，更主要是因为鸡蛋的大头有一个"气室"，即使蛋白变稀，蛋黄上浮，也不会使蛋黄贴到蛋壳上，也就能减缓鸡蛋变坏的进程。

所以，在放置鸡蛋时，鸡蛋应该大头朝上，竖着放。

茶也醉人吗

我们每个人都有不同的饮食习惯，也有不同的饮食爱好，有人喜好喝酒，有人钟情于茶。酒能麻醉人的神经，让人"醉"，但可能令你吃惊的是，茶也会"醉"人。

因为茶碱是一种中枢神经的兴奋剂，过浓和过量都容易"茶醉"：血液循环加速、呼吸急促、引起一系列不良反应。造成人体内电解质平衡紊乱，进而使人体内酶的活性不正常，导致代谢紊乱。

其致醉物质是其中的咖啡碱和氟化物。有些人连喝几杯浓茶后，常出现感觉过敏、失眠、头痛、恶心、站立不稳、手足颤抖、精细工作效率下降等现象。实际上这是过量咖啡碱所起的。

茶醉严重者可发生肌肉颤抖、心率紊乱，甚至惊厥、抽搐，这是中枢神经系统发出的危险信号，应当立即送医院抢救。

一般情况下，解茶醉比较简单，只要喝一碗糖水，过一会慢慢会解除。所以有时肚子饿了或情难推却非得喝茶时，先喝一碗糖水或嚼几粒糖丸，一般可保无虞。

总之,茶太浓、饮过量、空腹饮,都是会醉人的,所以,与饮酒相同,饮茶也要有度。

睡前喝酒,是否真的对睡眠有好处

喝酒有一定的催眠作用,不少人喜欢在睡前喝点酒,以为有助于睡眠,有的失眠者还以此作为治疗失眠的手段。其实这是一种误解。

睡眠实验研究表明,睡前喝酒虽能缩短入睡时间,但使睡眠变浅,浅睡眠时间延长,中途醒转次数也增多,使睡眠变得断断续续。由此可以看出,酒精的作用是先使人昏昏欲睡,表面上似乎对睡眠有益,实际上却可能干扰睡眠。到了下半夜,酒精的作用逐渐消失后,就会引起失眠与多梦,使总的睡眠质量下降。所以睡前喝酒并不能增加总的睡眠时间,反而有可能使睡眠变浅,不利于睡眠。

此外,酒精被分解后产生乙醛,这是一种有害无益的毒素。如果醉酒后立刻入睡,乙醛在体内循环会导致一定程度的脱水。口干舌燥,于是很容易醒来,此后会难以入睡。

据美国加利福尼亚州控制失眠中心研究院研究人员观察发现,睡前饮酒的人,若出现两次打鼾(即呼吸性障碍),每次窒息十几秒钟,不但能使血压升高,还能引起冠状动脉痉挛、心绞痛、心肌梗死,甚至因心脏功能紊乱而猝死。

人们对酒精的承受力和反应,也有个体差异,有些人只需喝一点便可以镇定神经,达安眠之效;但有些人却要喝很多才有反应。借酒来医治失眠,只能收一时之效,绝不是长远的办法,如果因此养成嗜酒的习惯,更是得不偿失。

那些睡眠不良者,在上床前4~6小时内不宜饮酒。当然,对睡眠正常者,在用餐时,一杯鸡尾酒或一杯葡萄酒在体内持续时间不会太长,不一定对睡眠产生不利影响。

娃娃菜是提神一道好菜

我们在超市或菜市场都经常会看到娃娃菜,它看来和白菜很相似,但它真的是大白菜吗?它的营养价值你又了解多少呢?

娃娃菜,又称微型大白菜,是从日本(一说韩国)引进的一款蔬菜新品种,近几年开始在国内受到青睐。外形与大白菜一致,但外形尺寸仅相当于大白菜的四分之一到五分之一，类似大白菜的“仿真微缩版”，故可能因此被称为娃娃菜。

白菜的药用价值也很高，中医认为其性微寒无毒，经常食用具有养胃生津、除烦解渴、利尿通便、清热解毒之功效。

娃娃菜是近几年从日本引进的一款蔬菜新品种。从种类看，娃娃菜和白菜都属于十字花科蔬菜，从成分上来讲，大白菜的营养价值并不逊于娃娃菜，而且性价比更高。

很多人觉得整天没精神，排除熬夜、饮食不规律等因素外，缺钾也是一个很重要的原因，这时可以多吃点娃娃菜。

缺钾现象原本并不常见，现代白领一日三餐没个正点，长期不吃主食，靠大量喝咖啡来提神，再加上工作压力大，这种肉体和精神的紧张也会造成钾元素的流失，这个时候吃点娃娃菜就很不错。

娃娃菜是种“超小白菜”，但它的钾含量却比白菜高很多。据测定，每百克娃娃菜中约含有287毫克的钾，而同样重量的白菜仅含钾130毫克。钾是维持神经肌肉应激性和正常功能的重要元素，经常有倦怠感的人多吃点娃娃菜可有不错的调节作用。常见的“上汤娃娃菜”就是很好的做法，可加些金针菇，用鸡汤来做高汤，对提高人体免疫力也有好处。娃娃菜还有助胃肠蠕动，促进排便，秋冬季节多吃点还有解燥利尿的作用。

此外，特别提醒，那些孕妈妈们也可以多吃点娃娃菜，因为其叶酸含量也很大。

小小柠檬妙处大：能去除烤肉上的致癌物

相信现代社会中的很多人都喜欢吃烧烤，但烧烤对健康的负面影响也是为人们所共识的，而且，烤肉时所产生的苯并芘是公认的强致癌物，它会在人体内长期积聚，对人的肠胃、肝脏造成损伤，容易导致胃癌、肝癌及胰腺肿瘤。对女性来说，常吃烤肉还容易患乳腺癌。不过，如果你实在无法抵挡住烧烤的诱惑，不妨采用这样一种方法——把新鲜的柠檬汁洒在烤肉上，这样就能解除部分致癌物质的毒性。

的确，柠檬是世界上最有药用价值的水果之一，它富含维生素C、糖类、钙、磷、铁、维生素B_1、维生素B_2、烟酸奎宁酸、柠檬酸、苹果酸、橙皮苷、柚皮苷、香豆精、高量钾元素和低量钠元素等，对人体十分有益。而且，这些物质都能抑制致癌物对身体侵害的作用，有效地分解、中和致癌物，使之转化为无毒物质，还能抑制促进癌细胞生长的各种酶的活性,使其失去作用。此外,将柠檬汁洒在烤肉上,还能帮助肉类释放其自身的香味,使烤出的肉更鲜嫩美味。

柠檬中的维生素 C 能维持人体各种组织和细胞间质的生成,并保持它们正常的生理机能。也能预防感冒、刺激造血和有助于降低多种癌症的风险等作用。

那么,该怎样用柠檬涂抹在烤肉上呢?具体的操作方法是:一是将柠檬皮研成碎末,混合在烤肉酱中,涂抹在肉上。烤肉时间不宜过长,因为致癌物质在烧烤十几分钟后就会产生,因此,在能烤熟的前提下,时间越短越好。二是烤制期间,按纹理在肉上不断涂抹柠檬汁,吃之前最好也滴几滴柠檬汁。

不过,有一点我们必须要注意,如果你是用锡纸将烤肉包裹起来,然后再烤制的话,那么,此时,就绝不能将柠檬汁涂抹在烤肉上,因为柠檬是酸性物质,而锡纸则属于金属物质,这样,在高温下,这两种物质势必会产生化学反应,其生成物也会对人体有害,那么,就完全适得其反了。

柑橘吃多了,会引发肤色枯黄

一到秋冬时节,很多喜食柑橘的人就有口服了,因为大量柑或橘上市。的确,新鲜柑橘的果肉营养价值很高,它含有丰富的维生素 C,维生素 C 能提高机体的免疫力,柑橘还能降低患心血管疾病、肥胖症和糖尿病的概率。

中医认为,柑橘具有润肺、止咳、化痰、健脾、顺气、止渴的药效,是男女老幼(尤其是老年人、急慢性支气管炎以及心血管病患者)皆可食用的上乘果品。但必须控制食量,多食有害。

柑或橘虽然好吃,但每天吃柑橘别超过 3 个。

每人每天所需的维生素 C 吃 3 个柑橘就已足够,吃多了反而对口腔、牙齿有害。

另外,柑橘含有叶红质,如果摄入过多,血中含量骤增并大量积存在皮肤内,使皮下脂肪丰富部位的皮肤,如手掌、手指、足掌、鼻唇沟及鼻孔边缘发黄。

中医认为柑橘性温,多吃易上火,会出现口舌生疮、口干舌燥、咽喉干痛、大便秘结等症状。

因柑橘果肉中含有一定的有机酸,为避免其对胃黏膜产生刺激而引起不适,因此,最好不要空腹吃柑橘。

另外,我们还要记住,柑橘不能与萝卜或者牛奶同食。

冰淇淋美味，却会引发头疼

一到炎炎夏日，我们就会一次次地去便利店或者超市买冰淇凌。不过，很多馋嘴的人在痛快地享用了美味的冰淇凌之后，往往会突然感到头疼。这是怎么回事呢?

其实，不只是冰淇淋，其他寒冷食物也一样。这是极度寒冷的食物或饮料接触舌根后发生的一系列连锁反应，在医学上被称作“冰淇淋疼痛”(ice cream headache)，通常位于额中部，一般是快速吃下冷饮几秒后出现，30~60 秒时疼痛达到顶峰，也有少数持续时间较长的病例；偶见食冷饮诱发癫痫的病例报道。

一般来说，因吃冰淇凌而导致的头疼更容易发生在夏天。因为夏天是吃冰淇凌的旺季。一些理论认为，是大量寒冷食物致鼻窦毛细血管的快速收缩与舒张，刺激了疼痛感受器，从而引发三叉神经痛。也有理论指出是低温食物致上颌部血管收缩，血管壁上的压力感受器将这种变化告知大脑，人体为了保证大脑供血反射性增加大脑前动脉入脑血量而发生疼痛。偏头疼患者是否更容易发生“冰淇淋头疼”? 医学界还有争议。

因此，医生建议那些爱吃冰淇凌的人，最好还是应根据自己的身体情况适量食用，吃的时候放慢速度，尽量减少冰淇淋可能给我们带来的伤害。

甜甜的可乐，少饮为好

一些年轻人，尤其是青少年朋友，都钟情于一种饮料——可乐，尤其是炎炎夏日，一瓶冰可乐能迅速解渴。但其实，可乐不宜多饮，因为可乐中有很多危害身体的成分，尤其是多糖。

据介绍，各类碳酸饮料中的糖分较高，长期喝容易导致发胖。一罐 355ml 的可乐，大约含有 35 克糖，相当于 140 卡热量，相当于半碗饭的热量。不过，只有热量相等，营养素却相差大，因糖只含有热量，其他营养素一点也没有，是空有热量的空卡食物或垃圾食物，经常饮用，会积少成多，使体重增加，同时也易养成嗜甜的不良饮食习惯，只喜欢喝有甜味的水，而不喝白开水；另外糖对牙齿健康也有不良的影响。

牙齿受到腐蚀(保护层变薄、牙变易损)，是酸性物质作用所致，龋齿则是吃过多糖引起的。洛克博士观察发现:每天喝28克发泡饮料的12岁青少年,牙齿明显受蚀;每天喝4杯发泡饮料,12岁的青少年牙齿受损高达25.2%,14岁的青少年则高达51.3%。

另外,可乐中含有安钠咖,与咖啡因同类,同时还含防腐剂。这些成分对身体不好,也没有任何营养价值,长期喝这些饮料肯定会出问题。

专家建议,尽量少喝碳酸饮料,尤其是儿童、妇女以及老人,最好不喝。“其实中国最好的饮料就是我们的国饮——茶,尤其是绿茶。哪怕喝白开水,也比喝碳酸饮料强。”

方便面虽然方便,但危害多多

所谓方便面,顾名思义,就是为了方便,又称快餐面、泡面、杯面、快熟面、速食面、即食面,是一种可在短时间之内用热水泡熟食用的面制食品。方便面是现代社会不少人喜欢的食品,它既可以当点心、宵夜,又可以当正餐,而且食用方便,非常适合我们。但经常吃泡面的危害,你知道吗?

方便面里的食品添加剂分别起着增色、漂白、调节胃口、防止氧化、延长保存期等多种作用,这些食品添加剂按规定都是可以使用的。因此,偶尔吃方便面是无关紧要的。但是,一些人经常拿来当早餐或懒得下厨房时把它当饭吃,更有甚者长年累月吃方便面,这就有碍身体健康了。

我们都知道 ,人体的正常生命活动需要六大要素:即蛋白质、脂肪、碳水化合物、矿物质、维生素和水。只要缺乏其中一种营养素、时间长了,人就会患病。而方便面的主要成分是碳水化合物,汤料只含有少量味精、盐分等调味品,即使是各种名目的鸡汁、牛肉汁、虾汁等方便面,其中肉汁成分的含量非常少,远远满足不了我们每天所需要的营养量。

因此,在吃方便面的时候要注意以下几点:一是方便面只适于救急,如临时就餐不便或受到条件限制吃不到东西的时候食用。一天最多吃一次,也不能天天吃。二是喜欢方便面或确实由于条件限制、需要较长时间吃方便面时,应该酌情增加一些副食,以补充营养的不足。如食用些香肠、牛肉干、肉脯、肉松、熟鸡蛋(约100克左右)、卤肉等。还可以在方便面中加一些香油或猪油(约25克左右)。或者配餐用一些生吃的瓜果、蔬菜,如黄瓜、西红柿、萝卜、地瓜、荸荠、藕、香蕉、梨、桔子等,数量应该保持在250~300克左右。三是患有肠胃疾病和胃口不佳、吸收不良的人,最好不要吃方便面。

总之，方便面作为一种方便食品，偶尔吃一些对身体没有害处，但经常吃就会有损健康了。

为什么在糖水中加点盐水会更甜

有生活经验的人肯定都有过这样的体验：冲好的糖水如果不够甜，那么，在里面加点盐，就会更甜了，这是怎么回事呢？

因为人的味觉是有一定的规律的，通常来说，这一规律有四种——对比、相抵、相乘和变味。一些人认为，假如有一杯糖水，如果在里面加入少量苦味的奎宁，甜味会减弱，其实情况完全相反，据日本科学家试验：在浓度为15%的蔗糖水中加入0.001%的奎宁，味觉所感受到的会比原来的更甜，之所以会有这样的味觉现象，是“对比”产生的效果，俗话说“要想甜，加点盐”也是这个道理。因此在10%、25%或50%的蔗糖溶液中，分别添加相当于蔗糖量的1.5%、0.6%或0.25%的食盐，同样会更甜。

需要注意的是，如何通过加盐要把握糖水甜的一个度，一般不能超过糖量的5%，否则真的就是咸味了。广东人在吃荔枝、西瓜、杨梅、菠萝等水果时，也会先浸泡在淡盐水中，以去火防过敏，更能增加甜味，也是一样的道理。

第六章

男女有别：男女差异你知多少

我们都听说过“亚当造人”的神话，从此这个世界上有了男人和女人。的确，我们也常说：“男女有别”，“男人来自火星，女人来自金星”，的确，男人和女人之间存在很多明显的差异，但正是因为这些差异的存在，才有了男女之间的互补，接下来这一章，我们来看看关于男性和女性的一些趣事吧。

男女相比,谁智商更高

我们经常听到身边一些男人或女人和自己的异性朋友谈及智商这个问题时,都会争论谁的智商更高,一般来讲,智力本质上并不因男女性别之分而有差异。但是,科学家近日发现决定男女智力的大脑区域是明显不同的:决定男性智力的主要是大脑灰质,而决定女性智力的主要是大脑白质。

男性大脑比女性大脑重 100 克、多出 4%的脑细胞,所以他们的平均智商比女性高 3—4 分。但女性的脑神经更为稠密,在语言上更胜一筹,口吃的男人比女人多。

另外,男女的记忆方法也大不相同,女人善于记细节,男人善于记大局。记路时,女性一般会依据地标性建筑来确定位置。而男性更擅长凭公里数记忆。

科学家说,男性大脑中决定智力的灰质总量是女性大脑的 6.5 倍,而女性大脑中决定智力的白质总量是男性的 10 倍。一般来说,灰质好比是大脑中的一个个信息处理单元,而白质则是联系这些信息处理单元的网络。这项研究发现很好地解释了为什么男性更容易在集中处理信息的领域(如数学等)取得成就;女性更适合"分布式"处理信息的领域,比如语言能力等。

尽管男女两性的这两种物质在大脑中的数量差异悬殊,但他们平均智力水平是一样的,这表明两性的智力是"殊途同归",不同的大脑"设计思路"可以达到同样的智力水平。

研究还发现,女性决定智力的白质和灰质都有约 85%集中在大脑前叶;而男性决定智力的脑物质分布更均匀,只有 45%灰质在大脑前叶,白质则在大脑前叶中不存在。

男女脑部构造一样吗?有何不同

在上帝造人那一刻,就注定了男女之间存在差异,男女有别,大概是人们最常说的一句话了,现代社会,人们更是贴切地形容:"男人来自火星,女人来自金星",其实,这句话是在告诉我们男女在思维上的差异。虽然有科学证明,男人和女人都来自地球,但是同样有科学证明,男人和女人在脑部结构上确实有一定差异。那么,男女脑部的差异究竟在哪?又会使男女在思维和行为上有哪些不同呢?

1.男性大脑半球内部的神经联系远高于女性,而女性大脑两个半球之间的神经联系远高于男性。

根据美国科学家的研究报告显示,在针对近1000名男女的大脑进行扫描和研究后发现,男女大脑内部确实存在明显的差异。在这些被研究者年龄是8岁到22岁之间,女性为521名,男性为428名。在对大脑神经回路图进行扫描后,科学家发现,男性大脑半球内部的神经联系远高于女性,而女性大脑两个半球之间的神经联系远高于男性。

正是男女存在这样的差别和联系,我们才可以以此来解释为什么男性在运动技巧上更有潜力,而女性在感性和直觉思维上更有优势。

2.男性半球内连接强,因此更需要捕猎和决斗,而女性则左右脑之间连接多,因此更需处理社会关系。

在外观上,男女的大脑并不能看出区别,但它们之间确实有不同,最主要的不同之处是神经元的连接方式不同。

还有一点,更需要我们提醒,经过研究发现,人在13岁以下,无论男女,并不能发现大脑上存在明显的差异,但从14岁开始到青春期结束,这一差异逐渐表现出来,有人认为这说明了后天对性别差异的影响,但事实恰恰相反:两性的大脑差异其实正如第二性征的出现一样,是遗传设计好的。

“黄金比例”脸到底美在哪

爱美之心人皆有之,任何一个爱美的女人,相信都听过一个名词——黄金比例脸。“美女脸部黄金比例”是由美国和加拿大研究团队于2009年年末计算出的黄金比例公式。所谓黄金比例脸,指的是符合国际认可的黄金比例,界定了双眼、嘴巴、前额及下巴之间的最佳距离。

那么,怎样才算一张完美脸孔?

我们以女性的脸为研究对象,一张完美的面孔,其双眼瞳孔之间的距离必定小于两耳距离的一半,另外,对西方女性来说,他们眼睛与嘴巴之间的距离是整个脸部长度的36%、双眼距离则是脸宽的46%;同时,专家也表示,东方女性由于五官略为宽大,因此黄金比例应是眼睛到嘴巴长度比例占脸长的33%、双眼距离则占脸宽的42%。

关于黄金比例脸,无论是在艺术界还是在科学界,从来没有停止过探索,达·芬奇穷其一生精力,希望能借助自己的画笔找到答案,科学家和数学家则希望借助数字和分析找到答案,而在一些国家,整形医生们的方法更直接——动刀。

在世界上,最被广为传诵的是英国18岁少女科尔盖特的完美脸。她是个幸运儿,人们渴望的黄金比例脸,上帝赐予给她了,因此,她被获选为“全英最美素颜”。

在2012年的时候,周六在薯条店打工的科尔盖特就已经貌若天仙了,即便不化妆,她最自然的美貌依然吸引了不少人,于是她被邀请去参加一期选秀节目,刚开始,科尔盖特并不愿意参加,但后来,在家人和朋友的鼓励下,科尔盖特就决心参加了,大赛规定,前来参赛者必须是素颜,曾接受整容或化学注射的人一律不准参赛。

前来参加比赛的美女有8000名。科尔盖特则成功夺冠,她与一家广告公司签约,成为他们的模特,随后,她的广告与海报出现在全国的大街小巷内。

在国际上,公认的黄金比例界定了双眼、嘴巴、前额及下巴之间的最佳距离。以女性为例,一张具吸引力的脸孔,双眼瞳孔之间距离必定少于两耳距离的一半,而最美素颜科尔盖特的比例便为44%;她的眼睛、嘴唇与发线、下巴的距离比例为32.8%,也贴近黄金比例。

圣安德鲁斯大学心理学院一名专家称,对于我们一般人来说,左右两侧的脸是不匀称的,而科尔盖特却几乎完全对称,这一点,更为其美貌加分。科尔盖特平常只化淡妆,她希望这次获奖,能提醒人们更欣赏自己与生俱来的脸孔。

盖特正准备参加高考,逢周六则在迪尔海边一家薯条店兼职。她并不抗拒投身模特行业,但目前正为入读大学商业管理系而努力。

当然,对于生活中的我们来说,如果发现不符合黄金比例也不用太伤心,也许可换个新发型,就能轻松改变脸孔比例。

黑丝袜真的显瘦吗

现代社会,黑丝袜已经成为一种女人们钟爱的产品,更是时尚的代名词,走在大街上,放眼望去,穿丝袜的女人比比皆是。丝袜会让大部分女人看起来更性感,如果你想尝试黑丝袜倒也可以,但如果你是体型比较胖的女性,那么,你千万不可指望穿黑丝袜会让你的腿显得更纤细,如果商场以此来做卖点的话,那么,只能说,你上了她们的当。

可能你不会相信,那么,你不妨来留意一下身边那些体形肥胖的女性吧,她们受到一些固有观念的影响，认为穿深色衣服会显瘦，但实际情况是，她们的身形并没有因穿了黑丝袜变得好看，反而让她们看起来更臃肿，而且，还表现得死气沉沉，一点活力也没有。

事实上，我们一直所认为的黑色具有收敛作用，只是对黑色作用的片面理解。美学专家和色彩专家认为，黑色调的作用永远是加重视觉效果。也就是说，瘦人穿黑色更显瘦，而胖人穿黑色会更显胖。更让你可能想不到的是，胖人穿黑色显胖的效果远远大于瘦人穿黑色显瘦的效果。这是因为，黑色在人的视觉上更是明显的线条，所以粗的黑色线条看起来会更加粗。

接下来，你可能会问，作为一个胖女人，难道我就“无药可救”、只能认命了吗？难道就与丝袜无缘了吗？当然不是。如果你希望自己的大腿看起来更纤细一点，身形看起来更苗条一点，你需要考虑的重点是丝袜的颜色如何与衣服进行搭配。正确选择丝袜颜色的方法是：其颜色永远要比裙子或者裤子的颜色浅。

其实，女性不是非要穿丝袜，尤其是那些比较胖的女性，不穿丝袜的话腿部会显得比穿丝袜还修长。很多人因为害怕显胖而不敢太“暴露”，但事实上，在恰当的衣服款式和颜色搭配下，大胆露出部分腿部可让整体显瘦。

原来女性的身体如此脆弱

我们常说，女性是脆弱的、是需要被男性保护的，的确，从生理构造上来说，女性确实比男性更脆弱，也就更容易患病。美国哥伦比亚大学“性别差异”项目负责人玛丽安·莱卡托博士指出，在很多疾病上，男女的表现都不一样。下面，我们来看看女性更易患哪几种疾病。

消化系统疾病。男性的消化能力比女性要好，即便他们吃了同样的食物，可能女性要花更久的时间消化，患慢性便秘的可能性是男性的3倍，患肠道疾病的可能性是男性的2倍。另外，男女唾液中的化学成分也不同。因此，养生专家建议，对于女性来说，晚饭最好选择一些好消化的食物，比如稀饭、面条、青菜等，而且，也不宜吃太晚。

骨骼系统疾病。晚年时，女性比男性更容易发生骨骼严重萎缩。所以，女性一生都该注意补钙。在平时多吃奶、鸡蛋、豆制品等高钙食物，上午10时至11时多晒太阳，常做跳绳、跑步等运动，刺激骨质代谢，达到补钙功效。

免疫系统疾病。我们都知道，女性比男性长寿，但女性的免疫系统却不如男性，而且，她们一旦患病，便更严重，也更容易患上红斑狼疮、类风湿关节炎和多发性硬皮病等病症。

心脏系统疾病。女性第一次患心脏病的年龄要比男性晚 10 年,可一旦患上,特别是心血管性心脏病,往往是致命的。

运动系统疾病。女性的韧带天生比男性脆弱,伤后也更难恢复。有研究显示,韧带在月经期间及月经结束后一周最为脆弱。

神经系统疾病。女性容易患抑郁症。进入更年期后,女性患痴呆的可能性比同龄男性更大。因此,停经后的女性,不妨采取口服雌激素等激素替代疗法,并常喝豆浆、吃豆制品,弥补雌激素的不足。

患病后,女性吃的药比男性多。药物对女性产生副作用的概率比男性高一倍。使用麻醉药时,女性醒来的时间比男性平均早 7 分钟。

因此,作为女性,我们必须学会保护自己的身体,要在生活中经常锻炼身体、注重饮食健康,让自己远离疾病。

“夫妻相”是怎么回事

生活中,我们在赞美爱人之间亲密无间时,常会说他们有“夫妻相”,那么,“夫妻相”是怎么回事呢?

其实,夫妻相是有科学道理的。生物学家经过多年研究发现,人类的基因并不是一成不变的,而是会随着所吃的食物的改变而发生变化,这一点也会体现在人的外貌特征上,你在日常生活中的饮食、行为方式,都能逐渐显现在你的外部特征上。当然,凡事都有特例,也就有外貌很丑但心灵美的情况,但对于大部分人来说,都是适用的。一些父母因为长时间生活在一起,有着相同的生活和饮食习惯,他们在行为和思想上也逐渐趋于一致,所以,当他们老了以后,随着人体衰老,原先不同基因表达的外貌特征,随着基因作用的衰退(因为基因的衰变,它是人体衰老的根本原因),外貌逐渐由衣食住行等决定的第二性征所主宰。所以十年以上的夫妻感情深不深,关系好不好,从外貌上就可以看出端倪。

英国科学家最近着手对“夫妻相”产生的原因进行调查研究。研究过程中,他们让 11 名男性参与者和 11 名女性参与者通过照片对 160 对夫妇的年龄、魅力和性格特点进行评价。由于丈夫和妻子的照片是分开进行观看的,因此这些参与者并不知道其中究竟谁和谁是一对夫妻。

研究者发现,参与者对事实上是夫妻的男人和女人的外貌和性格特点的评价都很类似。而且,相处时间越长的夫妻,人们对他们的评价也就越相似。对此，研究人员推测说，相同的生活经历可能会对夫妇的外貌产生潜移默化的影响。

另外还有一种说法是，外貌上有些许相似的异性青年男女，基因的匹配率更高，他们之间产生爱情的概率更高，但这一点被恋母情结和恋父情节遮得根本不明显，通常起的作用并不大，反而是长得很像他的母亲或她的父亲，两人走到一起的概率要高许多！所以夫妻相是很有道理的！

不过，对于大多数夫妻来说，相貌还是不同的，性格也不尽相同，因此，我们要想判断一对夫妻的感情如何，并不只能看相貌。只要夫妻相濡以沫，行为举止上趋同，语言习惯上相似，就一定能幸福美满。

甜言蜜语请对左耳说

日常生活中，很少会有人在意听话的是左耳还是右耳。但是，多项科学研究表明，左右耳也有它们各自的“偏爱”和“擅长”。

意大利科学家的实验发现，人类右耳“耳根更软”，更容易听从意见，执行命令。同样的话，对着右耳说就比对着左耳说听进去的更多。可如果说甜言蜜语，情况又不同了，这时对着左耳说也许更加奏效。这是真的吗？其原理是什么？围绕耳朵，有哪些新鲜有趣的科学？

传统理论认为，左脑偏逻辑，右脑偏直觉。美国萨姆休斯敦州立大学科学家的研究显示，如果你对女友的左耳说甜言蜜语会更中听，如果是附耳相劝，或想传达一些非情感的信息，如指示，则对着右耳说更奏效。

该项研究邀请了100位男性及女性接受测试。实验中，志愿者按要求佩戴好耳机。通过耳机，他们从自己的左耳和右耳分别听到多组不同词语。每组词语包括一个情感类词语和一个中性词，两个词的音节长度相同，均被以不带任何感情色彩的语调在左右耳同步读出，且哪个词在左哪个词在右是随机的。听完词语后，他们按照要求写下自己之前听到的词语。测试结果显示，受访者从左耳听到的情感类词语，比如爱、接吻、热情等，可分辨及记得的超过70%，但当他们以右耳聆听同样的词语时，却只能记得58%的内容。

这篇发表在美国《荷尔蒙与行为》杂志上的研究认为，对着爱人的左耳说甜言蜜语更能俘获其芳心。科学家在这项研究中还发现，左耳对笑话和趣闻轶事的感受能力同样比右耳强。

因此，如果你想更有效地传达情话，就请记住“话从左耳入”的秘诀。

幻想一下,如果这个世界上突然没了男人

我们常常听见女人们抱怨说“臭男人”“男人没一个好东西”“天下乌鸦一般黑”等,似乎这个世界上因为有了男人而凭空生出了许多怨恨与不满。那么设想一下,假如有一天,整个地球上只剩下女人,而没有男人的踪影时,这个大的“女儿国”又真的能否快乐?这不是玩笑,英国牛津大学人类遗传学教授布赖恩·塞克斯已经公开发表声明,称男人们将在125000年后彻底从地球上消失。

也许男人在听到这个话题的时候会嗤之以鼻,这个世界没有男人,简直就是天方夜谭。男人应该是这个世界的中流砥柱,是世界不可或缺的,世界上的哪行哪业能离开男人?虽然这个世界越来越多的高精行业占领着市场,而女人独有的心细如发更能在各个行业发挥出更好的效应。但是却还是有一些需要体力劳动的工作需要男人来完成。男人在这个世界上还是占据着主导地位的,这是不容忽视的事实。

也许大女子主义的女人会说,假如世界没有男人,地球一样会转动,太阳还是每天会从东方升起。女人一样会面朝大海,春暖花开。所以,男人消失无所谓。

假如这个世界没有男人,恐怕谁都没有思考过这个问题。当这个问题突然出现的时候,每个人都会有一瞬间的惘然,这个世界再没有男人那伟岸的身影,都是窈窕的身姿。再也没有男人那独有的体味,只剩香水在飘荡。当手拉手在街上漫步,拉着的是和自己一样柔若无骨的小手。当在山上看那洒满清辉的星空,靠在和自己一样柔软的身体上,女人会不会有一丝的遗憾出现,生命里永远没有了“爸爸”这个词汇,两个妈妈的家庭是不是缺了一个家庭应该有的活力,会有惘然若失的感觉伴随着自己。

俗语说,异性相吸,同性排斥。如果真的有那么一天,这个世界没有男人,哪怕世界经济再发达,生活再精致,但是女人的世界仿佛是一缕孤魂,飘飘荡荡地游走世间,没有落脚的地方。感情世界的荒芜、精神世界的空虚会让一个人毁灭,随之的,就是世界的毁灭。

为什么女人走路时都爱拉手

无论是大街小巷、商场还是娱乐场所，手拉着手走路的女性几乎随处可见，而手拉着手走路的男性则很少见到。当人们看到两个女人手拉手走路的时候，人们会认为这两个女人感情很好；如果人们看到的是两个男人手拉手走路，那么大多数人想到的都会是同性恋。在很多人看来，女人牵手走路十分正常，但男人这样做却是不正常的。其实，这是有根据的一种说法。

那么，因为女性的触觉更敏感，她们更喜欢通过触觉的方式去感受亲昵、友情和爱情。对于女性来说，无论是拥抱还是拉手都是十分重要的。但他们与某个关系好的同伴一起行走的时候，她们通常都会拉着对方的手或挽住对方的手臂；当她们心情不好、受到伤害时，她们更希望被安慰，尤其是被拥抱。在女人看来，身体的接触既是亲密无间的一种表现，也是对心灵的一种抚慰，因此是十分必要也是必不可少的。

而女人之所以有这样敏锐的触觉，是与身内的一种激素相关的，这种激素即为催乳素。催乳素除了促进乳腺生长发育、引起并维持泌乳等作用以外，还具有兴奋触觉感受器的作用。在人体的器官中，皮肤是最大的一个，共分布着 280 万个痛觉感受器、20 万个冷觉感受器和 50 万个触觉感受器。在某种情况下，外界的刺激会促使大脑命令腺垂体分泌一定量的催乳素，从而造成触觉感受器的兴奋，使人产生一种被拥抱的欲望。男性体内也存在催乳素，但其含量非常小，因此男件的触觉不容易兴奋。

所以，女性的触觉要比男性的触觉敏感得多。一项权威的调查显示，即使对触觉最不敏感的女性，也要比对触觉最敏感的男性敏感，如果用数字来计算，女人对触觉的敏感程度大概要比男人高出 10 倍。给予男人和女人同样的拥抱，女人的感觉要比男人的感觉复杂得多。很多时候，男人甚至会对一般的身体接触毫无感觉，特别是当他们正全神贯注地做一件事情的时候。在各种社交场合中，两个女人之间的身体接触通常都要比两个男人之间的身体接触多出 4~6 倍。

所以，对于女人更喜欢手拉手走路这个问题也就不足为奇了。

男女原来还有视力差别

如果你是个生活中的有心人,你会发现一个奇怪的现象:当男人去冰箱里找东西时需要一层一层地去看,会花女人三倍的时间去找,而女人能在很短的时间里发现并找到所需要的东西。这是为什么呢?难道女人视力比男人更好?其实不然。

女人在视网膜上有更多视觉细胞,她们还有比男人有更宽阔的视野。女人的大脑为她设置了上下左右各45度的视野。有些女人的视野甚至可以达到180度范围。

男人的眼睛比女人大,男人的大脑为男人安排了一种长距离的“管状视线”,就好像一架望远镜,也就是说男人能十分准确地看清楚前方较远距离的物体。

总的来说,就是女人的视力范围要比男人的大三到四倍。这是人类进化的结果。当人类还住在山洞时,男人需要外出打猎,为了捕捉猎物而练就了狭窄但精确的视力。作为狩猎者,男人需要能集中注意力搜寻远处猎物的视力。因此男人长期进化而来就像马戴眼罩般的视线,那样男人能全神贯注于猎物。而女人当时需要保卫后代、家园不受其他动物的侵害,随时需要保持警惕,需要眼观六路、耳听八方,为此而练就了更为广阔的视力范围,但是没有男人视力那么精准。

女人开车在十字路口被侧面来的车撞击的可能性比男人小,女人更宽阔的视野能及时发现侧面突如其来的东西。而女人停车的时候就麻烦了,这种非凡的视力似乎就一下子离开女人了。女人停车很可能会撞到车,停车需要好的空间想象力。而且当车在开动时,评估汽车保险杠与车库墙壁之间的距离需要定位在大脑右半球前部的空间想象力。这种空间想象力,女人非常薄弱。而男人虽不擅洞察这类情况,却能在狭小的空间仅用后视镜就能泊好车。但女人在黑暗中视力更佳,尤其对红色光。男人的眼睛更适合于长距离小范围的空间,所以男人有比女人更安全的长距离夜晚视力。结合男人的右脑空间想象力,男人能准确判断出前后车辆的运动。多数女人有一种夜盲症,不能辨认在路的哪边行驶。狩猎者的视力不存在这种困扰。所以,大家要长途旅行的时候,女人在白天开车,男人在晚上开车,这样搭配最好了。

男人“没心没肺”，原来是真的

生活中的女人们似乎总在说男人“没心没肺”。那么说，这一情况属实吗？有科学依据吗？最近，西班牙一项研究似乎为这一说法提供了佐证。

经过研究发现，随着时代的发展和社会进步，人们的负罪感对人们的约束力在降低，但女性对罪恶的感知程度仍较高。造成这一结果的原因并不是女性对罪恶过于敏感，而是男性太“麻木”。

美国每日科学网站26日援引研究负责人、西班牙巴斯克地区大学研究员伊西娅尔·埃切瓦利亚报道：“我们最初的假设是：不论未成年人还是成年人，女性对罪恶的感知都更强烈，她们对人际关系的敏感程度也更高。”

研究人员在对比男性和女性对某种行为负罪感强度高低时发现，各年龄组女性得分均大大高于男性。“这一现象在40岁至50岁年龄组里尤其突出”，埃切瓦利亚说。

研究人员在发表于《西班牙心理学杂志》上的报告中写道，总体而言，作为女性，当她们认为自己的行为或者语言伤害了别人时，他们会产生比男性更强列的负罪感，也更容易自生自气。相反，调查结果显示男性更关心自己。最容易令男性产生负罪感的行为只有暴饮暴食，而对于其他的对自己并不产生直接影响的行为却难以产生这种效果。

研究人员还给出了一系列的假定情境，询问男女被调查者的感受，比如因为太忙没时间去探望生病住院的亲戚或无缘无故对朋友厉声斥责等。结果显示，女性在所有情境中都比男性更容易焦虑。另外，还有很多情况都容易让女性产生焦虑，比如忘记朋友生日、答应帮助别人但后来食言以及看到别人被欺负但不去制止等。

不过，事实上，负罪感过于强烈未必是件好事。曾有研究表明，过度焦虑会降低人体免疫力。心理学家也指出，如果你一边看着自己喜爱的电视节目，一边还在担心自己未完成的工作，那么，你更容易受到疾病的威胁。

第七章

科学知多少：那些令你惊奇的现象

在生活中，我们经常会看见一些让我们感到奇怪的现象：比如，月亮偶尔会变成红色、羊毛衫经过热水处理后就缩水了、原本五音不全的你在浴室唱歌也显得无比动听、火车轨道上为何要铺满碎石子、彩色电视机里的图画是如何呈现出五彩斑斓的颜色的等，带着这些问题，我们来看下面一章中的解释吧。

为什么火的颜色是橙色的呢

在我们的日常生活中,相信任何人都看见过火的颜色——橙色,对此我们司空见惯,然而,为什么火的颜色是橙色的呢?

对此,我们先要弄清楚火是怎么产生的以及火的颜色是由什么决定的,其实,火的颜色是根据燃烧的物质决定的,含有钠的就会呈现黄色,含有铜的则为蓝色,含有煤烟(如蜡)的为红色。

其实,火其实是一种辐射,这与光差不多。光是光子,而火就是一种"等离子体"。光子是没有质量的,火也没有质量。这种辐射的频率到一定范围内就会产生热的感觉,在另一范围内你就会看见了。而在这一视觉范围内,不同的频率会产生不同颜色(颜色是人为的感觉,宇宙并没有"颜色"这种性质,只有不同的辐射频率。是人类为适应生存而进化出来的主观感觉)。由于不同元素的燃烧产生的辐射频率不同自然就会有不同的焰色反应。顺便提及的是,焰色的反应是不能用肉眼直接看的,而要隔着紫色镍钴镜以消去引燃物的火焰影响。

火是有颜色的,并且,不同的火颜色不同,这是因为在火焰中掺杂了一种叫作"煤烟"的碳粒含量会造成颜色的不同。蜡烛的火焰之所以是红的,是因为混有许多煤烟,接下来,在高温的加热下火焰看上去是一闪一闪的。像煤气炉那样的气体火,里面几乎不含煤烟,空气大量进入后能充分燃烧,所以看上去是蓝色的。从温度上来比较,蜡烛的火焰是1000度左右,煤气炉的温度约高达1700度。比起篝火等的红色火焰,不太能看清的蓝白色火焰的温度常常会高得多。

为什么月亮会变颜色

夜晚星空下,我们抬头看着天,会发现,月亮为什么有时看起来是皎洁的白色,有时是柔和的黄色。那么,月亮为什么会变色呢?

我们知道,月全食时月球处于地球的影子里,怎么会有光线呢?但实际上,这种暗红色的光,仍然是照射到月面上的太阳光。打一个比方,我们看插在水中的筷子,它的水上部分和水下部分看起来像是折断了的,这是光的折射作用。月全食时红月亮的道理也是这样 ,太阳光线无法至达月面,但通过地球的大气层,它却可以折射到月面。同时,阳光是由赤橙黄绿青蓝紫七种色光混合而成的。

这种排列顺序是按波长由长到短排列的，也就是说，红光的波长最长，它最不容易被大气中微小的分子散射影响，因而常能从大气层穿透而到达月面。这样，全食时所看到的常常是“红月亮”。

道理只有一种，但实际情况却千变万化，有时我们也会看到“灰月亮”或“黑月亮”等，这主要是看大气层的清晰程度，也就是透光程度而定。

为何要在铁轨上铺碎石子

我们在坐火车时经常能看到火车轨道，那么，你是否注意过，在轨道上铺满的那些石子呢？这样做的好处是什么呢？

石子和轨道是紧密相连的，轨道和枕木负责承受火车通过时的重量，而碎石子则可防止负重时轨道和枕木陷入地面，而起到缓冲作用，还能吸收火车所产生的噪声。铺在铁轨上的碎石以较硬的石子最为合适，所以大多使用硬质砂岩。

如果铁轨下没有铺 20 厘米厚的小石子，铁轨就不够稳固，火车经过时会剧烈地震动；火车很重，如果不铺石子，就会使铁轨向下凹，火车就会无法开行。如果不铺石子，当下雨时，排水功能受阻，会使铁轨下面的土壤松散，铁轨落陷；冬天铁轨下会产生霜柱，铁轨就要向上浮起。

专业的解释是：

1.将机车车辆的荷载通过钢轨，轨枕并经过道床的扩散作用散布于路基面上，起着保护路基的作用；

2.提供抵抗轨排的纵、横向阻力，保持轨道的正确几何形位，这对无缝线路尤为重要；

3.具有良好的排水性能，对减轻轨道的冻害和提高路基的承载能力非常重要；

4.提供一定的弹性和阻力，起到缓冲和减震的作用；

5.用来保持轨道的平顺性和轨向。

还有一点很重要，石子堆在轨道两边十分有效地阻止了轨道的爬行，在夏天由于钢轨热胀，很容易发生胀轨跑道，在冬天由于钢轨冷缩，很容易发生断轨，而这些石子就弥补了轨道的弊端，既防止爬行，又防止胀轨跑道和断轨。

油锅着火了,为何不能用水灭

学习过火灾安全知识或有一定生活经验的人都知道,当油锅起火时,千万不能用水灭,那么,这是为什么呢?

原来,油比水轻,把水喷到油上,水不能盖在油上面,反而全沉到油层底下去,因此不能隔绝氧气的来源;另外水沉到油下面,那里温度较低,水变成蒸气的可能性很小,无助于对氧气的隔绝。再有,水是流动的,它会浮带着燃烧的油到处乱窜,扩大燃烧的范围,增加了火与空气的接触面积,火会越烧越旺。所以,油着火时,千万不要用水来扑救。

那么油着火了,用什么方法来对付呢?

如果炒菜时不小心着火了,用什么方法来对付呢?要顺手把锅盖往锅上一盖,把油与空气隔绝开来,火很快就被扑灭了。

如果汽桶着火了,就要用泡沫灭火机。泡沫灭火机一倒过来,顿时从里面喷出大量泡沫,泡沫内含有大量的二氧化碳气体,二氧化碳不会自燃,也不助燃,而且比空气重,能很快地把起火的油桶包围起来,使火与空气隔绝,把火扑灭。

胶水为何能“安静”地待在胶水瓶里

生活中,我们经常需要用胶水的地方太多了,比如鞋子脱胶时、将纸张粘在一起时等,那么,为什么胶水能将两个物体粘在一起,却不会粘在胶水瓶里呢?

我们先来看看胶水的成分,胶水最多的成分是水,不同的品牌有不同的“独家”成分,但是一定会加的大概是增稠剂和防腐剂,至于主要成分有醋酸乙烯树脂,聚乙烯醇也是其中一种。

市面上的普通胶水,其成分基本是水,再添加部分聚乙烯醇、白乳胶、硬脂酸钠、滑石粉、尿素、乙二醇、蔗糖、香精等。

502 胶水的主要成分是α-氰基丙烯酸乙酯,其实质是无色透明、低粘度、不可燃性液体,单一成分、无溶剂,稍有刺激味、易挥发、挥发气具弱催泪性。

接下来,我们了解一下胶水的原理:由两部分组成,一部分是易挥发的溶剂,另一部分是真正起粘合作用的粘合剂,将胶水涂在物体上时,溶剂会挥发掉,粘合剂会将两部分物体结合起来,在溶剂挥发掉之前,粘结是不牢固的,很容易就可以将两部分分开。

在胶水瓶里的胶水由于瓶盖阻止了溶剂的挥发，所以不会粘结，假如你将瓶盖打开，用不了多久胶水就会只剩下起粘合作用的东西，此时胶水就不容易倒出了。

钻石和盐都是晶体，为何钻石硬度高

学过化学的人都知道一点，我们在商场看到的贵重的钻石和我们平常生活里所食用的盐都是晶体，但为什么钻石的硬度高而盐却如此易碎呢？

我们先来看看钻石的成分和晶体结构：

钻石的主要成分是碳（C），含 C 量 96%～99.9%。即使很纯净的钻石也含有 0.001%的杂质。钻石中的杂质组分有 Si、Al、Ca、Mg、Mn、Ti、Cr、N 等。除 N 以外，其余杂质通常都以矿物包裹体形式存在，钻石中常含有磁铁矿、钛铁矿、镁铝榴石、铬透辉石、橄榄石、石墨等矿物包裹体。

钻石为等轴晶系，晶体结构为立方面心格子，晶胞参数 a° = 3.56A（1A = 1mm/1 千万）。C 原子位于立方晶胞的八个角顶和六个面中心，并在其八个小立方格的半数中心相间地分布着四个 C 原子，每个 C 原子都与周围四个 C 原子相连接，每两个相邻 C 原子之间的距离都相等（1.54A）。这种结构 C 原子间形成极其牢固的共价键，要分开这种化学健必须给以很大的能量。这就决定了金刚石具有一些特殊的性质，如极高的硬度和化学稳定性。

而食盐的化学式为 NaCl，食盐的主要成分，为离子型化合物。无色透明的立方晶体，熔点为 801℃，沸点为 1413℃，相对密度为 2.165。有咸味，含杂质时易潮解；溶于水或甘油，难溶于乙醇，不溶于盐酸，水溶液中性。

在我们将盐和钻石的化学性质进行对比后，我们就知道为何盐很脆，经不起锤击，而钻石却坚硬无比了。

高尔夫球的球面为何不是光滑的

接触高尔夫球的人可能都知道，高尔夫球的表面是凹凸不平的，那么，为什么会有这样的设计呢？

其实，这样设计的目的是让高尔夫球飞得更远。统计发现，一颗表面平滑的高尔夫球,经职业选手击出后,飞行距离大约只是表面有凹坑的高尔夫球的一半。

为了找出最佳发射条件,高尔夫产业的工程师和科学家对球杆和球之间的撞击进行了深入的研究。撞击通常只维持 1/2000 秒,它决定了球的速度、发射角以及球体的自旋速度。接着,球的飞行轨迹会受到重力以及空气动力学的影响。因此,空气动力学的最佳设计便成为让高尔夫球飞得远的关键。

空气对于任何在其中运动的物体,包括高尔夫球,都会施加作用力。把你的手伸出行驶中的车外,可以很容易地说明这个现象。空气动力学家把这个力分成两部分:阻力及升力。阻力的作用方向与运动方向相反,而升力的作用方向则朝上。高尔夫球表面的小凹坑可以减少空气的阻力,增加球的升力。

一颗高速飞行的高尔夫球,其前方会有一高压区。空气流经球的前缘再流到后方时会与球体分离。同时,球的后方会有一个紊流尾流区,在此区域气流起伏扰动,导致后方的压力较低。尾流的范围会影响阻力的大小。通常来说,尾流范围越小,球体后方的压力就越大,空气对球的阻力就越小。小凹坑可使空气形成一层紧贴球表面的薄薄的紊流边界层,使得平滑的气流顺着球形多往后走一些,从而减小尾流的范围。因此,有凹坑的球所受的阻力大约只有平滑圆球的一半。

小凹坑也会影响高尔夫球的升力。一个表面不平滑的回旋球,会像飞机机翼般偏折气流以产生升力。球的自旋可使球下方的气压比上方高,这种不平衡可以产生往上的推力。高尔夫球的自旋大约提供了一半的升力。另外一半则是来自小凹坑,它可以提供最佳的升力。

羊毛衫用热水洗,为何就会缩水

一到冬天,洗衣服就成了很多人头疼的问题,比如洗羊毛衫,每次用热水洗都会缩水,尤其是那些在购买的时候原本大小合适的,在经过清洗后就无法穿了。那么,热水洗羊毛衫,究竟为何会缩水?

这是因为:羊毛纤维存在细胞结构,纤维外层是鳞片层;还有,在用水洗涤时(特别是热水),鳞片层的毛鳞片张开,在无规则外力(水的流动和搓洗动作)作用下,互相嵌合摩擦而纠结在一起,形成缩水现象。

接下来,可能会有人问,那么,该如何清洗才能避免出现这样的问题?有以下几条建议:

一、水温最好在35度左右，洗涤时应该用手轻轻挤压，切忌用手搓、揉、拧。千万不能使用洗衣机洗涤。

二、一定要用中性洗涤剂，使用时，一般水和洗涤剂的比例为100∶3。

三、漂洗时要慢慢加冷水，使水温逐渐降到室温，再漂洗干净。

四、洗好后，先用手压，把水分压出来，然后用干布包裹起来压，也可以使用离心力脱水机。注意要将羊毛衫用布包裹后才能放入脱水机内；不能脱水太久，最多只能脱水2分钟。

五、洗净脱水后，应将羊毛衫放在通风处摊开晾干，不要吊晒或曝晒，以免羊毛衫变形。

头发产生静电，是什么原理

在干燥和多风的秋天，在日常生活中，人们常常会碰到这种现象：晚上脱衣服睡觉时，黑暗中常听到噼啪的声响，而且伴有蓝光，见面握手时，手指刚一接触到对方，会突然感到指尖针刺般刺痛，令人大惊失色；早上起来梳头时，头发会经常"飘"起来，越理越乱，拉门把手、开水龙头时都会"触电"，时常发出"啪、啪"的声响，这就是发生在人体的静电。静电，是一种处于静止状态的电荷。那么，静电是怎样产生的呢？

任何物质都是由原子组合而成，而原子的基本结构为质子、中子及电子。

将质子定义为正电，中子不带电，电子带负电。在正常状况下，一个原子的质子数与电子数量相同，正负电平衡，所以对外表现出不带电的现象。但是由于外界作用，如摩擦或以各种能量如动能、位能、热能、化学能等的形式作用会使原子的正负电不平衡。在日常生活中所说的摩擦实质上就是一种不断接触与分离的过程。

有些情况下不摩擦也能产生静电，如感应静电起电，热电和压电起电，亥姆霍兹层、喷射起电等。任何两个不同材质的物体只要接触后分离就能产生静电，流动的空气当然能产生静电。为什么流动空气会产生静电呢？因为空气也是由原子组合而成，所以可以这么说，在人们生活的任何时间、任何地点都有可能产生静电。

要完全消除静电几乎不可能，但可以采取一些措施控制静电使其不产生危害。另外，静电还有一些作用，比如可以用来除尘、静电喷涂、静电植绒、静电复印等。

假如指南针被放在了南极

在物理这门课中,可能我们都学习过磁场这一节,那么,你是否提出过疑问:如果把指南针放到南极极点会出现什么状况?是指向南呢,还是北呢?还是乱了?这其中又是什么样的原理呢?

关于这个问题,其实用磁感线来解释是最好的。抛开地理上的南极与北极,只是把地球看作是一个理想的带磁球体,那么磁感线将从地磁北极源源不断地指向地磁南极(在地球外部),而指南针的性质,也可以说是功能就是指向磁感线的切线方向,那么它的指向也就很容易判断了。

再举个例子,假如你站的位置刚好是极点中心的那一条磁感线上,它是垂直于地面的竖直线,所以它应该指向的是竖直向下的。

我们还需要补充的一点是,南磁极的位置约为东经139°24′,南纬65°36′,所以指南针会顺着东经139°24′指向北方。

橡皮能擦去铅笔字的原理是什么

在日常生活中,铅笔和橡皮擦应该是我们最常见的文具用品,当我们在使用铅笔时,一旦写错了字,只要用橡皮轻轻地擦去就可以了,可能我们对这一生活细节再熟悉不过了,但却未曾考虑过橡皮擦的工作原理是什么。

因为纸就是纤维组成的。铅笔能写字的原理我们已经知道了,就是笔尖的细小石墨颗粒跑到纸面上去了。那么我们把这些石墨颗粒吸出来,纸不就干净了吗?这可不容易,石墨微粒跑上去了,很细小,不好吸,而且粘得也很牢。那怎么办?

我们不容易让石墨微粒和纸纤维分离,但可以从纸上找办法,石墨微粒都粘在纸面的一层纤维上,我们只要把这层纤维去掉,上面附着的石墨微粒就一起被去掉了,下面露出的纸纤维又是干干净净的了。

橡皮就是这样工作的,它和纸面摩擦,力量不大也不弱,刚好把纸最上面的一层纤维擦掉。普通橡皮擦铅笔字可以,擦钢笔字就不行了。为什么呢?很简单,铅笔写字靠的是石墨微粒,只停留在纸面上。而钢笔是靠磨水,能渗到纸的纤维层里去。要想擦掉钢笔字,就必须多擦去几层纸纤维。

银器和钢铁都会生黑斑，这两种锈是一样的物质吗

我们经常会看到钢铁和银器放置久了，其表面都会生成一些有损外观的物质，银器表面的黑斑与钢铁上的锈是同样的物质吗？

当然不是。那么，它们有什么区别？其又是怎么生成的呢？

银器与硫磺或空气中的硫化氢气体长期接触可以产生黑色的硫化银，这是银器变黑的主要原因。

铁生锈实际上是铁和氧气在有水的条件下生成三氧化二铁，其中铁和氧气是反应物，水是条件，所以铁只要在有水（潮湿的环境）、有氧气的条件下就容易生绣。要想使钢铁不生锈最简单的方法是使钢铁与空气、水隔绝，经常保持钢铁制品表面干燥和洁净，通常采用的方法是喷漆、涂油、搪瓷、镀上一层不易生锈的金属（如铬、镍、锡等）、烤蓝等，此外在普通钢中加入铬、镍等元素，制成不锈钢。

所以，银器上的黑斑与钢铁上的锈并不是同样的东西。

洗澡时唱歌，为何声音更动听

生活中，很多人有一边洗澡、一边唱歌的习惯，因为在浴室里声音听起来比较洪亮，音质比较清脆，唱起歌来也比较好听，这是怎么回事呢？

原来，当声波发送出去之后，碰到了物体便会反射回来，就像皮球丢出去，碰到墙壁会反弹回来一样，只是反射回来的声波由于能量消耗和距离拉长的缘故，会变得微弱多了。浴室里摆设的东西少，可以减少声波反射的机会，同时空间也比较小，声音比较集中，听起来自然就觉得悦耳多了！

其实，声音会被物体“吸收”。碰到物体后反弹回来的声音，我们称为“回音”例如，当我们对着山谷大叫时，便会听到从对面山壁传回来的声音，不过，声音碰到物体时，并不是全部都会反弹回来，因为还有一部分声音会被物体“吸收”了。不过，物体“吸收”声音的能力是有差别的

一般来说，质地较坚硬的物体吸收声音的能力比较差，反射回来的声音会比较多；质地较柔软的物体吸收声音的能力比较好，反射回来的声音就会比较少，所以，音乐教室的墙上一般都贴有一层质地疏松而且有很多小孔的“吸音板”来

吸收声音,这样一来,回音的干扰就会减少很多了。

我们回过头来看看洗澡间里唱歌的问题。一般的浴室虽然狭小,但由于墙壁使用的是瓷砖,另外水也有一定对声音的反射能力。所以洗澡间的混响度要比一般居室高,这也就是人们感觉在洗澡间里唱歌特别好听的缘故吧,从而也是人们在洗澡时大都喜欢引吭高歌的理由。

彩色电视机能放出彩色的原理是什么

提到电视,大家再熟悉不过了,可以说,它是我们最为常见的电器之一。中国第一台电视机在 1958 年 3 月 17 日诞生。当时的天津通信广播电视厂利用国产电子管加上苏联的元器件生产出了第一台北京牌 14 英寸黑白电视机。12 年后,天津通信广播电视厂又制造出了中国的第一台彩色电视机,时间是 1970 年 12 月 26 日。

我们能从电视机中看到多姿多彩的电视节目,那么,彩色电视机呈现出多彩颜色的原理是什么呢?

彩电色彩是利用三基色成像原理形成。红绿蓝是三基色,通过棱镜的试验,白光通过棱镜后被分解成多种颜色逐渐过渡的色谱,颜色依次为红、橙、黄、绿、青、蓝、紫,这就是可见光谱。其中人眼对红、绿、蓝最为敏感,人的眼睛就像一个三色接收器的体系,大多数的颜色可以通过红、绿、蓝三色按照不同的比例合成产生。同样绝大多数单色光也可以分解成红、绿、蓝三种色光。这是色度学的最基本原理,即三基色原理。

这三种基色是相互独立的,任何一种基色都不能有其他两种颜色合成。红、绿、蓝这三种颜色合成的颜色范围最为广泛。红、绿、蓝三基色按照不同的比例相加合成混色称为相加混色。红色+绿色=黄色,绿色+蓝色=青色,红色+蓝色=品红,红色+绿色+蓝色=白色。彩电成像就是通过电流控制彩管红、绿、蓝三个电子枪的比例生成自然界各种颜色。

干洗真的是不需要用水的吗

科技的发展也给我们的日常生活带来了方便,如今,在洗涤方面,干洗已走进我们的生活。那么,到底什么是干洗呢?干洗真的是“干”洗的吗?

干洗并不是什么神秘的事，所谓干洗，是指用化学溶剂对衣物进行洗涤以去除污渍的一种干进干出的洗涤方式。通常使用的是有机溶剂，如四氯乙烯、石油溶剂等，同时辅助添加剂（如枧油）。对水溶性污垢通过机械力的磨擦、翻滚、冲洗等将其去除。

那么，干洗是如何由来的呢？纺织物的发展和整个洗涤历史的研究表明，人们在1716年就已知道使用松节油可以去掉油性污垢的原理。真正的干洗起源我们已经无从考证，但今天干洗已走进我们的生活。到了1926年，专门为干洗研制开发的石油溶剂开始使用于干洗机，从此 开辟了干洗行业的新纪元。由此可见石油溶剂是最先被使用于干洗的溶剂。

干洗不同于水洗的主要特点是避免了水洗对衣物造成收缩、变形、褪色（羊毛吸水膨胀、干燥后收缩、毛织物起球和丝绸的色泽变差）等缺点，而且对部分污渍的去除效果更佳、洗净度更高、更能起到对衣物的保养和护理作用。

对于那些干洗的衣物，我们需要注意的是：

1.衣服沾到污渍，请尽快送洗，污渍若在衣服上残留太久，不仅无法去除，而且会减短衣服的寿命。

2.送洗衣物时，请先将污点处告知干洗业者，尤其是那些浅色、无色酒类或汽水的污渍，因为这些污渍都有糖分，干洗前必须先处理干净，否则在干洗过程中遇热即会焦化成为咖啡色。

3.避免任何含酒精的溶液（如香水、乳液、化妆水）沾到衣服，有些衣服上染料对酒渍会起作用。

另外，还有几点：丝料应尽量避免汗湿，汗渍会使丝质纤脆弱变色。使用体香剂或防汗剂时，请干了后再着衣；衣服不要直接晒于强烈阳光或灯光下；有污渍或有脏的衣物不要熨烫。

射击运动员为何在瞄准目标时总是睁一只眼闭一只眼

在电视剧里，我们经常看到一些射击运动员在瞄准目标物的时候，都会睁一只眼闭一只眼，那么，这样做是为什么呢？

首先人两只眼睛一起看东西的时候会有立体图像，能看清楚物体前后左右的位置，而一只眼睛看东西的时候就只是平面图像，只有左右没有前后，最简单的例子就是一手拿笔，一手拿笔帽，有两眼睛的时候很容易把笔帽套上，可是用一只眼睛的时候,看上去好像对准了,可是实际上笔帽和笔的前后位置却没有对上。射击的时候只要考虑子弹打到靶子上就行,所以是左右的问题,不是前后的问题,因此闭上一只眼睛比较好。

.第二射击的时候常的是三点成一线,所谓的三点是靶子、前准星、后准星。其实在实际操作的时候是四点成一线:除了靶子、前准星、后准星,还有你的眼睛,你要是用一只眼睛就很容易瞄准,可是用两只眼睛的时候,视线就很难集中在一条线上,所以要闭上一只眼睛。

冰块为何能浮在水面上

现在,我们来做个实验,我们从冰箱里取出一小块冰块,然后将其放到一盆凉水中,你会发现,冰块居然没有沉下去,那么,这是什么原因呢?

这里,我们要提及一个物理概念——密度。所谓密度,是反映物质特性的物理量,物质的特性是指物质本身具有的而又能相互区别的一种性质,人们往往感觉密度大的物质“重”一些,密度小的物质“轻”一些,这里的“重”和“轻”实质上指的是密度的大小。

而我们知道的是:水的密度是 1g/立方厘米,冰的密度是 0.9g/立方厘米,也就是说,冰更“轻”一点,所以也就能浮在水面上了。

而且,水在结成冰的时候,不是收缩,而是膨胀了,一升水的重量是 1000 克,相同体积冰的重量是 900 克,相同体积下,水结成冰之后,就神奇地变轻了! 所以,它所受的浮力比它的重力大了,就像小船一样飘在水面上了。

假如物体加速至光速

在物理中,有个重要的常数:“光速”,符号为 c(来自英语中的 constant,意为常数;或者拉丁语中的 celeritas,意为迅捷),c 不仅仅是可见光的传播速度,也是所有电磁波在真空中的传播速度。

在 20 世纪,科学家在他的爱因斯坦在狭义相对论中提出了一个著名的方程式 E=mC^2;,式(质能方程),在这一方程式中,E 为能量,单位为电子伏特(eV),m 为质量,MeV/c&sup2,C 为光速。

这里,我们能推算出,任何物体都是存在能量的,一个静止的物体,其全部的能量都包含在静止的质量中。一旦运动，就要产生动能。由于质量和能量等价，运动中所具有的能量应加到质量上，也就是说，运动的物体的质量会增加。

当物体的运动速度远低于光速时，增加的质量微乎其微，如速度达到光速的0.1时，质量只增加0.5%。但随着速度接近光速，其增加的质量就显著了。如速度达到光速的0.9时，其质量增加了一倍多。这时，物体继续加速就需要更多的能量。

当速度趋近光速时，质量随着速度的增加而直线上升，速度无限接近光速时，质量趋向于无限大，需要无限多的能量。因此，任何物体的运动速度不可能达到光速，只有质量为零(在宇宙大爆发时有很多现在质量不为0的粒子质量为0)的粒子才可以光速运动，如因科学研究虚构的“光子”“引力子”这个名称。

水为何在烧沸之前会安静一会儿呢

大概生活中每个人都有烧开水的经验，为此，细心的你也许发现：开水在未开且不断加热的时候，会不断地沸腾，发出很大的声响，但在即将开之前，却会突然安静一会，这是为什么呢？

用壶烧开水时，水要发出响声，水的响声，有大小不同的两种：一种是快要沸腾时，水发出非常连续的响声，音调很高；另一种是沸腾时，水发出“噗噜、噗噜”可辨的断续响声，音调远没有前者的高，甚至到水烧开后会安静一会。

那么，为什么会安静一会呢？原来，在将水倒进水壶之前，在水壶的壁上会附着一层空气，而在水壶装满水之后，这层空气就变成了微小的气泡。

然后，因为附着力的作用，气泡并不能脱离壶壁。当水温升高时，气泡周围的水在气泡内蒸发，气泡的体积也随之增大，当温度达到七八十摄氏度时，变大的气泡受到的浮力超过了吸附力，它们就要离开壶壁纷纷上升，同时在壶壁上仍遗留下一部分空气，这部分空气会以更快的速度增加体积而上升。上升的气泡遇到周围的凉水，气泡里的水蒸气就要液化，使气泡迅速变小或破裂。由于无数气泡在壶底急剧膨胀，又在上升中迅速变小，壶里的水就处于激烈的振动状态，进而又引起了空气的振动，形成了水声。由于气泡体积大小交替变化非常快，使水的振动频率高，水声的音调也就高。

后来，随着水壶里各处的温差越来越小，气泡的体积大小变化也越来越慢，进而引起的水声的音调就要逐渐变低.沸腾时，气泡在水面上破裂，引起了水面大幅度的翻腾，由此而引起的空气振动频率远不如前者的高，水声的音调也就低

了,这就是俗话常说的“开水不响,响水不开”的道理

也就是说,当水被加热时,溶解在水里的气体开始冒出来,在我们听来就是水发出的嘶嘶的声音,当水接近沸点时,所有被溶解的气体已经被释放完了,也就没有响声了。

海的颜色为什么有些是绿的,有些是蓝的

当我们翻开世界地图集,会发现,在不同的海域,颜色是不同的,有的海是蓝色的,有的是绿色的。海的颜色为什么不同?

这里,我们要先从太阳光线开始说,虽然看起来太阳光线是白色的,但却由红、橙、黄、绿、青、蓝、紫七种可见光所组成。这七种光线波长各不相同。

每片海域的深度是不同的,会吸收的光束的波长也是不同的。波长较长的红、橙、黄等光束射入海水后,先后被逐步吸收,剩下的篮、青光束波长较短,它们射入海水后,遇到海水分子或其他悬在海洋里的细小的浮体,便向四面散射和反射,特别是海水对蓝光吸收得少,而反射得多,越往深处越有更多的蓝光被折回到水面上来,因此,我们看到的海洋里的海水便是蔚蓝色一片了。

既然海水散射蓝色光,那么不论哪个大海都应该是蔚蓝色的,但实际上,海洋却是红、黄、蓝、白、黑五色俱全,这是由于该区域的海水变色的因素强于散射所生的蓝色,于是,这片海水也就呈现出了多彩的颜色了。

地球内部是否还在继续生成新原油

我们都知道,石油已经成为当今世界工业交通的血液,我们的日常生活乃至整个国家、社会的运转,都离不开它。那么,现在的地球内部还在不断生成新的原油吗?答案是否定的。

其实,石油是一种不可再生的矿物燃料。

所谓不可再生资源,指人类开发利用后,在相当长的时间内,不可能再生的自然资源。主要指自然界的各种矿物、岩石和化石燃料,例如泥炭、煤、石油、天然气、金属矿产、非金属矿产等。

石油是由埋藏在地下的动植物遗体变成的。石油一般生长在古代的沉积盆地或浅海和湖泊中,在漫长的地质年代里,这里堆积了几百米至几千米厚的沉积

物,其中埋有许多动植物的遗体;这些生物有机物质经过几百万年的地质变化及一系列的物理化学变化,逐渐转变为无数细小的油珠;油珠再汇成油流,油流则集中迁移到地壳中具有封闭构造的地层中储藏起来,最终形成规模较大的油田。

所以,石油的生成至少需要几百万年、几千万年甚至上亿年,而我们的开采很快,虽然地球会再生成石油,但是慢到可以忽略。

地球上的石油到底还能供人类用多久?这是一个有争议的问题。有专家认为地球上的石油仅够三四十年,有专家则认为可使用一二百年。1998年6月7日,美国《洛杉矶时报》发表题为《即将来临的石油危机——真正的危机》的文章认为,今后10年左右,世界石油供应似乎是充足的。在今后20年左右的时间,全球石油产量可能开始持续下降。虽然市场力量和石油生产技术的改进可能使石油供应继续保持到21世纪,但是石油危机的到来可能比一般人的设想早得多。

在不久的将来,无论是发达国家还是发展中国家,最终都会面临石油危机。据美国石油业协会估计,地球上尚未开采的原油储藏量已不足两万亿桶,可供人类开采不超过95年的时间。在2050年到来之前,世界经济的发展将越来越多地依赖煤炭。面对即将到来的能源危机,全世界认识到必须采取开源节流的战略,即一方面节约能源,另一方面开发新能源。

在毫无障碍物的情况下,光会消失吗

我们每个人都生活在有光的世界里,没有光,我们的世界也就是一片黑暗。光是一定频率的电磁波,那么,假如在没有阻挡的情况下,光会消失吗?

我们先不对这个问题进行回答,我们先来做个试验:假如有一个封闭的盒子,它的内壁铺满镜子,然后朝里面射一束光线后,关闭盒子,那这个盒子会不会永远亮着呢?答案是不会!

光和音波一样能量强才会远,不然能量会耗尽。再举一个简单的例子,你在中国说话,日本人会听见吗?晚上用手电为什么照不到星星?因为手电的光很弱,并且走得越远光越弱,直至逐渐消失。

最重要的是,这个假设是不可能存在的,要知道镜子最高的反射率都不超过93%,也就是说在光反射率最高的镜子每反射一次也会有7%被镜子本身所吸收,反射十几次光就全部被吸收了;而且声音的能量会散发到大气里,所以才传播不了那么远,这是两码事你怎么可以扯在一起?当然,如果是绝对真空或镜子的反射率达到100%的话,光就可以永远地传播下去。

听说冰川冰比普通冰更纯净,是真的吗

可能不少人认为,冰川水远离我们生活的闹区,应该比普通的冰更干净,其实未必。要知道,冰是水在冷冻的状况下结成的,如果水是干净的,那么所结成的冰就也是干净的,如果水受到了污染,冰当然也会受到影响。冰川的冰最初形态是远古的时候降下的雪,经过长年累月的沉积形成了冰川冰,所以它比普通冰纯净的一个原因是那个时候还没有现代人类城市的污染,从形成的时间上就奠定了它的纯净。

远古时候的雪本来已经很纯净,又在千万年的时间中不断地压缩,雪花中原本所含的杂质都被挤到雪花晶体边缘并被相继冲刷带走。最后形成的冰块,特别是由单晶雪花形成的冰块,远比最初的降雪还要纯净,完全可以当纯净的饮料,甚至比经过我们过滤的水还要纯净。然而,现代的冰川在形成过程中会带进很多杂质,像沙石、泥土甚至是污染物之类的,所以并不纯净。

有比钻石更坚硬的东西吗

在我们的生活中,我们常将钻石比作爱情的永恒,“钻石恒久远”也是商家们的卖点,那么,有没有比钻石更坚硬的东西呢?

人类几千年来就知道世界上最硬的东西是钻石,这也许就是“金刚钻”这一名称的由来,人们也一直在寻找比钻石更坚硬的东西,然而,真有这样的物质存在吗?在很久以前,人们为了寻找自然界是否存在某种物质,都会采取一一试验的方法,甚至是经过千百次的尝试才得出了结果。

接下来,我们来分析一下钻石这种物质,钻石其实是一种结晶矿物,和石墨一样,都是由自然界中的碳(化学元素C)组成的。在所有的自然矿物中,钻石的硬度是最高的,但也是脆弱的,只要用一个铁锤轻轻地敲打,钻石就会碎成粉末,并且,钻石的热传导性很高,即便是一些金属,传导性也不及钻石。此外,当温度高达700℃至800℃时,钻石会燃烧;在无氧的环境中,当加热到1500℃左右时,钻石会转变成碳。

现代社会,随着计算机技术的发展,我们研究材料的方式获得了很大的进

步，我们在得出理论依据和数据之后，可以先在计算机上进行模拟，然后再有计划和有目的地去实践中进行操作。举一个很简单的例子，关于碳元素，科学家们正在研究并已经投入生产的氮化碳超硬涂层材料在自然界并不存在，就是用这种方法计算的结果。

1990年，美国加州大学的M.L.Cohen等科学家在这一领域取得了进展，他们应用固体物理、量子化学理论和计算机技术，从原子和分子水平上对氮化碳化合物的晶体结构进行了设计，找到了它的性能，并发现令人惊叹的一个科学成果：它的体变模量接近或超过金刚石，由于物质的硬度与体模量成正比，这说明该物质有可能接近或超过金刚石硬度。当这一发现被公布之后，各国的材料科学家们纷纷对其进行关注，刹那间国际上掀起了研究和应用新型超硬材料的热潮，积极寻找制造的方法。

所以，我们可以说，在矿物质界，迄今为止还没有发现比钻石更坚硬的物质，但是在人工合成方面，理论上是可以制造出这种东西的。

冰加热会融化，为何木头不会

现在，我们来做一个小实验，我们将一块冰放到高温下，不久，冰会融化，然后变成水；将一块金属放到温度刚好的熔炉中，它也会融化，会融化的固态物质还有很多。但如果我们将一块木头丢到正在燃烧的火中，我们发现，它最后会变成灰烬，而不会像金属和冰那样融化，那么，这是为什么呢？

这是因为木头发生别的化学反应的温度比发生融化的温度低。也就是说，在达到融化的温度之前他就已经发生了化学反应了，比如燃烧等。很多大分子有机物都是这样的，没有液态形式，比如蛋白质等，这些物质的分子较大，错综复杂，不容易出现液态，更不容易发生反应。

第八章

走进大自然：探索神秘的生物世界

我们所生活的这个世界是挺奇妙的，尤其是大自然，任何一个对自然科学有兴趣的人，都会有无穷尽的疑问，比如，斑马身上的条纹是怎么来的？鳄鱼的眼泪到底是什么？我们心爱的猫和狗最多能活多久？植物会睡眠吗？……这些疑问，我们都能从下面这一章中找到答案。

人吃生肉会生病,动物为何就不会

中国人常说:“民以食为天。”我们每天都必须进食,有人爱吃荤,有人爱吃素,但从来没有人会吃生肉,一方面是其口味不佳,另外一个方面是吃了生肉我们的身体会出现一些不良反应,比如拉肚子、呕吐等,但为何很多动物却能吃生肉呢?

其实,吃生肉会不会生病还是要看消化系统的,动物的消化系统与我们人类不同,科学家曾指出:每一种动物都有不同的生理结构,只适合吃某一类食物。

脊椎动物可以按照其不同的饮食习惯分为三类:食肉类、食草叶类、食水果类。

对于肉食兽(包括狮子、狗、狼、猪等)而言,它们的生理设计十分独特,与其他动物差别很大,消化系统十分短,这样其实是有利于身体的消化的,因为对于生肉、腐烂的肉来说,它们在身体里停留的时间越短,对身体的伤害越小,如果让它们存留体内时间稍长,会毒害血液系统。因此,肉食动物都有短的消化道,好使肉类腐烂后产生的毒素(见下文)不致毒害自己;肉食动物的胃也含有大量盐酸来消化肉类那些纤维和骨骼,这些盐酸的分量比素食动物高10倍。

食肉的动物与其他动物不同,它们会在夜间外出活动觅食,而在白天休息,它们也不需要汗腺来令身体降温,不会透过皮肤出汗,而是由舌头处流汗。

素食的动物却不同,它们一天到晚大多数时候在觅食,要在烈日之下活动,因此透过皮肤流汗,牛、马、鹿、象等都是这样。

由此可知,人类的生理设计完全不是吃肉的,我们的生理构造与消化系统显示我们已经过了千千万万年的进化过程,一直都是在靠吃水果、硬壳果、谷类、蔬菜过活。

猫和狗最多能活多久

很多家庭都喜欢养宠物,多半是猫和狗,猫和狗与人类一样也有生命期限,每当我们的心爱的宠爱离开我们时,我们都会感到十分痛心。那么,猫和狗的寿命一般是多久呢?

狗和人不一样的地方是其从出生到死的时间很短,在死的半年前,狗还是可以很健康地过生活。小型或中型犬出生后七年,或大型狗出生后五年,就已经慢慢进入老年期。掌握了犬的寿命知识,就可以对犬不同年龄阶段进行各方面的照顾。为了让狗狗很幸福地度过最后生存的时间，狗主人应该为它多做一些有意义的事。尤其是当我们知道狗的年事已高时，就必须及时选择一条幼犬来饲养，一来当爱犬寿终正寝时，精神还有所寄托，心情才不会过度忧伤；二来小狗狗那种年轻活力的精神可以感染到老狗，还可以陪着老狗度过最后的快乐时光，老狗不会因为自己年数已大而情绪低落。

猫的一般寿命为18—20岁。人在18岁时正值青春期，可猫在18岁时已是高龄阶段。而猫的青春期则在1—2岁之间。10岁的猫基本上可认为进入老年了。这以后，需要主人对猫更加格外地精心照料，才能使猫长寿。

为何猫爱吃老鼠和鱼

猫是捉鼠能手早已家喻户晓，猫爱吃鱼也可谓众所周知。可以说，没有不爱吃老鼠和鱼的猫，但猫为什么要捕捉老鼠，要吃鱼，这个秘密就不能说人人皆知了，甚至很多生活经验丰富的人也未必能给出我们答案。

这要从猫的身体需求方面进行分析，老鼠这种动物，体内含有能提高夜间视力的一种叫牛黄酸的物质，而一向善于在黑夜活动的猫却没有这种物质，如果猫的体内长期得不到牛黄酸的补充，那么，这只猫就会丧失夜间视觉的能力。猫为了补充“营养”，摄取牛黄酸，保留它夜间活动的习惯，就必须大量捕捉老鼠。科学家经过反复的实验分析，发现鱼肉中也含有大量的牛黄酸，这也是猫爱吃鱼的原因所在。

植物原来也会感到疼

生活中，当我们的身体受伤时，我们会感到疼痛，也会努力寻找减轻疼痛的方法，比如就医。除了人之外，动物也会感到疼痛，那么，植物呢？他们也有疼痛感吗？答案是肯定的。

在通常情况下，我们都认为植物是没有感觉，麻木不仁的。植物没有像动物那样专门传递信号的神经系统，也没有像动物的大脑、神经节这样处理感觉信息的控制中心。但是，这并不代表植物就是没有感觉的死木头，或者是不知疼痛，任动物啃食的一堆碳水化合物。越来越多的研究表明，植物确实有自己的感觉和相应做出的“小动作”。植物在受到侵害时，也会发出信号。通知身体的其他部位做好防御准备。这个信号的产生和传递过程，以及产生的效果都与动物的痛觉反应如出一辙。

科学研究表明,植物借助某些挥发性化学物质来交流信息,以保护族群的健康。比如一棵树受到害虫的侵害,它就会发出某种气体告诉别的树“有危险”“很痛”,让别的树对此做出防御措施,因此减小损失,科普作家以此说树会觉得痛。

植物也会有睡眠吗

我们每个人,包括每种动物都必须睡觉,那么植物呢,植物会睡觉吗?

植物睡眠在植物生理学中被称为睡眠运动,它不仅是一种有趣的自然现象,而且是个科学之谜。每逢晴朗的夜晚,我们只要细心观察,就会发现一些植物已发生了奇妙的变化。比如常见的合欢树,它的叶子由许多小羽片组合而成,在白天舒展而又平坦,一到夜幕降临,那无数小羽片就成双成对地折合关闭,好像被手碰过的含羞草。有时,我们在野外还可以看到一种开紫色小花、长着 3 片小叶的红三叶草,白天有阳光时,每个叶柄上的叶子都舒展在空中,但到了傍晚,3 片小叶就闭合起来,垂着头准备睡觉。花生也是一种爱睡觉的植物,它的叶子从傍晚开始,便慢慢地向上关闭,表示要睡觉了。

以上所举实例仅是一些常见的例子,事实上,会睡觉的植物还有很多很多,如醉浆草、白屈菜、羊角豆等。

不仅植物的叶子有睡眠要求,就连娇柔艳丽的花朵也需要睡眠。生长在水面的睡莲花,每当旭日东升之时,它那美丽的花瓣就慢慢舒展开来,似乎刚从梦境中苏醒,而当夕阳西下时,它又闭拢花瓣,重新进入睡眠状态。由于它这种“昼醒晚睡”的规律性特别明显,故而得此“睡莲”芳名。各种各样的花儿,睡眠的姿态也各不相同。蒲公英在入睡时,所有的花瓣都向上竖起闭合,看上去像一个黄色的鸡毛帚。胡萝卜的花则垂下来,像正在打瞌睡的小老头。

植物的睡眠运动会对它本身带来什么好处呢?最近几十年,科学家们围绕着这个问题,展开了广泛的研究。最早发现植物睡眠运动的人,是英国著名的生物学家达尔文。

菠萝的籽长在哪里

生活中,相信很多人都吃过菠萝,那么,对于菠萝的生长习性你了解多少?

菠萝外部呈剑形，那么，它的籽又是长在哪里的呢？

菠萝，原名凤梨，原产巴西，南洋称凤梨。菠萝是一种原产于中、南美洲的热带果树。目前，菠萝已广泛分布在南北回归线之间，成为世界重要的果树之一。在我国主要栽培地区有广东、海南、广西、台湾、福建、云南等省（区）。

菠萝多年生单子叶常绿草本果树。矮生，高0.5—1m，无主根，具纤维质须根系；肉质茎为螺旋着生的叶片所包裹，叶剑形；花序顶生，着生许多小花；肉质复果由许多子房聚合在花轴上而成。喜温暖，以年均温24~27℃生长最适。15℃以下生长缓慢，5℃是受冻的临界温度，43℃高温即停止生长。耐旱，但仍需一定水分，以1000~1500mm的年雨量且分布均匀为宜。

菠萝和其他水果不同的是，它实际上是一个聚花果，也就是说，菠萝上的每一个凸起，都是一朵花形成的果实。

那么，每一朵花其实都有雌蕊、子房等结构，因此这些结构的残留痕迹，以及发育的子房和内部没有完全发育的胚珠一起，就形成了我们看到的一个一个坑了。

夜间与植物睡在一间房间真的有危险

我们都知道，很多活的动物都有攻击性，与我们共处时可能会伤害我们，那么，对于活的植物呢？我们在夜间和它们共睡一屋会有危险吗？其实这种情况出现的可能性很小。

我们都知道，绿色植物的生存也需要吸收氧气，就像它们需要光合作用一样，因为绿色植物也要吸收氧气进行呼吸作用。呼吸作用就像是光合作用的情况下进行，因此，为了平衡，植物在晚上需要吸收氧气。

植物对人产生危险性出现的概率很小，只有当屋内的植物体积非常大，并且整个房间是密封起来的，当我们无法获得足够氧气的情况下才会发生。与植物相比，我们所消耗的氧气量要多得多。

光合作用于呼吸作用中气体交换的规律是由18世纪末荷兰植物学家詹·英根豪斯首先发现的。当时，在上流社会，流行把鲜花摆放在病房里以“净化”空气，英根豪斯对上这一做法产生了质疑，并且，他还对此进行了实验，经过实验，他发现，花朵和其他非绿色部位只有在强烈的阳光下才行，还有如果把绿叶放置在黑暗的环境中的话，都和动物一样只会消耗氧气。

在需要氧气的呼吸作用中，植物在空气中吸收自由氧，利用从有机物中释放能量的化学反应;糖类和氧气发生化学反应,生成二氧化碳、水、释放化学能。在光合作用中,二氧化碳和水在有光能的条件下被生成糖类和氧气。在白天,虽然呼吸作用和光合作用都在进行着,但是光合作用的进行速度要远快于呼吸作用,而且呼吸作用产生的二氧化碳又迅速被用于光合作用之中,因此光合作用反应多出来的氧气则进入到空气中。夜晚,光合作用停止,而呼吸作用继续进行,因此绿色植物才会吸收氧气,产生二氧化碳。

你知道世界上种子最大和最小的植物是什么吗

我们都知道,把种子放进土壤里,对其进行施肥、培育,就会发芽,长出幼苗。那么,你知道世界上最大的和最小的种子的植物是什么吗?

我们先来看第一个问题:

在非洲东部印度洋的小岛上,有个叫塞舌尔的国家,风光秀美,在岛上,热带植物郁郁葱葱,种类繁多,但如果你第一次光顾这个国家,吸引你的一定是身躯高大的复椰子树。它高15~20米。直径30厘米,树干笔直,树叶宽2米,长竟达7米。最有趣的是它的种子是世界上迄今为止发现的最大的,直径约50厘米。从远处望去,它就好像是吊在树上的大箩筐。每个“萝筐”就有10多斤,最大的可重达30斤,的确是世界上最大的种子。所以,复椰子树又称为大实椰子树。

从外形来看,复椰子树与大白桦树的个头差不多,可它们的种子大小和重量却完全不同,大白桦树的种子很轻,即便有两百颗白桦树的种子,总共只不过1公斤重。两种树木种子的重量竟相差3000万倍!

那么,种子最小的植物又是什么呢?

我们在生活中提到某个东西“小”时,常说“芝麻绿豆大”,那么,我们就来以芝麻做参照对象,1公斤芝麻竟有25万粒之多。但是,芝麻的种子绝对不是最小的种子,比如,5万粒四季海棠的种子只有0.25克,同样数量的烟草只有7克重。当然,最小的种子绝对让你更意外。有一种植物叫斑叶兰,它的种子小得简直如灰尘一样,5万粒种子只有0.025克重,1亿粒斑叶兰种子才1两重。人们至今还没有发现比这更小的种子。

斑叶兰种子极小,但结构也很简单,种子只有一层薄薄的种皮和少数供自己生长、发育需要的养料,所以它们的生命力不强,极其容易夭折,但是正因为它们的种子小、轻,所以它们随风飘扬、随处播种,种子又多,所以总是能看到它们的身影。

夹竹桃的毒性到底有多强

相信我们都听说过夹竹桃这种植物，夹竹桃被称为是最毒的植物之一，那么，它的毒性到底有多强你知道吗？

夹竹桃包含了多种毒素，有些甚至是致命的。它的毒性极高，曾有小量致命或差点致命的报告。当中最大量的毒素是强心甙类的欧夹竹桃甙及 neriine。强心甙类是自然的植物或动物毒素，对心脏同时有正面或毒性的影响。在夹竹桃的各个部分都可以找到这些毒素，在树液中浓度最高，在皮肤上可以造成麻痹。科学家相信夹竹桃内仍有很多未知的有害物质。

另外，夹竹桃树皮上有 rosagenin，可以造成像番木鳖碱的影响。整棵植物包括其树液都带有毒性，其他的部分亦会有不良影响。夹竹桃的毒性在枯干后依然存在，焚烧夹竹桃所发生之烟雾亦有高度的毒性。10—20 块叶子就能对成人造成不良影响，单一叶子就可以令婴孩丧命。对于动物而言，只要其体重的每公斤有 0.5 毫克的夹竹桃就可以致命。大部分的动物对于夹竹桃都有不良或死亡的反应。

长颈鹿为何有这么长的脖子

要问到所有动物里，脖子最长的，那么大概便是长颈鹿了，而且，它们还是世界上现存最高的陆生动物。站立时由头至脚可达 6~8 米，体重约 700 千克，刚出生的幼仔就有 1.5 米高；那么，长颈鹿为什么脖子会这么长呢？

在一个长颈鹿种群之中，在一个历史时期有一个脖子的平均长度，但是肯定也存在比平均值高的和比平均值小的。按照正态分布，长于平均的和短于平均的都占少数，而在平均值附近的占绝大多数。

也就是说，实际上长颈鹿的祖先的脖子也不是太长。在很早的时候，因为地球上的树木越长越高，长颈鹿为了吃到树上的叶子，就必须伸长脖子去吃树叶。脖子短的长颈鹿因为长期吃不上食物，就死去了，剩下了脖子长的长颈鹿。而且随着时间的推移，长颈鹿为了吃到更多的树叶，就把脖子长的特点遗传了下来。所以现在我们看到的长颈鹿的脖子都特别长。

长颈鹿的长颈和长腿，也是很好的降温“冷却塔”，它们生活在炎热的热带草原,由于它的表面积大,有利于热的散发,能很好适应周围环境。肺容量也大,有利于呼吸新鲜空气,排出废气。

其实,脖子长对长颈鹿来说未必是件好事,长颈鹿饮水时就十分不便。它们要叉开前腿或跪在地上才能喝到水,而且在喝水时十分容易受到其他动物的攻击,所以群居的长颈鹿往往不会一起喝水。

鸡为什么总爱啄小石子

细心的你可能会发现,鸡爱在地上东啄西,拣沙粒或小石子吃。一些小朋友以为小鸡饿了,马上喂米粒、面包或菜叶给它吃,可是食物再丰富,它还是要去寻找沙粒和小石子吃。鸡为什么有这个“怪脾气”呢?

原来,因为鸡不像其他哺乳动物那样长有牙齿,可以磨碎食物,帮助胃肠消化。即使啄入胃里的食物再软,也不容易在胃里磨碎,因此,鸡要啄食一些小石子之类或其他较硬的东西。这些东西会加速胃的蠕动,啄进胃里的食物就能很快地被消化掉了!

所以,鸡会啄食沙石,是用来帮助消化食物的。

鸡被放养在野外时,身上可能会沾染许多灰尘或是脏东西,因此摸了鸡以后,假如不洗手便摸眼睛,灰尘或脏东西上的细菌会引起眼疾。

关于鱼,你了解多少

在我们的餐桌上,经常会出现鱼这道菜,可以说,对于鱼的营养价值,我们大多数人都了解:鱼肉富含动物蛋白质和磷质等,营养丰富,滋味鲜美,易被人体消化吸收,对人类体力和智力的发展具有重大作用。可是,关于这些问题,你是否了解:鱼类有血液吗?是什么颜色的?鱼会睡觉吗?鱼有听觉吗?鱼是如何在冰下生存的呢?

鱼是有血液的,而且和人类一样是红色的。其实,鱼的血液循环是封闭的,其心脏比较简单,位于鳃附近,由一个心房和一个心室组成。鱼的鳃有许多毛细血管的小叶。通过它巨大的面积将水中溶解的氧吸收到血液中。鱼鳃的功率非常高(有些鱼可以利用70%的水溶解的氧),这可以说明鱼的红血球的功率很高。硬骨鱼的鳃外有一块角质的盖,鱼在呼吸时同时张嘴和将鳃盖打开,这样将水吸入口中,鳃盖上的膜防止水从这个方向流入。合嘴时可以通过嘴前部的一个机构将水从鳃缝中挤出去。

鱼同样也需要睡眠。如同人有各种睡相一样,鱼也有各种各样的睡觉方法,每一种睡姿都几乎是不同的。鱼儿虽然跟我们人类一样是睡觉的,但是,它们是睁着眼睡觉的。

鱼也是有听觉的。鱼头的两侧都有灵敏的耳朵,和人类不同的是鱼只有内耳,从外面是看不见的。鱼身体两旁的侧线可感觉到水中的波荡,也可说是鱼的听觉器官。而且其内含有半规管和耳石,除了听觉外,还是重要的平衡器官。

那么,为什么鱼能在冰下生存呢?水的体积在4℃以上的时候是“热涨冷缩”,而在4℃以下则是“冷涨热缩”,也就是说4℃的水密度最大,通常天气变冷的时候,河水表面温度开始变低,到4℃的时候,密度大就沉下去了,而河低温度高的水由于密度小则会浮上来。周而复使,使河底温度始终保持在4度左右,河水表层的温度可能已经到零下了,结冰了,而河底的水温仍适合鱼类生存。

牛不吃肉只吃草,为何还如此强壮

我们都知道,动物的类型可以分很多种,有食肉类,也有食草类,食肉的老虎和狮子是十分强壮的,那我们发现,那些食草的动物,如牛为什么只吃草却长得那么大呢?

原来这个秘密在于它们体内的微生物。食草动物的胃肠中,有数十种分解食物的微生物,大约平均每平方厘米就有100万个。这些微生物能从植物中高效提取蛋白质,而食草动物又会把它们消化掉进而吸收蛋白质。而人体内没有这么多的微生物,所以只有从动物性食物中来获取蛋白质。另外,牛的胃肠结构也有利于食草,它们用四个胃充分反刍后,再用相当于自身长20倍的肠子,把营养成分一丝不漏地完全吸收掉。另外,食草动物位于肉食性动物的食物链下层,每层的能量只有10%被上层吸收。最后和遗传基因也有关系。

“猫有九条命”的说法从何而来

在民间,关于猫,人们都会有个说法:“猫有九条命”,我们都知道,这只是民间传说 并不属实,所有生灵都只有一条命而已,当然猫也不例外,但人们为什么说猫有九条命?

其实,这一说法只是为了说明猫的生命力强,也许是由于人们看到猫都能设法承受各种意外事故、伤害和困扰 ,并且逢凶化吉,因此而有此说法。“九”是一个神秘的数字,事实可能是这样:正因为猫总是被神秘和魔法似的气氛笼罩着,所以才引出了九条命的神话。无可否认,我也发现猫和狗相比,过着似乎有魔法保护的生活。但这可能是由于猫具有恢复平衡的本能反应和灵敏的平衡感而并非有着任何超自然的力量存在着。

猫在休息时,喉咙中常会发出呼噜呼噜的声音。有人认为这是猫在打呼,但美国科学家却发现这是猫自疗的方式之一。人们之所以称猫有九条命,与猫休息时打呼有密不可分的关系。

另外,猫的爬高本领在家畜中可谓首屈一指。我们经常看到猫从很高的地方掉下来,而身体不会有丝毫损伤,而狗从同样高度掉下来的话,非死即伤,这就是人们常说的“猫有九条命”的由来。

猫从高处落下后为什么不会受伤害呢?这与猫有发达的平衡系统和完善的机体保护机制有关。还有,猫的尾巴也是一个平衡器官,如同飞机的尾翼一样,可使身体保持平衡。除此之外,猫肢发达,前肢短,后肢长,利于跳跃。其运动神经发达,身体柔软,肌肉韧带强,平衡能力完善,因此在攀爬跳跃时尽管落差很大,却不会因失去平衡而摔死。

斑马身上为何有条纹

在电视节目中,当我们看到非洲大草原时,就会看到一群群的斑马,斑马给我们最直观的印象是它们身上有着漂亮而精致的条纹,那么,它们身上的条纹怎么来的呢?

原来,在雌兽的妊娠早期,一个固定的、间隔相同的条纹形式就已经确定在胚胎之中了。以后在胚胎发育的过程中,由于身体各部位发育的情况不同,所以幼仔出生后,各部位所形成的条纹也就不一样了,有的宽阔、有的狭窄。例如斑马颈部的条纹较宽,所以颈部的最早条纹形式必须在胚胎发育的第七个星期,颈部伸长之前确定;近鼻孔处的条纹很细,所以这个部位最早的条纹形式必须在胚胎发育的第五个星期,鼻子扩大之前确定;臀部的条纹最宽,说明臀部与身体的其余部分是成比例发展的。另一方面,条纹也不能早于胚胎发育的第五个星期之前出现,因为斑马长着一条具有条纹的尾巴,而这条尾巴在胚胎发育的第五个星期以前尚未出现，这时胚胎的长度大约为32毫米，条纹的数目约为80个，据此可以推算出最初确定的每个条纹的宽度大约为400微米，即每一个条纹有20个胚胎细胞的宽度。至于它四肢上的条纹为什么呈水平方向，则可能是腿部在胚胎发育过程中，所有的条纹机械地转过一个角度而形成的。

斑马身上的条纹是同类之间相互识别的主要标记之一，更重要的则是形成适应环境的保护色，作为保障其生存的一个重要防卫手段。在开阔的草原和沙漠地带，这种黑褐色与白色相间的条纹，在阳光或月光照射下，反射光线各不相同，起着模糊或分散其体型轮廓的作用，放眼望去，很难与周围环境分辨开来。这种不易暴露目标的保护作用，对动物本身是十分有利的。

到了冬天为何蚊子和苍蝇就消失了

在我们的生活中，可能你也发现一个现象：炎炎夏日，最讨厌的就是蚊子和苍蝇了，但一到了天气寒冷的时候，它们似乎就自动消失丁，这是为什么呢？

可以说，在四季分明的地区，受自然环境因素的影响，蚊虫会出现繁殖期和越冬期交替的现象。冬季气温过低，蚊虫停止繁殖，成蚊都聚集到较温暖、气候比较稳定的场所隐蔽起来，不食不动，新陈代谢降到最低水平，处于蛰伏状态，称为越冬。早春气温变暖时，存活的成蚊开始吸血、产卵，繁殖后代。蚊虫的越冬方式因种而异，如淡色库蚊多以成虫越冬，微小按蚊、三带喙库蚊多以幼虫越冬，白蚊伊蚊多以卵越冬。

越冬时间，多数蚊虫自然死亡，只有极少数能存活到次年春天。越冬期是蚊虫数量最少、生命最脆弱的一个时期。

熊猫是熊还是猫

提到熊猫，我们都知道，熊猫性情温和，憨态可掬，行动逗人喜爱，是人们最喜欢的野生动物之一，也是国家一级保护动物，不过，熊猫这一动物是怎么来的呢？熊猫是不是猫呢？

熊猫亦称“猫熊”“大熊猫”，属猫熊科。它们的血缘关系和熊相近，并且，熊猫真正的学名是猫熊，但在当时，人们习惯性的语言习惯是从右往左念，所以当时记者们在报道熊猫时就把“猫熊”读成了“熊猫”。后来，熊猫的称呼就传开了。

在距今几十万年前的时间是大熊猫的活跃时期,在我国东部,随处都有大熊猫的身影,只是后来熊猫逐渐灭绝,直到今天,大熊猫因为其稀缺性和一直保持其古老的特征而被称为“活化石”,如今大熊猫分布范围已十分狭窄,现今只能在中国的凉山、秦岭南坡、岷山、邛崃山、大小相岭等局部地区找到大熊猫的身影。目前我国政府已采取了一系列有效的保护大熊猫的措施。并且,大熊猫今后的繁衍和生存工作,也正在引起人们的重视。

大雁飞行时为何总要列队

我们都知道,大雁是候鸟的一种,每当秋冬季节,它们就从老家西伯利亚一带,成群结队、浩浩荡荡地飞到我国的南方过冬。大雁飞行是总排成“人”字形或“一”字形,那么,这又是为了什么呢?

原来,这种队伍在飞行时可以省力。最前面的大雁拍打几下翅膀,会产生一股上升气流,后面的雁紧紧跟着,可以利用这股气流,飞得更快、更省力。这样,一只跟着一只,大雁群自然排成整齐的“人”字形或“一”字形。

另外,大雁排成整齐的“人”字形或“一”字形,也是一种集群本能的表现。因为这样有利于防御敌害。雁群总是由有经验的老雁当“队长”,飞在队伍的前面。在飞行中,带队的大雁体力消耗得很厉害,因而它常与别的大雁交换位置。幼鸟和体弱的鸟,大都插在队伍的中间。停歇在水边找食水草时,总由一只有经验的老雁担任哨兵。如果孤雁南飞,就有被敌害吃掉的危险。

科学家发现,大雁排队飞行,可以减少后边大雁的空气阻力。这启发运动员在长跑比赛时,要紧随在领头队员的后面。

候鸟的迁徙路线是怎么找到的

孩童时代,我们都知道秋冬时节大雁要往南飞了,大雁其实是一种候鸟,我们都知道,候鸟是一种会随季节更替而迁徙的鸟类。

到了秋天,候鸟会飞往南方气候适宜的地方,春天又成群结队飞回北方产卵繁殖后代。除了大雁外,候鸟还有仙鹤、燕子等,在没有外界因素打扰的情况下,它们的栖息地一般不改变。

后来,人们开始对候鸟进行跟踪观察发现,不管是经过长途迁徙的老鸟,还是当年出生的新一代，它们迁徙时都一定依循过去的路线，绝不会白花时间在空中盘旋另找新途径。同时，他们的迁徙飞行，如果不是因为遇上气流的冲击和其他的干扰，总是面向目的地做直线飞行的。它们是怎样认识飞行路线的呢？

有人会提出这样的问题：候鸟是否和有些动物一样，有识别和记忆路途的能力？但有些生物学家认为，候鸟在迁徙过程中能面向目的地做直线飞行，同遗传的本能有关系。这种本能是候鸟经历几万年的飞行，祖祖辈辈从求生中积累下来的本领，并形成牢固的潜在意识，一代一代地传给它们的儿女们。为了进一步弄清候鸟只靠天赋的本领而迁徙的这个谜，近代科学家制出了一种新的仪器进行跟踪观察。他们将微型摄影机用树胶溶液黏在鸟的羽茎上，并装上微型胶卷。当鸟儿展翅高飞时，相机的快门便打开，做连续的拍摄；鸟儿歇息时，快门会自动关闭。这样，就会得出详尽的飞行记录了，候鸟迁徙的谜底也将被彻底揭开。

鳄鱼流泪是哭了吗

生活中，人们在形容一个人虚情假意时常用“鳄鱼的眼泪”来形容，那么，鳄鱼流泪真是它哭了吗？

据说鳄鱼在吞食食物时，有一种近乎人情的表现——流眼泪。其实，鳄鱼的这种眼泪并不是多愁善感，而是一种名副其实的假慈悲、假悲伤、假怜悯，研究发现，这种“眼泪”就是鳄鱼眼睛附近生着的一种腺体制作的恶作剧，只要鳄体吃食，这种附生腺体就会自然地排泄出一种盐溶液。“鳄鱼的眼泪”对生活中那些假慈善的伪君子是多么形象的讽刺！

鳄鱼的眼睛也同眼泪一样具有神秘的色彩。细心的人一定会发现，鳄鱼的眼睛突生在头上部，采取一种“不惊动的偷猎法”取食，鳄鱼常常潜伏在水底探视水面的猎物，一旦发现目标，它便在水底潜行，对水面猎物毫无惊动，只是在接近猎物的那一瞬间，便以迅雷不及掩耳之势向上猛冲，将猎物捕获，大饱口福一顿。鳄鱼突出于上部的双眼，好处在于它恰好适应了鳄体从水底远距离窥视水面猎物的功能。据此科学家们推断，古代的鳄鱼历经漫长的进 化后，眼睛慢慢地移到头上部，演变为现代的具偷猎式绝技的鳄鱼。

鳄鱼的视力如何？美国得克萨斯大学的弗莱舍曼等研究小组专门对六种海鳄进行了视力测试，方法是将一束光线准确地射入供试鳄鱼的眼睛里，使其从眼睛后壁折射到一架照相机镜头的光圈上，最后确定鳄鱼眼睛有多大的聚焦能力。结果发现，所有鳄鱼都是不折不扣的重远视眼患者。所谓远视，是指平行光线经过眼睛后所聚成的焦点,不是落在视网膜上,而是落在膜后,结果成像模糊,视力不清,只有在远距离时方能看清物体。鳄鱼之所以经常潜伏在远处的水底猎食物就是这个道理。

飞蛾为什么总爱“扑火”

我们都听过一个成语——飞蛾扑火,并且知道这是自不量力的意思。但从生物学的角度看,飞蛾总是“扑火”是有一定道理的。

科学家经过长期观察和实验,终于揭开了“扑火”之谜。他们发现飞蛾等昆虫在夜间飞行活动时,是依靠月光来判定方向的。飞蛾总是使月光从一个方向投射到它的眼里。飞蛾在逃避蝙蝠的追逐,或者绕过障碍物转弯以后,它只要再转一个弯,月光仍将从原先的方向射来,它也就找到了方向。这是一种“天文导航”。

飞蛾看到灯光,错误地认为是“月光”。因此,它也用这个假“月光”来辨别方向。月亮距离地球遥远得很,飞蛾只要保持同月亮的固定角度,就可以使自己朝一定的方向飞行。可是,灯光距离飞蛾很近,飞蛾按本能仍然使自己同光源保持着固定的角度,于是只能绕着灯光打转转,直到最后精疲力尽而死去。

也就是说,夜行昆虫大多有趋光性,“飞蛾扑火”就是这一习性的真实写照。另外,其实飞蛾主观上也不是想死在火焰里面,是由于其复眼的构造使其以一个螺旋角度围绕火飞行的时候逐渐接近,最后造成扑火。

骡子为何无法繁衍后代

在我国的北方,有种动物叫骡子,它是马和驴子的后代。骡子似驴非驴,似马非马,比驴、马都高大,耕耘能力也胜过它们。驴骡出生后一般长到不足10个月就和它的妈妈能力相等。其后便逐渐超过它的妈妈。骡子唯一的缺点是基本不能繁殖后代。它们多半没有生育能力。只有极个别母骡与马或驴交配后能生殖。那么,为什么骡子不能繁衍后代呢?

这要从骡子的染色体进行解释。

我们都知道,任何生命的繁殖都靠染色体,在不同的生物体内,其染色体的数目、形态和大小都是不同的,在体细胞内染色体是成双存在的,每一条染色体都有一条和它的形态、大小、功能相同的另一条染色体，其中一条来自母体，一条来自父体。这两种染色体称为“同源染色体”。

马的染色体数是64条，驴的染色体数是62条，而马的卵子染色体数是32条，驴的精子染色体数是31条，通过精卵结合发育成的新个体——骡子的染色体数是63条。

也就是说，马和驴的染色体数是不一样的，通常二倍体的生物在减数分裂形成配子时染色体要平均分配，但不同生物体内染色体对数不一样，马和驴杂交以后骡子在产生配子时发生染色体分配障碍，细胞无法识别马和驴的染色体并将其平均分配所以就无法产生后代，于是骡子就没有后代。

居然有一种动物从来不喝水

我们都知道，人类每天都需要喝水，很多动物也是，水是生命之源，没有水，我们就无法生存，然而，你知道吗？原来世界上还有从来不喝水的动物。它就是考拉。

考拉，也就是树袋熊，是澳大利亚的国宝，也是澳大利亚奇特的珍贵原始树栖动物。

考拉是一种生活习惯很特殊的动物，它们生活在树上，性情温和，模样憨厚，有一对毛茸茸的耳朵，浑身长着灰色的短毛。这种小动物有一个与“众”不同的特点，就是从来都不喝水。

在澳大利亚土著语里，“考拉”的本意就是“不喝水”。那么，它真的不喝水吗？没错，考拉的确可以几个月滴水不进，有的考拉甚至可以一辈子不喝水。考拉的主要食物是树叶，对它来说，桉树叶子里面的水分已是绰绰有余了。因此，考拉只生活在有桉树生长的地方，并且对桉树叶非常挑剔，澳大利亚有600多种桉树，考拉只吃生长在澳大利亚东部的35种桉树叶。有些考拉甚至只吃两三种桉树叶。

考拉其实不是熊，属于有袋类哺乳动物。身上的袋子是专门用来哺育小宝宝的。考拉温和可爱，滑稽笨拙，是世界上最可爱的动物之一。在澳大利亚，人们把考拉当作欢乐与祥和的象征。

鹦鹉为什么能学舌

我们人类都有自己的语言,不同的国家,有不同的语言形式,但其实在动物界,也有会说人话的——鹦鹉,鹦鹉学舌这一成语也就是这个意思,那么,鹦鹉为什么具有学舌的本领呢?原来这与它生有特殊结构的鸣管和舌头有关。

鹦鹉的发声器官——鸣管比较发达和完善,有四五对鸣肌,在神经系统控制下,使鸣管中的半月膜收缩或松弛,回旋振动发出鸣声。鹦鹉的发声器的上、下长度及与体轴构成的夹角均与人的相似。人的发声器从喉门的声带开始,直到舌端为止,其前后总长度约有 20 厘米,与体轴形成的角度呈直角。部分大、中型鹦鹉的鸣管到舌端的总长约为 15 厘米,与体轴形成的角度也近似直角。其他哺乳动物的发声器与体轴则不能形成直角,而是呈钝角,喉头部与气管形成的屈度较平坦。发声器与体轴成直角,形成了有折节的腔,从而可以发出分节性的音,这种发声的分节化就是语言音和发展语言音的基础。

鹦鹉的舌根非常发达,舌头富于肉质,特别圆滑,肥厚柔软,前端细长呈月形,犹如人舌,转动灵活。由于这些优越的生理条件,所以鹦鹉能惟妙惟肖地模仿人语,发出一些简单、准确、清晰的音节。在鸟类学话前,对它们施行小手术,如用剪刀将舌内的舌骨剪断,或进行捻舌等,这样,可以使鸟类更多地学些较为复杂的语言。

雄鸟为什么比雌鸟美

世界上的禽鸟和人类一样也爱美,它们都身披一件羽毛外衣,可是雄鸟和雌鸟的外衣却大不一样:雄的大多五彩缤纷、鲜艳夺目,雌的则千篇一律、黯淡无光。以孔雀为例,雄孔雀的羽毛华丽珍贵,无与伦比,被称为“天使的羽毛”;可是雌孔雀却矮小黯淡,相形见绌。雄性太阳鸟的羽衣色彩斑斓,闪耀着金属般的光泽;而雌鸟,如不根据它的嘴辨认,也许会误认为是另一种小鸟呢。为什么雄鸟比雌鸟美丽呢?

因为鸟类大多奉行“一夫多妻”制,雄鸟身披艳丽的羽衣,可以向雌鸟炫耀、求爱,赢得更多的配偶。一旦交配完毕,它便飞离鸟巢,另觅新欢。由于没有固定的巢穴,雄鸟遭敌害袭击的可能性就比较小。在“一夫一妻”制的鸟类中,营巢、孵卵和育雏的重任大多也落在雌鸟身上，雄鸟充其量也只是个配角。即使是钟情于自己伴侣的雄犀鸟，在雌犀鸟孵卵期间也从不待在窝里，而是到处奔波觅食，以便养家糊口。它那多彩的羽衣，与花果累累的取食环境是十分协调的。雌鸟长时间在窝里孵卵，灰暗的体色与鸟巢和周围环境十分相似，这样就不容易被敌害发现了。在鸟类王国中，有没有例外呢？相思鸟是"夫妻"共同孵卵的，它们轮流交替坐窝，因而羽色也就相差无几了。最特殊的要数彩鹬了。雌鸟身披"五彩衣"，光彩照人，雄鸟却黯淡无光。究其原因，彩鹬实行的是"一妻多夫"制。雌鸟在交配产卵后使离巢出走，另找伴侣。雄鸟负责筑巢、孵卵和育雏，忙得不亦乐乎。由此看来，鸟类的羽毛颜色，与求偶、繁殖、孵卵和育雏密切相关，这是长期适应环境的结果。

蝴蝶的味觉器官在哪里

我们人类和一般动物都是用嘴来判断食物的滋味，然而你知道蝴蝶的味觉器官在哪儿吗？

蝴蝶的味觉器官却长在脚上。捉住一只蝴蝶后，把它的双翅合起来，小心地用架子夹住，让它饿两三天。然后，用沾有糖水的棉花球碰碰它的跗节，你可以看到蝴蝶马上会伸出它的长喙，准备吸吮食物了。要是你直接用针拨开它卷曲着的长喙，浸入糖水中，蝴蝶就会立刻缩回长喙，即使再饿，对糖水却是无动于衷。

顺便提及一下关于蝴蝶栖息的问题，大多数蝴蝶是单独过夜的，但也有一些斑蝶喜爱集群栖息。不同品种的蝴蝶有不同的睡觉地方：朴喙蝶喜欢在枯枝的梢头安睡；桔凤蝶多半在植物叶下栖息；丝网蛱蝶则睡在悬崖峭壁上；很多眼蝶干脆就伏在草地上。

第九章

学习天文和地理：神奇的宇宙奥秘

我们都知道，我们所生活的星球被称为地球，但我们的生存与其他星球之间也存在关系，比如，光合作用靠太阳、潮汐引力靠月亮等，但对于太空中的知识，你了解多少呢？你听说过黑洞吗？你知道宇航员是怎样睡觉的吗？他们的宇航服到底为什么这么昂贵？其他星球上是否有生命呢？未来我们能否真的实现穿越时空呢……带着这些疑问，我们来看看宇宙中的奥秘吧。

天体为何都是球形的

对天文地理有一点了解的人都知道,所有的天体都是球形的,那么,这是为什么呢?

因为万有引力。当星体的质量达到一定程度时(无论是恒星、行星还是卫星),引力的挤压就会导致内核发生变形,更大的星体引力挤压则会导致内核熔化。于是星体的结构和形状就会发生变化。

引力的作用是无限远的,而分子之间的斥力虽然比引力强得多,但是需要分子之间在很近的距离时才能生效。当引力将星体的每一部分紧紧挤压在一起,并逐渐向内收缩时。当这种收缩程度过分时,分子之间的斥力会强过引力,从而导致这些分子被向外推开。而当这些分子被斥力相互推开而远离时,斥力失效,引力会立即将这些分子再次拉回。

以地球为例,当地球某一部分过分凸起时(如果珠穆朗玛峰再高上十倍),山底部的地壳就会因为承受不住巨大山峰的重力而塌陷,内部的熔岩产生的浮力也无法支撑山峰的重量。山峰就会沉入熔岩,凸起的部分就逐渐陷入了地球的内部。

如果地球的某一部分过分凹陷时,表面这一区域缺少引力(重力)的挤压,因此地球内部的熔岩之间的斥力会占据上风,使熔岩流膨胀。形成向上的过大的浮力,就像高压锅如果缺少那个气阀,蒸汽就会猛烈地喷出来。将这一凹陷的地壳向上顶起,甚至冲破地壳将熔岩喷出地表。

因此当地球的形状不够“圆”时,引力和斥力产生的现象会不断对它的形状进行调整,当每一部分被引力和斥力调整至平衡状态时,地球就会接近圆形。任何星球之间,当质量、引力达到一定程度时,无论恒星、行星还是卫星,都会成为球形。这个要求的最低下限的直径约为 800 公里,质量约为 5 亿亿吨。小于这个下限的星体,都是呈现不规则形状。

太空为何是黑色的

平时只要太阳一出现,即使你是在屋子里面,太阳并没有真正照进屋子,你也会发现屋子里亮堂堂的,但是在外太空确是黑的,这是为什么呢?

或许我们可以通过很多简单的物理现象认识这个问题。比如，如果没有光线照进一间屋子，而且屋子里没有能发光的东西，那么屋子里肯定是黑的。如果屋子的一角有一个弱光源，比如一盏光线很暗的灯，这盏灯不够亮无法照亮屋子的其他角落。屋子的角落之间存在距离就像宇宙空间中天体之间存在距离一样。光线的能量在漫长的路途中会不断衰减。而发光天体，除太阳外距离我们较远。这可能是太空为什么是黑色的原因之一。我们的眼睛能感受到光线的原因是有光线直接照到或被反射到感光细胞上。由于宇宙空间几乎是真空环境，所以太阳光几乎没有被反射到地球上。而其他恒星距离我们比较远。所以我们看到的太空有个黑色的背景。由于我们对宇宙的物质形式和物理现象还没有完全了解，也可能有其他因素与之共同作用形成了黑色的太空。

外太空还能找到其他生命吗

关于宇宙的奥秘，可能很多人都会感兴趣，比如这个问题，宇宙中的生命是否只有地球上这唯一的一种？

地球上的生命物质的特点是以碳氢化合物为主体的有机物，以氧作为新陈代谢的交换物质，水是形成生命的基本物质。具备这些条件后，在合适的温度下，才可以形成生物。如果别的物质也可以形成生命，那它肯定不是在地球这样的环境条件下。但只要是生物，他们也必然要进行物质与能量的交换，以维持生命活动。

也就是说，因为地球具有了有机物和太阳光热这两个条件，也就具备了生命存在的必备条件。这样我们只要探索一下宇宙中有没有类似地球—太阳这样的行星、恒星系统。据研究，在银河系内大约有1%与太阳同类型的恒星，其中至少有10%的恒星带有行星，也就是有1亿颗像太阳这样的恒星带有行星。那么在这1亿颗行星中，有没有与地球的内外条件完全一致的行星呢？实际上整个宇宙中像银河系这样的星系就有无数个。

因此，按概率理论来讲，我们可以认为宇宙中除地球外，肯定还有与地球相同或相似的天体，也就是说宇宙中肯定存在像地球这样有生命的星球，但实际上，到目前为止，并未发现其他星球上生命体的存在，更谈不上“外星人”来地球做客。

据说太空中有很多垃圾,是真的吗

我们都知道,在人类生存的地方,都有生活垃圾,那么,在太空中是否也有垃圾呢?

答案是肯定的,不过太空垃圾与我们的生活垃圾是不同的,那么什么是太空垃圾呢?太空垃圾指的是围绕地球轨道的无用人造物体。

太空垃圾的范围很广,可能是一些人造卫生的碎片,也有可能是粉尘,更有可能是整个火箭的发动机。自2009年1月以来已有大量的太空垃圾在太空轨道中。科学家称,即便是太空垃圾,也是在高速运转的,所以它们很有可能会对卫星造成巨大的损害,所以人们也逐渐对太空垃圾产生重视。

根据美国宇航局的统计,目前地球轨道上正在运行或报废的人造卫星和火箭残体大约有4000个,有大约6000个可以看到并跟踪的太空垃圾碎片;而直径超过一厘米的太空垃圾,更多达20万个。这些物体大多数的运行速度,都在2万公里/小时以上。

一开始,人们并没有意识到空间站的垃圾问题,在太空,人们会将装垃圾通过集装箱装满后直接丢到太空。但随着时间的推移,科学家们认识到了太空站垃圾处理不当的问题,决定不再向太空抛弃垃圾。在“和平”号空间站上,垃圾被装袋保存着,待“进步”号货运飞船到来后,将货卸下来,把垃圾装进去,于是这些垃圾就同货运飞船一起在大气层中烧掉。据俄报载,美国“奋进”号航天飞机到现在还将那些垃圾直接抛向太空,如果继续这样,人类要为自己在太空丢弃的各种垃圾承担后果。

人类只有一个空间,随着人类对太空环保的重视,太空垃圾必将得到治理,那时人类将重新获得一个美丽而清洁的宇宙太空,宇宙遨游将美丽而浪漫。

在太空中宇航员怎么称体重呢

我们都知道,在太空中是失重的,然而,宇航员在空间站上长期工作时要定期检查身体的健康状况,还要称体重。那么,在太空中宇航员怎么称体重呢?

据俄地面飞行控制中心专家伦金介绍,由于太空中宇航员处于失重状态,因而在太空中称体重跟在地面称体重的方法完全不同。宇航员在空间站上称体重时，首先站到一个位于杠杆之上的踏板上，使踏板上的一根弹簧收缩，然后借助一种专门扳手的帮助松开弹簧，使弹簧发生振动。测量仪通过测量弹簧的振动幅度，即可测量出宇航员的体重。

这种体重测量仪是俄专家专门为在太空工作的宇航员称体重而开发出的。早在1974年，苏联宇航员在“礼炮-3”空间站工作时就开始使用这种仪器测量体重。

宇航员一般在太空行走之后，往往由于消耗大量能量而导致体重减轻2到4公斤。然而国际空间站两名宇航员7月1日成功进行太空行走之后称体重时发现，他们的体重与太空行走前相比没有任何减轻。

国际空间站两名宇航员在历时5小时40分钟的太空行走期间，成功修复了国际空间站外一失灵的陀螺仪。在经过如此负荷的太空工作之后，目前两名宇航员正在进行休整，并乘机对空间站的各舱段作一些清洁工作。

假如在外太空点蜡烛会怎样呢

生活里，当我们在过生日或者停电时，可能会点燃蜡烛，然后微微的火苗便出现了。那么，你可曾想过，假如你在外太空点蜡烛呢？是否还会出现这样的情况呢？

当然不是！世纪伟大的科学家迈克尔法拉第说过：“让你能进入前线科学殿堂的大门不会比思考一根蜡烛的理论更多。”在地球上，蜡烛火焰的漂亮形状是蜡在氧气存在的情况下燃烧形成的，空气中还包括二氧化碳和水。

在太空船中，火焰处于微重力之下，热空气不会升起，而底下的新鲜氧气也不会产生。这样的结果将是一个不会持续很久的奇妙的蓝色火焰，因为蜡无法在没有氧气的情况下燃烧。

因此，从理论上来讲，在外太空是无法将蜡烛点燃的，所以就不会出现什么事。

在太空中人类能孕育生命吗

我们都知道，新生命的诞生是需要经过受精、怀孕、出生这个过程的，在地球上，这一过程并不麻烦，但在太空中呢，又会出现什么情况呢？

其实,很久以前,科学家就有过这方面的想法,最终因为有违伦理遭到一些人的指责,再加上实验人员在太空停留时间过短,于是计划“流产”了。

据称,2001 年,美国太空总署打算挑一对有合法夫妻关系的宇航员上天。经过 3 个月低重力条件下的夫妻生活训练后,2001 年 9 月到达美国自由号空间站。过程中感到头晕眼花,几乎昏厥,与此同时,研究人员监测到马克的心跳严重异常,紧急呼叫他们停止。科学家们发现,在太空里,整个身体负担最重的就是心脏,身体血液大部分都集中在心脏附近,这样导致身体的其他部位血压降低。

大幅度的动作容易造成身体脱离,即便不脱离,体力的消耗也会导致不能坚持到最后。体温逐渐上升,由于空气不能流通,导致周围的大气也随着温度上升,挂在身上的汗珠以及闷热的空气,像一床又湿又热的被子,因为没有重力作用,精子不可能喷射,只能一滴一滴地渗出来,分离过快根本不可能导致受孕。

所以,在太空中新生命是不可能孕育成功的。

火星为何是红色的

迄今大部分科学家都认为地球和火星是由相同的物质构成的,但火星表面看上去要比地球红得多,这是为什么?

德国拜罗伊特大学的科学家在报告中称,地球和火星的形成过程都有氧化铁参与。但是,早期的地球温度极高,使氧化铁转化为液态的铁和氧气,液态的铁渗入地球深处后,便形成巨大的液态地核。而相比之下,火星的温度却从未达到过上述过程所需的程度。

火星表面的岩石含有较多的铁质。当这些岩石受到风化作用而成为砂尘时,其中的铁质也被氧化成为红色的的氧化铁。据称,火星表面氧化铁的含量是地球的 3 倍。由于火星表面非常干燥,没有液态水的存在,这使火星上的砂尘极易在风的吹动下到处飞扬,甚至发展成覆盖全球的尘暴。

1971 年,当“水手 9”号空间探测器飞临火星上空时,就曾观测到一次巨大的尘暴。正是这种反复发作的尘暴,使火星表面几乎到处都覆盖着厚厚的氧化铁砂尘,从而呈现出红色的面貌。

你知道航天员在太空中是怎样睡觉的吗

人的一生约有三分之一时间是在睡眠中度过的，飞船上也需要创造一个舒适的环境以保证航天员良好的睡眠。那么，在太空中，航天员是怎么样睡觉的呢？

航天员都会获得一个睡袋，睡觉时，航天员一定要将手臂放进睡袋里，把双手束在胸前，以免无意中碰到仪器设备的开关 。

航天飞行时的一次日落日出，昼夜周期长短不一，因为它和飞船绕地球飞行的轨道高低相关。神舟系列飞船在太空飞行过程中约 90 分钟一个昼夜周期，最长的黑夜仅仅是 37 分钟。因此航天员的作息时间表不能像在地面上“日出而作，日落而息”那样制定，而只能依据人的生物节律和飞行任务需要统筹安排。根据飞行程序，24 小时双人乘组的航天员可以每人轮换睡眠 6~7 小时。

航天员在太空中睡眠也很特别，反正在失重环境里不分上和下，站着躺着睡都一样。睡袋一般固定在飞船内的舱壁上，这样就像睡在床上一样舒服。所以，航天员既可以笔直地站着靠舱壁睡，又可以靠着天花板睡，总之你想怎么睡都是可以的。

假如太阳突然消失了，地球多久能感受到无光

我们都知道，太阳在我们的生活中发挥着无可替代的作用。因为有了太阳，地球的庄稼和树木才能发芽、长叶、开花、结果；鸟、兽、虫、鱼才能生存、繁殖，所以没有太阳就没有我们这个美丽可爱的世界。因此可以说，地球上的光明和温暖都是太阳送来的。如果没有太阳，地球将到处是黑暗，到处是寒冷。然而，太阳离我们有着遥远的距离，人为定的数字是 1.5 亿千米。现在，我们来假设，假如有一天太阳突然消失了，那么，人类多久才能感知到呢？

我们来计算一下，光（电磁波）在真空中的传播速度。2013 年公认值为 C = 299 792 458 米/秒（精确值），一般四舍五入为 $3x10^8$ 米/秒，这是最重要的物理常数之一。

按照光的传播速度来计算，应该在约 8 分钟后整个天空就会黑下来。但期间由于太阳不能持续发出光和热，到达地球的光和热会逐渐减少，因此自太阳消

失的那一刻起天空就会逐渐暗下来,人是可以感觉到的。

太阳走完50亿年时,地球会怎样

万事万物,都存在一定的寿命,没有什么事物是永恒的,就拿太阳来说,它是一颗黄矮星,黄矮星的寿命大致为100亿年,目前太阳大约50亿岁。

在大约50亿年之内,太阳内部的氢元素几乎会全部消耗尽,太阳的核心将发生坍缩,导致温度上升,这一过程将一直持续到太阳开始把氦元素聚变成碳元素。由于氦燃烧产生的能量比氢燃烧产生的能量多,因此太阳的外层将膨胀,并且把一部分外层大气释放到太空中。那么,有一天,如果太阳的寿命走完了,地球将会面临怎样的命运呢?

首先,太阳消失后8分钟,地球将一片黑暗,太阳系的所有行星都将脱离现在的轨道。地球将在极短的时间内发生巨大的灾难!

且不提引力的消失,仅仅失去了阳光,全球气候就会变得异常寒冷,地球上的热力循环失效,五带消失,洋流也不再如此,全球将被冰雪覆盖,没有了花香、没有了鸟叫、没有了草原,甚至没有了微生物,没有了世间美好的一切(当然还有邪恶),人类文明彻底毁灭!

如果再考虑到引力的消失,整个太阳系消失,所有行星重新分布轨道,地球同样在其他行星引力的影响下,建立新的轨道,小行星横冲直撞,某些行星可能在剧烈的撞击下消失!

震荡后,原来的太阳系变得一片死寂!

在其他星球上也会下雨吗

在我们地球上,会有各种不同的天气,或阳光灿烂,或雷电交加,甚至可能是狂风暴雨,雨水对于大地生物的成长也起到了不可代替的作用。那么,在其他星球上呢,是否也会下雨呢?

回答这一问题,我们先要了解雨这种现象的形成原因,之所以下雨,大致来说是液体气化了,在大气层较高的位置冷凝成液体再落下到大气层较低的位置。你可能认为,雨就是水形成的,其实不然,其他物质也可以形成雨。

如果行星上也下雨的话,那么至少有一个比较浓密的大气层。大气层较为稀薄的行星上都不能形成雨这个现象。要从这一条件来筛选的话，首先就要排除水星，因为水星上的大气几乎是没有的，另外，火星也要排除，火星上的大气也很稀薄。目前观测的结果表明，火星上没有雨。

我们再来看金星，金星倒是有着稠密的大气层，但太稠密了，而且云层也很厚，因此金星上可能有雨，但是金星的表面温度接近400度，所以雨还没到地面估计已经不存在了。除了水、金、地、火外的四个大行星外，木星、土星、天王星和海王星都会下雨，但都不是水形成的雨，估计是甲烷、氨气或者二氧化碳之类形成的雨。

土卫六有较为浓密的大气，而且还有云层，要是能下雨，上面应该会下甲烷雨。四个伽利略卫星都有大气层，但都较为稀薄，无法形成雨这一现象。其他的卫星，基本上都是没有大气层，无法形成雨。

再有就是冥王星了，但是它太远了，我们无法从冥王星上得到数据，但是目前可以认为其大气层甚是稀薄，无法形成雨这一现象。

如果月球消失了，我们人类会怎样

我们都知道，太阳的存在是人类生存的基础，没有了太阳，地球上的一切都将毁灭，那么，假如某天，月球遭受毁灭性灾难，灰飞烟灭了，这又会对地球造成什么影响呢?

一些人认为，地球同样会不复存在。但实际情况果真如此吗? 答案是否定的，不过确实会对地球产生巨大的影响、浅显地说，月球对地球最大的影响是:月球引力影响海水的潮汐;在一定程度上阻挡小行星撞击地球，你看月球的环形山就知道了。

俄罗斯物理学家研究认为，月球引力使地球旋转缓慢和倾斜，给人类带来诸多灾难。因此，他们主张用6000万吨级导弹将月球轰毁。

事实上月球在一定程度上保护了地球，另外地球的潮汐也是由于月球与地球间之间的引力作用。另外，没有了月球，地球的气候也会发生改变。

一些人认为，即使没有月球，也会有周期上的变化，因为万有引力的原因，所有行星的轨道必定是椭圆的，而且会经常改变，有没有月亮，对地球没影响。其实不然，毁灭月球的确可以改变公转倾角，然后呢? 赤道会越来越热，两极会越来越冷，无论怎样，都会改变现有的平衡，随之而来的是生物的变异，新病毒生成，事实证明，仅大型江河水位的改变，就会引起微生物的剧增，洪水通常会引发疫情。

所以,我们要说的是,存在的就是合理的,无论是月亮还是太阳,都对我们地球上的生命起到了不可代替的作用。

地球为何是倾斜的

从地球仪中我们能发现一点,我们的地球在运行时一直是倾斜的,这是为什么呢?

其实,所谓垂直与倾斜都是相对的。地球是个球体,任意一条穿过球心的直线均可称为轴,从这一点上说,地球怎么看都可能与你所参照的物体垂直。

所有行星都按照倾斜程度不同的陀螺状轨道自转和围绕太阳公转。地球的倾斜度是23.5度。天王星几乎是躺在它轨道上的,因为它的倾斜度是98度。我们的地球地核与地壳没有滚道轨迹的控制作用,地壳与地核可作万向的同球心运动。因地轴的倾斜,当地壳受的外力(日月引潮力)与其地核的旋转不垂直时,地壳在地核上的旋转不但在经度上产生公转,而且在纬度上也产生有23.5(地轴的倾斜度)度角的斜向运动。这种有23.5度角的斜向运动,使地球的两个极点缓慢地以渐开线的形式向对方弦转换位(也就是岁差与章动)。导致地壳南北极的大调个(N、S极互换)。

俄罗斯有学者最近研究认为,地轴的倾斜和月球的引力有关;也有人认为,月球的引力太小,不能影响地轴。

目前主流的观点是:地轴的倾斜和地球形成初期曾经与一个或若干个较大的小行星发生碰撞有关(自地球形成以来,有很多证据证明确实发生过多次),因而地轴以及各大行星的自转轴倾斜现象是在地球和各大行星形成时或形成初期发生的。

宇航服与众不同的地方在哪

我们都知道,宇航员经常都要穿宇航服,据说,宇航服十分昂贵,那么,它到底有哪些特别之处呢?

航天服也称宇宙服、宇航服,是在载人航天中航天员穿的一种服装系统,它是航天员必备的个人防护救生装备。

其实宇航服是可以分类的，从其结构上看，可分为软式、硬式和软硬结合航天服；从功能上看，航天服有舱内航天服和舱外航天服两种；从服装内压上看，有低压航天服和高压航天服之分。

据称，当前，美国和俄罗斯使用的都是软硬结合式的航天服。但无论是哪种航天服，都是多层的，是互相连接形成的一个整体，对于航天服的要求有很多，一定要轻便、质量好，以免影响航天员的其他活动。以舱内使用的低压航天服为便，其基本结构与功能是这样的（由最贴身的里层往外数）：

第一层为内衣裤，选用纯棉布或棉麻布制服。

第二层是保暖层，它是与内衣裤相结合的，选用羊毛制品或合成纤维片制成，起保温和隔热的作用。

第三层为通风散热层，这里结构很复杂、独特，里面有很多的细微管道，在人体被宇航服包裹而无法与外界解除的情况下，它能将人体的温度、水和气味都带出去。

第四层是气密加压限制层，这一层对压力有很高限制和要求，虽然要求充气加压，但压力不能太大，也不能漏气，并且，它还要求各个关节活动自如，所以这一层的结构的选材和设计都比较难，是航天服装的关键层。

第五层为隔热层，也叫真空隔热层。舱内航天服可以不加这一层。例如，美国阿波罗号飞船、航天飞机上用的航天服都没有这一层，而苏联的上升号飞船和俄罗斯的联盟号飞船中使用的舱内航天服就有这一层。这是由5~7层涂铝的聚脂薄膜构成，各膜之间用网络物隔开，贴在一起形成屏蔽。它有良好的隔热和防辐射作用，舱外航天服必须有这一层。最外边一层是外罩层。这个外套要求防磨损力强、耐高温，除能防护内部各层不受损坏外，还要注意到颜色，一般用白色或金黄色为好。

月球源自哪里

我们都知道，任何物种都是有起源的，那么，作为天体的月亮是从哪里来的呢?

到目前为止，关于月亮的起源，科学界的争论从来没有统一。

一个新的计算机仿真模型表明，大约在45亿年前，已经基本成型的地球与一个火星大小的天体以合适的角度和速度相撞，能抛出足够多的物质碎片凝结成为月球。

这一模型为月球起源的大冲撞假说提供了新的支持。人们曾提出过多种月球起源理论,如月球与地球同时产生、月球是地球俘获的外来天体、地球在高速旋转中甩出的物质形成月球等。但事实表明,这些假说都站不住脚。

大冲撞假说认为,月球是地球与一个“过路”的天体相撞产生的,它能够解释月球的某些特征。但以前建立的大冲撞模型认为,要形成现在的月球,当初的相撞过程必须具备一些条件。例如,相撞的天体非常大、发生多次撞击,或者是地球尚处于体积比现在小得多的幼年状态等。由于这些条件过于苛刻,难以达到,因此大冲撞假说也一直受到质疑。

美国科罗拉多州西南研究所的罗宾·卡内普及其合作者在最新一期英国《自然》杂志上报告说,他们在研究中把地球和与之相撞的天体划分为2万多个部分,分析相撞时各部分之间的压力、引力等相互作用以及温度升高的现象,然后用计算机模拟不同初始角度和速度下的相撞过程并生成三维图像。结果表明,尺寸与今天差不多的地球与一个火星大小的天体斜斜地相撞,能够形成现在的月球。也就是说,相撞所需的初始条件并不像旧模型认为的那样严格,月球可以比较容易地通过大冲撞诞生。

当然这一新模型也有其局限性。科学家说,由于太阳系的天体运动具有混沌特征,初始条件相差毫厘,结果就可能谬以千里,因此准确地重现月球形成过程仍是一件极为困难的工作。

有没有可能某一天月球掉到地上来了

很多个夜晚,我们都能看到月亮挂在天上,可能你会担心,月亮会掉下来吗?我们都知道,地球是有引力的。苹果熟透了,如果不去摘,它会自己掉到地上,不会飞向他方,这是因为地球对苹果有吸引力的缘故。

再如,我们用一根绳子拴住一块石头,绳子的另一头用手拿着挥动,如果不放手,石块是不会飞走的。月亮绕着地球转,正如石块绕着我们的手转动一样,但是,联系它们的绳子,是无形的“万有引力”。既然有引力,那么月亮为什么不像苹果那样掉下来?

因为月亮在不停地转,地球的吸引力虽然拼命要把月亮拉到地球上来,可是月亮转动的速度快,克服了地球对它的吸引力,所以月亮才能老是绕着地球转而不飞走,也不掉下来。这就使月球的高速运动产生离心力。

所以,对于月球会掉下来的担心是多余的。

月球与地球之间的距离会变化吗

我们都知道，月球是围绕着一定的轨道绕着地球运转的，那么，月球离地球的距离会变化吗？

的确，月球与地球之间的距离确实是变化的。美国科学家发现，现在月球以每年1.6英寸(4厘米)的速度远离我们而去，月球绕地球运行的轨道也因此变长，绕地球运行一周需要的时间也会变得更长，我们的一天也就变长了。

这是怎么测定的呢？美国和法国科学家利用放置在月球上的镜子进行测量，结果表明，25年来，地球与月球的距离增加了12米。作为一种宇宙测量仪器，这面镜子是25年前美国宇航员奥尔德林和阿姆斯特朗登上月球是放置在月球表面上的。为了测量地球与月球之间距离的变化，美、法两国科学家利用了精确的时间测量法。这种方法是使激光脉冲投射到镜片上，然后再反射回到地面的探测器上。这样应该来回的时间约为2.5秒钟。不断测量来回所用时间的变化，就可以得知月球距离的变化。

月球为什么会远离地球呢？美国科罗拉多大学的彼特·本得解释说，在月球引力的作用下地球上产生潮汐，这种潮汐运动中的一部分能量就分散到地球的海洋里。由于这种能量的失去，使地球—月球系统的运动应力受到了影响。这就是月球逐渐远离地球的原因。月球与地球的距离还会不断拉大。

研究人员说，10亿年前的月亮比现在离我们更近一些，月亮围绕地球一周仅需要20天的时间。10亿年前，地球上的一天只有18个小时。那时的人们可能会发出这样的感叹："要是一天有24个小时，那该多好呀！"不过，10亿年前人类还没有产生。但是，最后人们还是圆了自己的愿望，一天能过上24个小时了。

另外，研究人员发现，月球与地球之间还存在一个非常偶然而有趣的巧合，即目前我们肉眼看到的月球和太阳一样大小，因此我们可以看到日全食这样的天文景观。

地球周围为何没有像土星那样的光环

在观测模拟天体运行时，你会发现，在太阳系中，土星、天王星、木星环和海王星的周围都有一圈圈的光环，但地球却没有，那么，这是为什么呢？

首先我们要明白土星、天王星的光环是怎样形成的,这光环其实是由冰块组成的,只是这些冰块数量繁多,大小和形状都不同,在太阳光的照耀下,这些冰块呈现出各种颜色。

在土星等周围,光环的直径达 27 万千米,厚度为 10 千米左右,自东向西自转。而在地球周围,其卫星只有月球一颗,并且,在其周围只有大气层,因此也是无法形成光环的。

土星之所以让人们感到赞叹,绝大多数的原因就是因为其光环的存在,所以,土星看起来如此美丽,人们根据地面观测和空间探测,把土星环划分为 7 层。距土星最近的是 D 环,亮度最暗;其次是 C 环,透明度最高;B 环最亮;最后是 A 环。在 A 环和 B 环之间就是著名的卡西尼环缝,缝宽约 5000 千米。在 A 环之外有 E、F、G 三个环,最外层的是 E 环,十分稀薄和宽广。

在宇宙之外还有其他东西吗

生活中,我们常说,宇宙是无边无际的,的确,我们生活的地球之外的空间,是一个广阔无坦广阔无垠的星星世界,我们称之为“宇宙”。物理学家们研究宇宙已经很久了。宇宙之外是什么样子还是未知数。

宇宙之外还存在其他东西么?答案是“是的”。霍金的“大爆炸学说”认为,宇宙是从一点极高密度的空无突然爆炸扩散而成的,大爆炸的时间推算为大约在距今一百亿年至二百亿年前于今扩散仍在进行之中。

“大爆炸学说”认为我们的宇宙是“同质均匀的”(Homogeneous)及“物理上均等划一的”(Isotropic)。前面一词的意思就是说,无论从任何一个角度来观察,宇宙都是相同的。换言之,我们无论旅行到达宇宙内任何一点,它的状况都与我们所居地球的周围相似或相同。后面一词的意思是说:宇宙中的构成,无论在任何点、任何角度,都是物理上均等的,换言之,我们在宇宙中,就好比在沙漠中的蚂蚁,身边的、远处的,全都是看来完全相似或相等的沙粒。

目前,“大爆炸学说”获得科学界普遍接受的诸项理由之一就是,该学说成功地预报了宇宙中无尽分量的氦(Helium)、重氢(Deutrium)及宇宙中的无穷的背景辐射(Background Radiation)。假若物质的密度小于临界密度的极限,那么,宇宙就会继续不断地、永远地扩散、扩张下去,假如物质的密度,恰如临界密度,那么,宇宙就是做有极限的扩张,即是说,它们会永远扩散、扩张下去,不过,它的扩张率逐渐递减,直至到达“零”为止。

假如你掉进黑洞中会怎样

我们都听说过黑洞这个名词，黑洞是现代广义相对论中，宇宙空间内存在的一种超高密度天体，由于热力学上它是完全不反射光线的黑体，故名为黑洞。于1969年由美国物理学家约翰·阿提·惠勒命名。

其实，人们对黑洞的了解并不多。一些科学家假象了宇航员坠入黑洞的情景。事实上，宇航员在没有进入黑洞时，就是被引力差撕碎（黑洞作用在他头上和脚上的力的差如此之大）。但是，如果黑洞的质量足够大，他还是有希望进入黑洞内部的。

黑洞，就是一个被视界（光再也无法逃脱的界限）包裹着的奇点（质量非常大的一个点，密度无限大）。当宇航员坠向黑洞时，他自己并不会感到有什么异常现象（假如他不被撕碎），就算他掉进视界里。当他到达奇点时，他最终还是被撕碎了。

所谓的异常现象，其实指的是观测者。当那个不幸的宇航员越靠近视界，观测者看到他的手表和动作越慢，他的图像越发红。直到他到达视界，他的动作停滞了，人们看不到他在视界内的告别与惨死。

所以，一个人如果掉进黑洞，那么，他一定会被吞噬。

只有在夜晚我们才能看到月亮吗

一般情况下，月亮都是出现在夜晚太阳落山之后，可是有时候我们会在大白天看到淡淡的月亮挂在天上。遇到这样的事，您千万不要大惊小怪，因为您只要多留意一下，会发现这实际上是常有的事。那么，这是为什么呢？

原来，月球绕地球转，地球又带着月亮一起绕太阳转的时候，月亮和太阳的位置就不断变化。有时候月亮和太阳位于天空中同一方面，或相隔不远，白天太阳在天空中出现的时候，月亮就在它的旁边，但在强烈的阳光照射下，我们无法看到月亮。当月亮与太阳相距很远的时候，那么，只能在夜晚的天空中见到月亮。如果遇到月亮与太阳离得不太远也不太近，即上弦或下弦前后的那些日子里，月亮就会在大白天与太阳同时出现在天空中，有时出现在太阳的东面，有时出现在太阳的西面。

上弦(农历初七八,在地球上可看到月球西边的半圆,因月相如弓而得名)前后,月亮在太阳东面。这几天月亮是在太阳升起几个小时之后出现的,当午后太阳偏西时,月亮升得很高,已经清晰可见了。这时月亮在东,太阳在西,同时挂在天空中。因此,在农历初四五到十一二之间,从上午到下午,只要天气晴朗,我们就可以在太阳的东面看到一个朦胧的月亮。

下弦(农历二十二三,在地球上可看到月球东边的半圆,因月相如弓而得名)前后,月亮位于太阳的西面。月亮比太阳早升起几个小时,黎明的时候,太阳还没出来,月亮已经挂在微亮的天空中了。当黎明太阳升起的时候,月亮已经爬得老高了。此后,到月亮从西边落下去之前,月亮和太阳一直“搭伴”在天上,光芒四射的太阳在东,黯然失色的月亮在西。

时空旅行能梦想成真吗

在一些穿越的电视剧里,我们经常看到主演们穿越时空,回到过去,我们可能会产生疑问:科技的发展、人类对时空的研究,真的会让时空旅行在未来成为一种现实吗?

时光之旅在理论上是可行的,人类可以打开回到过去的大门和通向未来的捷径。为了实现时光旅行,霍金首先建议人们接纳时间作为第四维的观念。他举了一个非常简单的例子:当人们驾驶汽车时,向前直行和向后倒车是第一维,向左或向右转弯是第二维,在山路上爬坡和下坡是第三维,那么时间就是第四维。对于物理学家来说,时光隧道也许就是虫洞。霍金说,虫洞就在我们周围,只是小到用肉眼无法看见。宇宙万物都会出现小孔或裂缝,这种基本规律同样适用于时间。时间也有细微的裂缝和空隙,比分子、原子还要小的空隙被称作“量子泡沫”,而虫洞就存在于“量子泡沫”中。

还有一种是爱因斯坦提出的光速飞行,因为光速是宇宙极限速度,如果一个物体达到光速,寿命就会乘以三十倍,在光速条件下,度过一分钟,也就是实际的30分钟,目前只有这两种方法可以实现超时空。

第十章

放飞你的思维：不敢想象的科学异想

人类一直都是爱幻想的群体，在很久远的年代，我们就有很多问题，就对世界充满好奇，也曾做过设想，但原本只是存于人类头脑中的幻想，如今很多都被实现，比如电的发明、飞机的制造、疾病的治疗等，而其实，科技还正在向前发展，我们也可以继续想象：克隆技术能复制人的灵魂吗？人类会最终灭亡吗？人类最终能找到新的家园吗……接下来，我们在下面这一章中寻找答案吧。

如果我们真的长生不老,会出现什么情况

我们每个人都希望自己能获得更高的寿命,甚至有些人还有长生不老的奢望,并且,自古以来,如何驻颜、延缓衰老一直是人们研究和探索的课题。

现代社会,随着科技的发展,人们渴望长生不老的愿望也并不是不能能实现了,科学家曾说:“大幅度延长人类寿命的前景非常光明。”但是,假如人类都不再衰老或者死亡,会出现在怎样的后果呢?

我们先要假定人类的癌症和其他致命性疾病都消失了,并且,我们始终保持着生命的活力,那我们人人都能活到一千岁,并且,追寻着这一研究的脚步,人的生命还可以无限期地延长下去。

从这样的状态中,我们所能给出的第一个反应是将会出现人口过剩,地球压力变大,一系列的负面影响也会随之出现。

接下来出现的问题是,人类的接受能力,缺乏了这种能力,年龄的差异就会出现在思想上而不是身体上,并因此导致文化的停滞。

接下来,我们又会想到一个问题,像萨达姆这样的危险人物将会更长久地执政,那些犯罪分子也总会出狱,他们也很有可能重新对社会的长治久安造成威胁。

总之,延缓衰老将会带来很多可怕的问题,人口的年龄层次将不复存在,随之而去的还有我们的许多固有观念。

将来纸币真的会被电子货币完全取代吗

我们每个人的生活都离不开钱,钱到底是什么?它是如何产生和发展变化的?未来的钱是什么样子?

货币的形态有三次巨变:一是实物货币,二是金属货币,三是纸币。货币的出现是人类发展史上的重大事件,可以说,货币改变了人类的生活。

如今我们使用最多的应该是纸币,纸币的历史很短,至今不到 100 年,它对社会生产力的发展起了很大的促进作用,同时也有自身的缺陷。

现在,人类又开始进入一个新的货币门槛,就是电子货币。中国在 1993 年 6 月 1 日启动了“金卡工程”,开始全面推广信用卡。现在由信用卡发展到了网上

货币，从有形变成无形。

不难想象，进入电子货币时代，也许商业银行都不存在了，全国只有一个中央银行。每家企业、每个个人都只有一个账号，由银行集中管理。这样一来，企业赖账、要账的问题就不存在了，对银行的贷款成本也会变得很少。在电子货币时代，政府难收税的问题也很容易解决，只要在中央银行扣款就行了。电子货币能大大加快经济增长，由它取代纸币应该是大势所趋。

美国花旗银行行长曾经预测说，到2050年前后，纸币可能就会被电子货币所取代。新加坡在20世纪末曾提出一个目标，要在2008年之前实现没有现金收费，全部用电子货币来支付，现在这个计划正在进行中。

机器人会成为人类的朋友吗

我们在很多的科幻电影和科幻小说中都看到了这一情节：我们的很多工作和家务活被机器人代替，它像我们的朋友一样，为我们节约了很多了精力。然而，机器人时代真的会到来吗？我们会有这样的朋友吗？

严格意义上来说，人类已经进入了机器人时代！不过只是刚刚进入，未来的路还很漫长。继计算机和网络给世界带来一场信息革命之后，下一波翻天覆地的变化很可能就从机器人开始。机器人的数量和研发水平也渐渐成为衡量一个国家科技实力的标准之一。

机器是由人创造的提高劳动生产率的工具，机器人也是属于这种性质。机械的发明，实现了人的肢体的延长和体力的增加；这种增加所展现的能力有时是非常巨大和难以想象的。同时，电脑是人的脑力的延伸，电脑的计算能力也是超乎人的想象的。现在中国的巨型计算机，已经能达到每秒数百万亿次甚至上千万亿次的运算能力。

据说用不了几年，美国将研制出每秒亿亿次计算能力的计算机。这为我们经济发展和探索人类未知领域提供了必要工具。但是，工具是为人类使用的，它不可能具有对抗于人类的能力。它可能对某些既定的目标具有破坏力，但那也必须是在人的指挥下进行。

克隆人会大量出现吗

在我们熟悉的神话《西游记》中，孙悟空用自己的汗毛变成无数个小孙悟空的离奇故事，表达了人类对复制自身的幻想。而20世纪初，韦伯（H.J.Webber）创造了“克隆”这一词，其含义指由单个祖先个体经过无性繁殖而产生的其他个体。

克隆人已经不是科幻小说里的梦想，而是呼之欲出的现实。目前，已有三个国外组织正式宣布他们将进行克隆人的实验，美国肯塔基大学的扎沃斯教授正在与一位名叫安提诺利的意大利专家合作，计划在两年内克隆出一个人来。克隆技术的出现，很明显是一大进展，比如，克隆人的好处第一是可以让那些得不到孩子而非常痛苦的不育患者有自己的孩子。第二，这样的克隆是只用丈夫、妻子自己的精子和卵子，这就避免了伦理上和心理上的阴影。还有，克隆还可以挽救濒危动物，保持人群性别的合理平衡，保护少数民族遗传基因。更重要的是，克隆人可被用来研究，以比较和证明环境与遗传对人成长究竟哪一个更重要。

但科学从来都是一把“双刃剑”，由于克隆人可能带来复杂的后果，一些生物技术发达的国家，现在大都对此采取明令禁止或者严加限制的态度。因此，我们只能说，克隆人已经出现，但不会大量出现。

聚变发电厂会成为现实吗

相信我们很多人都听说过核聚变的威力，所谓核聚变发电，它是21世纪正在研究中的重要技术，主要原理是通过聚变把燃料加热到到1亿度以上，让它产生核聚变，然后利用热能。

在核聚变的威力下，科学界已经制造出了比原子弹威力还要强的武器——氢弹，氢弹是炸性（无控）核聚变。要使核聚变释放出的巨大能量转变为电能，即实现核聚变发电，也必须对核聚变实行人工控制，使其按照人们的需要有序地进行，这就是受控核聚变，自20世纪50年代科学家提出受控核聚变设想以来，已取得许多重要成果。

利用核聚变来为人类创造无限能源的梦想正一步步变成现实。那么，核聚变发电何时可以实现呢？日本核聚变科学研究所的藤原所长说：我们核聚变的研究，是以于2050年左右能够进行实际发电的验证反应堆为目标的。而且，我们还期待着，到21世纪后半期，即使在大都市的郊外也能建设核聚变发电站。

世界各国之所以如此重视核聚变研究，最重要的原因无非有两点，一个是它能提供源源不断的清洁能源，另外一个是它能作用于军事上。比如，可以利用它研制真正的“干净”核武器。原子弹爆炸会产生大量的放射性物质，所以这类氢弹被称为“不干净的氢弹”。采用激光作为点火源后，高能激光直接促使氘氚发生热核聚变反应。这样，氢弹爆炸后，就不产生放射性裂变产物，所以，人们称利用激光核聚变方法制造的氢弹为“干净的氢弹”。传统的氢弹属于第二代核武器，而“干净的氢弹”则属于第四代核武器。它的发展不受《全面禁止核试验条约》的限制。由于不会产生剩余核辐射，因此，它可以作为“常规武器”使用。

“人造生命”真的会出现吗

在学习生物学的过程中，我们了解到新生命的诞生是要经过受精、孕育等过程的，但曾有科学家语言会出现“人造生命”，那么，“人造生命”真的会出现吗?

人造生命是指从其他生命体中提取基因，建立新染色体。随后将其嵌入已经被剔除了遗传密码的细胞之中，最终由这些人工染色体控制这个细胞，发育变成新的生命体。2007年10月8日，美国科学家克雷格·文特尔表示，他目前已经在实验室成功地制造出一个合成的人造染色体。2010年5月20日，美国私立科研机构克雷格·文特尔研究所宣布世界首例人造生命——完全由人造基因控制的单细胞细菌诞生，并将“人造生命”起名为“辛西娅”。这项具有里程碑意义的实验表明，新的生命体可以在实验室里“被创造”，而不是一定要通过“进化”来完成。

人类下一个赖以生存的星球真的是火星吗

人类自古以来就渴望登上火星，尤其是当今的科技飞速发展，人类渴望揭开火星神秘的面纱，经过几轮的火星探测，结合之前的观察，人类已经揭开了火星的极少一部分秘密。有人提出，火星在很多方面与地球很相似，将有可能成为以后的太空探测的中转站，甚至成为人类的第二个家园，那么，火星能成为人类的第二家园吗?

由于火星与地球非常相似，人们一直希望火星也和地球一样孕育着生命。在加上所谓火星“运河”的发现，更使许多人相信，这些“运河”就是“火星人”挖的。科学家先后派遣“海盗”1号、“海盗”2号“火星探路者”号探测器登陆火星，虽然它们没有发现所谓的“火星人”，但火星上究竟有没有生命，至今仍然是一个迷。

不过科学家已经发现一些地球上的生物也能在火星上生存。科学家在实验室里模仿火星上的大气环境，发现老鼠只存活了几秒种，乌龟活了6小时，青蛙的生命长达25小时，而一些昆虫可以生活好几个星期，像蘑菇、地衣、苔鲜等则能较好地适应火星上的环境。

未来人类真会灭绝吗

科学家们通过探究人类的昨天，把从猿到人的进化史拼图归于原貌时，新的疑问又开始了：人类的未来将会怎样？对于大多数严谨的进化论学者来说，这是一个他们更希望能回避的推测。但人类作为一个自然物种，进化的脚步不会停止，追寻演进的足迹，我们能否看到自己的未来？未来人类真会灭绝吗？

有人说，人类灭亡只是时间问题，因为没有永恒的东西。但一直以来，人类都在努力探求人类的发展问题，比如：征服太空、改变基因、制造超人或者人种合一等，这些想法听上去是在科幻片中无数次出现的场景，但事实上，人类也已经在着手努力了。

的确，科学无法准确预测出未来一千年直至上百万年间的环境变化，也无法知晓人类是否能适应这样的变化，但是人类的好奇心并不会因此而平息。华盛顿大学人类学家彼得·沃特在《未来进化》一书中提到，人类正在利用自然和科技的力量让自己永存，人类至少还能存在5亿年。在未来的演进过程中，人类也会像过去一样重现进化历程。

建立月球基地可行吗

曾经，人类做过幻想：能将月球的资源为我们所用。于是，月球基地计划应运而生。这是美国于1989年提出的征服宇宙空间“三部曲”（建设“自由”号空间站、建立月球基地、实现载人登火星）的第二部。

的确，月球资源丰富。我们人类要做的是除了氦3是要运回来地球来发电以外，其他所有的资源都是就地取材，就地利用。第一个利用就是把氧气或氢气开采出来，制作火箭原料。以后月球就是一个燃料库，就是加油站，从月球返航的原料，以及从月球飞到火星需要的燃料，都会从月球上取。

要建月球基地，建小型基地、大型基地、中型基地，那么开采出来月球的资源，就直接用来建设这个月球基地，比如开采炼钢、炼铁、炼水泥都是直接利用月球燃料。而且人在月球，要吸氧，要有氧气，要有水，这些东西开采出来也是满足人的需要。所以月球资源的利用只有极少部分运到地球，其他绝大部分都是就地消化，就地把它利用在月球建设上。

国际上目前关于月球基地计划的现状是：

中国：2004年2月25日，中国宣布：中国绕月探测工程于当日起正式实施，并将绕月探测工程正式命名为"嫦娥工程"。该工程的最终目的是在月球上建永久性基地。

日本：日本很早就制订了月球基地建造计划，但由于技术和资金等方面的原因，总是力不从心。

俄罗斯：俄罗斯准备在月球上建设一个基地，为此俄罗斯正在研制新一代的可以反复使用的载人飞船。

未来社会，所有信息都将数字化吗

现代社会，随着科学技术的发展，数字信息化逐步普及，所谓信息数字化，就是将图书、期刊、报纸、杂志、文献、论文等内容通过数字化加工以后以标准电子文档资料格式存储和管理；如分类查找、全文检索、添加、修改、浏览、下载、打印等功能。信息的数字化，一般包含三个阶段：采样、量化和编码。那么，很多人会有这样的疑问，未来社会一切信息都将数字化吗？

当然不是！诚然，数字信息化为我们的生活、工作、学习等带来极大的便捷，也便于计算机识别，数字化信息服务是社会变革的必然趋势，但传统的信息处理和传输方式也有其存在的空间，所以并不会被完全取代。

听说我们的灵魂能被复制和转移,是真的吗

生命科学发展到今天,一切生命体几乎都可经由细胞克隆得以复制,尽管复制人尚未成为现实,但在理论上这已经不是什么难事。但人的性格、灵魂、精神世界是否也可以经由细胞复制得以延续和传递呢?

生命和灵魂是完全不同的两个东西。生命和灵魂完美的结合,才算一个完整的人。判断一个人是否死亡,要看是不是已经脑死亡。即便其他生命特征仍然存在,一旦脑死亡,就可以宣布这个人的死亡。脑死亡后,就等于灵魂已经出窍。很多脑死亡病人,又活过来,就是灵魂又回到大脑里,能准确无误地告诉旁边的人在死亡这段时间他(她)看到他们在为他(她)做了什么。并能将刚刚浏览过的一生的经历告诉你,做过的好事、坏事。又活过来,在医学上叫濒死经验。美国已经成立类似的研究组织,并正式宣称灵魂的存在。由于现代科技无法用最直接的办法证明灵魂的存在,一直还存在较大的争议。

发生在人的生活中各种用现有技术能力无法解释的灵魂出现的现象更是层出不穷。灵魂之谜将是21世纪要解决的最重要的科学,一旦揭开了灵魂之谜,人类将很有可能发现第四空间,人类的科技进步将上升到一个崭新的阶段。然而,目前,生物技术上的克隆技术,也只是复制了人的生命,而人类的灵魂是无法复制的。

人类真的会再次迎来冰河时代吗

美国《发现》杂志撰文说,有迹象表明,第五纪冰川期即将来临。此前,一些加拿大科学家在经历了1996年的大风雪以后也公开宣称,地球已经踏入了一个新的冰川期。与此同时,美国一家电视台的科学频道也暗示说:地球在1970年左右就已经进入了第五纪冰川期。

为什么要把地球经历的下一个冰期叫作第五纪冰川期,第五纪冰川期的到来会给地球造成什么影响?要想解开第五纪冰川之谜,就要先从地球经历的四个大冰期说起。

冰川学说专家认为,全球气候在漫长的地质年代中曾有数次冷暖变化,冰川作用随之重复发生。气候寒冷时,降雪量增加,形成大规模的冰川,巨大的冰盖

掩盖地球,称为冰期;当气候变暖时,冰川大规模消退,叫作间冰期。

在5.7亿到6.8亿年前的先寒武纪里,我们的地球经历了第一纪冰川期。那次冰川大规模覆盖了澳洲、欧洲、美洲和亚洲部分地区;在4.1亿到4.7亿年前,地球遭遇第二纪冰川期。此次冰川覆盖了非洲、南美洲、欧洲、北美洲北部地区;地球经历的第三纪冰川期是在2.3亿到3.2亿年前,冰川覆盖面积扩大至整个南半球;著名的第四纪冰川期是从250万年前开始并一直持续至今,我们现在就生活在第四纪冰川期里。在第四纪冰川期之初,冰川覆盖了整个北半球。第四纪冰川期之后的大冰期,自然就是第五纪冰川期了。

2001年,美国中西部到大湖地区经历了一场由于蜜蜂大量减少而造成的灾难。美国威斯康星州的农民普遍抱怨,因为可恶的冷冬,蜜蜂都冻死了,结果使得他们的农作物因授粉不充分而大量减产。科学家认为这正是第五纪冰川期的表现。

科技真的能让人类的排泄物再次被加工为食物吗

现今社会,随着科学技术的日益发展,食品工业化生产程度也在增高,人类与粮食间的距离越来越远。在过去,我们要获得食物,就必须要亲手耕种和采摘,然后烹饪。而现在,我们想吃的任何事物,工厂都可以为我们提供,为此,很多人都倡导回归到原始的饮食方式。在认识到这一点的同时,人们也在努力探寻新的食物来源。

于是,有人提出设想:人类的排泄物能直接加工成食物吗?

我们不必觉得惊讶,用人体分泌物制作食物对传统食品制作方案来说并不陌生,比如说,拉丁美洲的一种玉米啤酒chicha由生产工人咀嚼玉米制作而成。工人唾液中的酶可以让玉米中的淀粉变成单糖,随后经过严格的灭菌酵母发酵程序制作成啤酒。

不仅唾液可以用来做啤酒,头发也有它独特的功效,用盐酸和100摄氏度高温处理头发,可以让头发分解成氨基酸,用于洗发水的制备,之前中国的大豆酱油是用头发生产的氨基酸提高酱油中氨基酸的含量。

除此之外,其实动物的排泄物很早以前就被人类利用,用作肥料,给植物提供氮、磷等养分。

麻省理工学院有个有趣的项目是James Gilpin设计的Family Whisky项目,

James Gilpin 代表伦敦皇家艺术学院将该项目在“2010 Design Interactions Show”展示。

James Gilpin 的项目与糖尿病人有关,用糖尿病人的尿液酿造威士忌酒。老年糖尿病患者的高糖分尿液中就包括了 Gilpin 奶奶的小便。当然制作过程并不是简简单单地把尿酿出来,首先要把尿液过滤净化,然后将糖分提取出来加进麦芽糊以加速威士忌的发酵过程,而传统酿造方法中的糖分通常来自麦芽糊中的淀粉浆。

可见,技术帮助我们养活了地球上的 60 亿人,并且技术在不断进步,但是怎样的技术才是健康自然的? 我们可能不会看到人乳奶酪和尿液威士忌在市场上大行其道,但是我们要怎么样去想办法处理我们的人体垃圾呢? 如何用传统饮食文化和新技术给人类提供更美好的食物? 食品技术是否可以更个性化、符合生态呢? 这些都是我们需要考虑的问题。

现在的很多常见病未来能被攻克吗

我们常说,生命是脆弱的,我们每个人都要经历生老病死,的确,在很多疾病面前,人类是无奈的,如今,医学技术的发展已经成功攻克了很多疾病,于是,不少人产生疑问,在未来社会那些常见病都能被治愈吗?

最近,《行动》周刊采访了 14 位著名科学家,他们中多数人曾获诺贝尔医学奖。他们对新世纪人类可望治愈的疾病作了预测和论述。

精神疾病——科学家开始对生物学和行为之间的相互作用有所了解。早老性痴呆和帕金森氏病可能在 21 世纪初被攻克。

心脏病——可望研究出恢复血液流通的技术解决动脉粥样硬化,降血压、增强心脏功能的药物也将不断完善。

中风——今天中风患者死亡率已较 10 年前降低 25%,今后可望出现至少 30 种治疗中风新药。新的大脑成像术还使医生及早发现中风,使患者大脑在受严重损坏前得到治疗。

糖尿病——基因研究取得的进展可能会占糖尿病患者总数 10%,必须依赖胰岛素治疗的 I 型糖尿病将在 22 世纪找到治疗办法。通过检测可以预见是否患 I 型糖尿病,但至少需要 10 年才能知道我们能否预防这种疾病。

癌症——今后几年仍以化疗、药物、放疗和手术治疗癌症为主。然而某些癌症如恶性黑色素瘤可望不久被攻克。

皮肤病——正在研究一种预见性皮肤病学，可望通过此种方法及早采取预防措施防止患者出现最严重的症状。但是常见皮肤病如痤疮、红斑狼疮、银屑病似乎不大可能在近年内找到根治方法，而只能使患者减轻痛苦。

第十一章

信仰的力量：探究古人的思想

所谓信仰，指的是对圣贤的主张、主义，或对神的信服和尊崇、对鬼、妖、魔或天然气象的恐惧，并把它奉为自己的行为准则。其实，任何一个国家和民族，都有自己的信仰。信仰带有情感体验色彩，特别是体现在宗教信仰上，如上帝、耶稣、佛祖等。那么，信仰到底有什么样的力量呢？我们来看下面这一章。

你知道阎罗王的来历吗

阎王被迷信是鬼世界的审判主,诸鬼中的大王。那么,阎罗王的来历是什么呢?

中国古代原本没有关于阎王的观念,佛教从古代印度传入中国后,阎王作为地狱主神的信仰才开始在中国流传开来。中文"阎王"是从梵语中音译过来的词汇,本意是"捆绑",具体意思是捆绑有罪的人,也译作"阎罗(王)""阎魔(王)""琰魔"等。在古代印度神话中,阎王是管理阴间的王,印度现存最古老的诗集《梨俱吠陀》中已经有关于阎王的传说。而阎王观念的形成可能要更早,来源也不止一个,实际上阎王在古印度有很多版本不同的传说。佛教创立后,沿用了阎王的观念,认为阎王是管理地狱的王。关于阎王的信仰传入中国后,与中国本土宗教道教的信仰系统相互影响,演变出具有汉化色彩的阎王观念:十殿阎罗。

"君子"和"小人"的区分标准是什么

我们都知道,在古装电视剧和一些古代室温典籍中,君子和小人都是出现频率非常高的词语,那么,"君子"和"小人"的的含义是什么呢?其区分标准又是什么呢?

关于这两个词的含义,我们能从论语里找到答案。孔子之时是一种精英教育,所谓的君子就是学而优则仕的社会精英阶层或者是官员的候选人,是一类具有较高修养,有高度责任感和道德心的群体。与君子相对的小人,包括几类人,一种是老百姓,另一种是见识和道德比君子有所欠缺的人。当然,针对不同的话,君子和小人的含义也根据语境有所区别。

(1)"君子喻于义,小人喻于利。"(《论语·里仁》)

(2)"君子怀德,小人怀土。君子怀刑,小人怀惠。"(《论语·里仁》)

(3)"矜而不争,群而不党。"(《论语·卫灵公》)

(4)"君子坦荡荡,小人长戚戚。"(《论语·述而》)

(5)"君子易事而难说也。说之不以道,不说也;及其使人也,器之。小人难事而易说也。说之虽不以道,说也;及其使人也,求备焉。"(《论语·子路》)

当然,现代社会关于如何界定君子与小人,也就是好与坏,是相当困难的事情。因为人的内心世界十分复杂，表里不一的现象往往会蒙蔽人们的判断力。当人们认清一个人当面是君子背后是小人时，往往会用“伪君子”来形容。这不仅仅是一个判断力的问题，还有一个认识的过程。

古代“三从四德”具体指的是哪些内容

“三从四德”是为适应父权制家庭稳定、维护父权—夫权家庭（族）利益需要，根据“内外有别”“男尊女卑”的原则，由儒家礼教对妇女在一生在道德、行为、修养的进行的规范要求。

“三从”一词最早见于周、汉儒家经典《仪礼 丧服·子夏传》，在讨论出嫁妇女为夫、为父服丧年限（为夫三年，为父一年）时，说“妇人有‘三从’之义，无‘专用’之道，故未嫁从父，既嫁从夫，夫死从子”。引申为作为女儿、妻妇和母亲的妇女应对男性服从。但妇女屈从由来已久，“女”字在商代甲骨文中就是屈身下跪的形象；《周易》中有主张妇女顺从专一、恒久事夫的卦辞，后来要求妇女殉夫守节，限制寡妇改嫁等。

“四德”一词见于《周礼 天官 内宰》，内宰是教导后宫妇女的官职，负责逐级教导后宫妇女“阴礼”“妇职”，其中较高职位的“九嫔”“掌妇学之法，以教九御妇德妇言、妇容、妇功。”本来是宫廷妇女教育门类，后来与“三从”连称，成为对妇女道德、行为、能力和修养的标准即“三从四德”。

“君君、臣臣、父父、子子”指的是什么

所谓“君君、臣臣、父父、子子”，简单点来说就是君王要像个君王，臣下要像个臣下，父亲要像个父亲，儿子要像个儿子。

此语出自《论语·颜渊》，其间。景公问政，孔子献出八字方针：经过高氏的引荐，孔子见到了齐景公，而且齐景公还把他作为了自己的政治顾问。孔子开始踏上仕途，常借齐景公问政之机，陈述自己的政见。

孔子向齐景公提出了治理国家的八字方针——“君君、臣臣、父父、子子”，也就是要求君臣父子各自按照应有之道去做，都要符合角色要求和规范。后来汉儒董仲舒藉着“君君、臣臣、父父、子子”的观念，提出“三纲五常”，促使汉武独尊儒术，并成为沿续几千年的封建社会的道德伦理规范，影响深远。

“三纲五常”的具体内容是什么

三纲五常(纲常)是中国儒家伦理文化中的架构。三纲、五常来源于西汉董仲舒的《春秋繁露》一书,但最早渊源于孔子。

何晏在《论语·为政》:“殷因于夏礼,所损益可知也”中集解:“马融曰:‘所因,谓三纲五常也。’”这种名教(名份与教化)观念是儒家政治思想的重要组成,即通过上定名份来教化天下,以维护社会的伦理纲常、政治制度。

“三纲”是指“君为臣纲、父为子纲、夫为妻纲”,要求为臣、为子、为妻的必须绝对服从于君、父、夫,同时也要求君、父、夫为臣、子、妻作出表率。它反映了封建社会中君臣、父子、夫妇之间的一种特殊的道德关系。

“五常”即仁、义、礼、智、信,是用以调整、规范君臣、父子、兄弟、夫妇、朋友等人伦关系的行为准则。

我们口中常说的“先人”为“祖宗”,那么,“祖宗”具体是指什么呢

在我们日常的生活或者电视情节中,我们经常听到“祖宗”这个词,那么,祖宗的含义到底是什么呢?其实,祖宗是对始祖及先代中有功德者的尊称。“祖”是指“祖先”,“宗”是指宗法,“祖宗”是指宗法制度意义上的先人。在很多古文典籍中,我们都能找到其踪影。

《礼记·祭法》:“有虞氏禘黄而郊喾,祖颛顼而宗尧。”孔颖达疏:“祖,始也,言为道德之初始,故云祖也。宗,尊也,以有德可尊,故云宗。”《文选·班固·典引》:“宏亮洪业,表相祖宗。”蔡邕注:“始受命为祖,继中为宗,皆不毁庙之称也。”《资治通鉴·汉灵帝熹平六年》:“臣各陈政要,蔡邕上封事曰:夫迎气五郊,清庙祭祀,养老辟雍,皆帝者之大业,祖宗所祗奉也。”《宋史·礼志十一》:“哲宗绍圣二年正月,帝谓辅臣曰:‘祖宗谥号,各加至十六字。’”《红楼梦》第一〇六回:“且说贾母见祖宗世职革去,现在子孙在监质审……所以日夜不宁,思前想后,眼泪不干。”

“五行”学说是怎么回事？“金木水火土”排序方法有什么依据

五行是中国古代哲学概念，指金、木、水、火、土五种物质和它们的运动。这一概念早在战国时期就已基本成型，古人把自然界的事物分别列入这五大范畴，并以此说明世界万物的起源。

五行有着相生相克的顺序和关系。这与古人的生活经验有关，例如木可生火（木生火）、火后有灰烬（火生土）、矿石原料来自地下（土生金）、金属遇冷则有水露（金生水）、水能滋长植物（水生木），以及水灭火、火冶金、金伐木、木犁破土、筑土御水等，体现的正是在日常社会生活中它们在性质上和功能间的相互关系。

五行最早见于《尚书·洪范》，反映了人们对事物多样性的认识，是中国早期唯物主义哲学思想的萌芽。西周末年，史伯提出了“以土与金、木、水、火杂，以成百物”的观点，杂有综合、结合的意思，反映出古人探求事物间相互关系的思想。春秋末年，晋史墨曾以“水胜火”来预断战争的胜负，到战国百家争鸣时期，五行学说进一步体系化并广泛流行。墨家学派提出了“五行毋常胜”的观点，即五行之间的彼此相生相克不是绝对的，是有条件的。

我们现在所说的五行，很大程度上是由阴阳学家邹衍完成的。他提出了“五德终始”说。认为历史按照土、木、金、火、水的顺序从始到终、周而复始地转移运行。在运行过程中，“递兴废，胜者用事”。西汉董仲舒吸取阴阳家思想，明确提出“五行相生”的观点。他们都以此论证天人感应目的论和历史循环论。

五行顺序按相克排列是“水火金木土”，按相生顺序为“木火土金水”。而“金木水火土”的顺序主要是民间流行的说法，大概是因为这样的顺序比较上口吧。

“天人合一”指的是什么？为何它被称为中国传统思想的核心

“天人合一”是易学中的一个重要概念，也是传统文化中的一个重要概念。这些年来，学界谈论甚多，在一定范围内，它已经被作为易学甚至整个中国传统文化的核心概念。因此,弄清这个概念的本来含义,对于易学研究和传统文化研究,有着不可替代的重要意义。

“天人合一”是中国古典哲学的根本观念之一,与“天人之分”说相对立。所谓“天”,一种观点认为包含着如下内容:1.天是可以与人发生感应关系的存在;2.天是赋予人以吉凶祸福的存在;3.天是人们敬畏、事奉的对象;4.天是主宰人,特别是主宰王朝命运的存在(天命之天);5.天是赋予人仁义礼智本性的存在。另一种观点认为“天”就是“自然”的代表。

“天人合一”有两层意思:一是天人一致。宇宙自然是大天地,人则是一个小天地。二是天人相应,或天人相通。是说人和自然在本质上是相通的,故一切人事均应顺乎自然规律,达到人与自然和谐。

老子说:“人法地,地法天,天法道,道法自然。天人合一天人合一。”(马王堆出土《老子》乙本)即表明人与自然的一致与相通。先秦儒家亦主张“天人合一”,《礼记·中庸》说:“诚者天之道也,诚之者,人之道也。”认为人只要发扬“诚”的德性,即可与天一致。汉儒董仲舒则明确提出:“天人之际,合而为一。”(《春秋繁露·深察名号》)成为两千年来儒家思想的一个重要观点。

玉皇大帝的姓和名是什么

在古代神话传说中,我们只知道掌管天庭一切事物的人叫玉皇大帝,那么,玉皇大帝姓谁名谁?

传说中,玉皇大帝原名叫张坚,生在正月初九。

在很久以前,有个叫光严妙乐的国家,国王净德王和王后宝月光老来无子,内心十分苦闷,于是,他们开始寻找各种方法,他们邀道士们举行盛大的祈祷活动。就这样,半年之后,还是没什么成效。

一天晚上,王后忽然做了一个梦,在梦里,她看到太上老君和许多神们抱着一个赤色的婴儿从天而降,她便将自己心中苦闷说出,病恳请太上老君能将这一婴儿赐予自己,老君最后答应,王后满心喜欢收下了婴儿,醒来后便觉身怀有孕。一年以后,即丙午年的正月初九,孩子诞生,满室生光。这孩子就是后来的玉帝。

玉帝小时候就心怀仁慈,总是将皇室和宫中的食物、财宝发散给穷苦的人,国王死后,他继承了王位,开始治理国家,但就在一段时间后,他把王位让给了大臣,深居山中,潜心修行,不问世事,经过一亿三千二百劫,成为玉皇大帝。

“太极图”神秘之处到底在哪

我们经常能在电视情节或生活中的算命之术中看到太极图，那么，太极图你看得懂吗？

太极是中国古代的哲学术语，意为派生万物的本源。

八卦是由阴阳一黑一白两条鱼组成的。黑鱼中间有个白点，白鱼中间有个黑点。分别代表阴阳、天地。黑白的界限就是划分天地阴阳的人的部分。两个点所在的位置表示阴中有阳，阳中有阴。道生一，无极生太极；太极生两仪，两仪生四象，四象生八卦；阴阳交感生三，三生万物。万物由阴阳而化生，万物各具一太极。

所谓道生一，一生二，二生三，三生万物；就是无极生太极，太极生两仪，阴阳化合而生万物。

宇宙有无限大，所以称为太极，但是宇宙又是有形的，即有实质的内容。按易学的观点，有形的东西来自于无形，所以无极即太极。太极这个实体是健运不息的，即宇宙在运动，动则产生阳气，动到一定程度，变出现相对静止，静则产生阴气，如此一动一静，阴阳之气互为其根，运转于无穷。

自然界也是如此，阴阳寒暑，四时的生长化收藏，即万物的生长规律，无不包含阴阳五行。就人部阴阳而言“乾道成男，坤道成女”，阴阳交合，则化生万物，万物按此规律生生不息，故变化无穷。这些内容提出了立天之道、立地之道、立人之道三纲领，也就是三才之道，所谓“六爻之动，三极之道也。”

王母娘娘是什么神？她与皇帝是什么关系

王母娘娘是传说中的女神。原是掌管灾疫和刑罚的怪神，后于流传过程中逐渐女性化与温和化，而成为年老慈祥的女神。相传王母住在昆仑山的瑶池，园里种有蟠桃，食之可长生不老，亦称为金母、瑶池金母、西王母。

其实，在正统道教神系中，玉皇大帝与西王母并非夫妻关系！西王母是先天阴气凝聚而成，是所有女仙之首，掌管昆仑仙岛！而所有男仙之首，为先天阳气凝聚而成的东王公，其掌管蓬莱仙岛。而玉皇为群仙之首，众神之皇。西王母的出现比玉皇要早，所以他们不是夫妻！只有中国民间的故事和小说，才认为玉皇大帝和王母娘娘是夫妻。

女仙之首的西王母,是先天阴气凝聚而成,天上天下、三界十方,女子得道登仙者,都隶属于西王母管辖。据《山海经》载,上古之时,黄帝讨伐蚩尤之暴时,蚩尤多方变幻,呼风唤雨,吹烟喷雾,西王母即遣九天玄女授黄帝三宫五意、阴阳之略,太乙遁甲、六壬步斗之术,阴符之机、灵宝五符五胜之文。黄帝遂克蚩尤于中冀。虞舜即位后,西王母又遣使授白玉环、白玉琯及地图,舜即将黄帝的九州扩大为十二州。所以她早属大罗金仙一类。已然形神俱妙,不受生死的拘束,神聚神散操纵自如,天上人间无人能敌。

“三星高照”中的“三星”都有哪些?寿星为什么头部形状那么奇怪

我国有句民谚:“三星高照,新年来到”。那么,究竟是哪“三星”呢?

三星高照是指福、禄、寿三星,民间有三星高照图,上面有鹿、蝙蝠、蟠桃。分别代表福、禄、寿三星。

出处:《诗经·唐风·绸缪》:“绸缪束薪,三星在天。”

现在人们在一些传统小说、戏曲、传奇、壁画及民间美术作品(如年画《寿星图》)中所看到的寿星形象一般为一位白发长须、慈眉善目、额部隆起、一手拄着龙头杖、一手托着个大寿桃的老翁。近代以来,寿星的形象变得更具喜庆色彩、更受百姓喜爱。尤其是他那又长又大、特别突出的额头(民间称之为“寿星头”),更是极具特色。

关于寿星的“寿星头”,有这样一则民间传说:传说寿星母亲怀寿星九年,尚不能分娩,十分着急,就问肚子中的孩子:“儿啊,你为什么还不出来?”没想到,尚在母亲腹中的寿星竟然回答说:“如果家门口的石狮双眼流血了,我就出生。”隔壁的屠夫听到这话,就急忙用猪血涂在石狮双眼中。然后,寿星的母亲见了,误以为石狮的双眼真地流血了,就告诉肚中的儿子:“门口的石狮双眼已经流血了,你快出来吧。”寿星闻言急忙从他母亲腋下钻了出来。可是因为年份未足,寿星出来后头就变得长而隆起了。

有人把中国正统思想儒学称为“儒教”，这种说法正确吗

我们知道，在中国长达几千年的封建社会，儒学一直是中国人的正统思想，但有人称其为“儒教”，能这么说吗？中国的儒家学说究竟是一个学术流派，还是一种宗教，学术界历来争论不一。

西方人经常会对中国的宗教感到困惑，他们以为中国的宗教和哲学思想可以按照西方的方式来划分。所以他们说中国有三教，即儒、释、道，但这三教却不是一个单一的功能体系的三个组成部分，尽管植根于孔子的礼仪思想，且有专门祭孔的庙宇存在，不是被标榜为“儒家”的中国国家信仰，仍然是一个人文教化体系。它称不上严格意义上的宗教，除非国家以功利为手段强制人们遵守这个教化体系，我们用“儒家”指一种官方的信仰系统，如果指称孔子开创的哲学传统，我们不妨称之为“儒家思想”。

事实上，无论从什么方面来看，儒家学说都是一种关怀现世的俗世思想体系，是一种人本的哲学体系，而不是一种宗教。而且，孔子不是一名宗教领袖。他的观念，尤其是新儒家的观念，通常是在哲学史范围内进行研究的。

“天官赐福”是什么意思

在旧时常见的年画中，我们常看到有这样一幅图画，一个面团团的官老爷拿着一个“福”字，象征家庭盼望富有。这就是天官赐福。

天官名为上元一品赐福天官，紫微大帝，隶属玉清境。天官由青黄白三气结成，总主诸天帝王。每逢正月十五日，即下人间，校定人之罪福。故称天官赐福。

旧历正月十五日，谓天官下降赐福，称上元节。《梁元帝旨要》：“上元为天官赐福之辰。”图中天官人物及蝙蝠。天官头戴如意翅丞相帽，五绺长髯，身穿绣龙红袍，扎玉带，怀抱如意。以天古、蝙蝠为主组成，“蝠”与“福”同音，借以表达吉祥、天官降福之意。天官是授福禄的神人，天官大帝手执“天官赐福”四个大字横幅，背靠花团锦簇的“福”字，头顶脚下祥云和五只蝙蝠环绕，脚下寿桃，象征着“多福多寿”，天官大帝把美好幸福生活赐予人间。

“天官赐福”，语出《梁元帝旨要》：“上元为天官司赐福之辰；中元为地官赦

罪之辰;下元为解厄之辰。”后来道教又以上元天官正月十五日生,中元地官七月十五日生,下元水官司十月十五日生,届期设斋诵经。明刻《三教搜神大全》卷一“三元大帝”载:“上元一品天官赐福紫微帝群,正月十五日诞辰。”民间则于春节(农历新年)开始,敬天官以盼福音。

“人伦”的含义是什么?为何古代中国人将其奉为言行准则

所谓人伦,是中国古代对人与人之间基本的道德关系及其相应的道德规范的统称,最早见于《孟子·滕文公上》书中载:上古时候,人们“逸居而无教,则近于禽兽”,圣人“使契为司徒,教以人伦”。

五种人伦关系有君臣、父子、夫妇、兄弟、朋友,称为“五伦”。孟子认为:父子之间有骨肉之亲,君臣之间有礼义之道,夫妻之间挚爱而又内外有别,老少之间有尊卑之序,朋友之间有诚信之德,这是处理人与人之间关系的道理和行为准则。《孟子·滕文公上》:“使契为司徒,教以人伦:父子有亲,君臣有义,夫妇有别,长幼有序,朋友有信。”

“人伦”是一套适应于封建生产关系的的观念,当然,这种伦理观随着历史的发展,必将成为近代工商业发展的桎梏,为民主革命所不容,同无产阶级的社会主义民主,更是格格不入。

老子开创的道家学派与黄帝有何关系?“黄老学派”源自哪里

黄老学派是先秦道家的一个派别。“黄”,指传说中的黄帝,“老”,指春秋末期的老聃;尊黄帝、老聃为学派的创始者,以“黄老之言”为学派的指导思想,故名黄老学派。

黄老之学是除老庄学派之外道家的最大分支,黄老之学产生于中国战国时代(约公元前5世纪至公元前3世纪)的哲学、政治思想流派。该流派尊传说中的黄帝和老子为创始人,所以得名。作为一种哲学思想,黄老之术形成于战国时代。但是,作为一种广为流传的社会思潮,则是在西汉时期,这一派的代表们尊崇黄帝和老子的思想,以道家思想为主并且采纳了阴阳、儒、法、墨等学派的观点。

从内容上看，黄老之术继承、发展了老子关于“道”思想，他们认为“道”是作为客观必然性而存在的，指出“同为一，恒一而止”“人皆用之，莫见其形”。在社会政治领域，黄老之术强调“道生法”，主张“是非有，以法断之，虚静谨听，以法为符”。认为君主应“无为而治”，“省苛事，薄赋敛，毋夺民时”，“公正无私”，“恭俭朴素”，“贵柔守雌”，通过“无为”而达到“有为”。所谓“无为”就是要求政府尽量不要干涉人们的生活，不要一味追求所谓的丰功伟业和政治霸权。上述主张在汉朝初期曾经产生了一定的影响，结果出现了中国历史上“文景之治”的盛世。到东汉时，黄老之术与新产生的谶纬之说相结合，就逐渐演变为自然长生之道，对道教的形成产生了很大的影响。

唐朝大将秦琼和敬德为何后来会被中国人敬为门神的

门神是中国历来信仰群体最多的神祇之一。汉族民间流传最多的武将门神，当属开唐名将秦琼和敬德。传说中的秦琼、敬德死后葬在陕西省礼泉县，为唐太宗李世民陪葬。两岸三地乃至世界各国凡有华人的地方，都能听到有关门神的传说。

关于秦琼、敬德演变为门神的传说。影响较大的有两种：一种是《西游记》所载：泾河龙王命犯天条，该由唐相魏征处斩。泾河龙王托梦求救于李世民，李世民留魏征下棋，却不料魏征下棋时打了一个盹，就已“梦斩龙王”。泾河龙王由此怪罪于李世民，夜夜纠缠不休。李世民只好召秦琼、敬德于床前守卫，自此得以安寝。

另据《隋唐演义》记载：有一阶段唐太宗李世民情绪很不好，晚上睡觉常常听到卧室外边抛砖掷瓦，鬼魅呼叫，弄得后宫夜夜不宁。他很害怕，将此事告诉群臣。大将秦琼说：“臣戎马一生，杀敌如切瓜，收尸如聚蚁，何惧鬼魅？臣愿同敬德披坚执锐，把守宫门。”李世民同意。当夜果然无事。自此以后，便让二将夜夜守卫。后来李世民念及他们彻夜辛苦，于是吩咐画师，绘二将军真容贴到门上。以画代人，倒也顶事，邪祟自息。汉族民间沿袭，遂成为门神。汉族民间旧俗逢除夕，将《秦琼敬德》贴在临街大门上，用以避邪驱灾，纳福迎祥，保佑合家平安。这个传说中的门神一直延续到如今，许多人家至今每逢春节都要在大门上贴秦琼、敬德门神。

“太岁”是什么?“太岁头上动土”又是什么含义

中国有句俗话,叫作“太岁头上动土”。这句话的意思就是用鸡蛋碰石头,比喻触犯那些超出自己能力之外的人和事。这句话我们经常听说,但是我们并不知道出自哪里,那么,太岁到底有没有?如果有的话,它又长成什么样子?

其实,太岁(又称岁阴)是中国古代天文和占星中虚拟的一颗与岁星(木星)相对并相反运行的星。尔后,演变成一种神祇信仰。传说太岁运行到哪,相应的方位下会出现一块肉状物,是太岁星的化身,在此处动土,会惊动太岁,所以说“不能在太岁头上动土”。

太岁最早出现在《荀子·儒效》篇中,而避太岁的信仰则是从避岁星的占星术中分化出来的,两种信仰在战国时代常常混淆,一直要到汉代以后才逐渐厘清。

古时候将太岁视为君王,东汉王充的《论衡》说:“太岁之意,犹长吏之心也。”南宋祝泌的《六壬大占》说:“帝王系命于太岁、后妃系命于岁之阴。”在清代《协纪辩方书》得到一个扼要的总结:“太岁,君象,其方固上吉之方,而非下民之所敢用。”太岁为贵神,其所在之向当然也是尊贵吉利的,但是黎民百姓却因为太岁所在的方向太过于尊贵,反而必须避开,以符合上下尊卑的身份。

太岁并不是凶神,而是守护神,明代《三命通会》说:“真太岁,又名转趾煞,要大运日主与太岁相和相顺,其年则吉;若值刑冲破害,与太岁相战克则凶。”与太岁相顺则吉,相逆则凶。

武将关羽为何被万民敬仰为关帝爷

我们都知道,关羽是一代名将,民间由于《三国演义》等传统作品的影响,普遍认为关羽与刘备、张飞是结义兄弟,关羽排行第二,故又俗称其为关二爷、关二哥,直至现当代的某些社会群体与场合中,仍然经常出现祭拜关羽的情况。那么,他为什么会会如此受人敬仰,并被人们称为关帝爷呢?

手持青龙偃月刀的关羽神像、关羽祠庙遍布各地,为中国神明中最多祠庙的一位。有人说,关公是一种文化;也有人说,关公是一种精神。不然,在中国以致海外为何有这样多的关公庙。

凝聚在关羽身上而为万世共仰的忠、义、信、智、仁、勇，蕴涵着中国传统文化的伦理、道德、理想，渗透着儒学的春秋精义，并为释教、道教教义所趋同的人生价值观念，实质上就是彪炳日月、大气浩然的华夏魂。

“灶王”是什么神

“灶神”，顾名思义，就是旧俗供于灶上的神。祭灶是一项在我国民间影响很大、流传极广的习俗。旧时，差不多家家灶间都设有“灶王爷”神位，人们称这尊神为“司命菩萨”或“灶君司命”，传说他是玉皇大帝封的“九天东厨司命灶王府君”，负责管理各家的灶火，被作为一家的保护神而受到崇拜。

灶王龛大都设在灶房的北面或东面，中间供上灶王爷的神像，没有灶王龛的人家，也有将神像直接贴在墙上的，有的神像只画灶王爷一人，有的则有男女两人，女神被称为“灶王奶奶”，这大概是模仿人间夫妇的形象。

灶王爷像上大都还印有这一年的日历，上书“东厨司命主”“人间监察神”“一家之主”等文字，以表明灶神的地位，两旁贴上“上天言好事，下界保平安”的对联，以保佑全家老小的平安。

灶王爷自上一年的除夕以来就一直留在家中，以保护和监察一家；到了腊月二十三日灶王爷便要升天，去向天上的玉皇大帝汇报这一家人的善行或恶行。送灶神的仪式称为“送灶”或“辞灶”，玉皇大帝根据灶王爷的汇报，再将这一家在新的一年中应该得到的吉凶祸福的命运交于灶王爷之手。因此，对一家人来说，灶王爷的汇报实在具有重大利害关。

“八仙”是如何成仙的？他们的法力如何

“八仙过海，各显神通”，这是人们常说的一句成语，用来比喻在共同从事某项工作中，各人有各人的本领。据民间传说，八仙为汉钟离、张果老、韩湘子、铁拐李、吕洞宾、曹国舅、蓝采和、何仙姑。

关于他们的“出身”都可演出一段故事来。他们原来既不是神，也不是仙，而是八个颇富盛名的民间艺人。怀抱渔鼓的汉钟离，是演唱道情的鼻祖；手执简板的张果老，也是个有名的说唱家；韩湘子擅长吹箫；而何仙姑、蓝采和则是先后从宫廷逃出的两名歌伎；吕洞宾是个善于编写唱词的艺术家；一瘸一跛的铁拐李，却另有来历,他年幼时是一位宰相家的书童,由于年少好学,博览群书,竟被打断一条腿后赶出相府,成为游方艺人;其貌不扬的曹国舅,据说先是个连年不第的秀才,后沦落民间成为专替大家婚丧喜庆喊礼的礼生。

就这样,每人都有一段辛酸史。他们自愿结合,游方献艺,由于技艺高超,遂被誉为"八仙"此后,他们被神化,而成"仙人"。

鬼王钟馗是谁

钟馗,是中国民间传说中驱鬼逐邪之神。民间传说他系唐初终南山人,生得豹头环眼,铁面虬鬓,相貌奇丑;但很有才华,满腹的经纶,且为人刚直,不惧邪祟。

有关钟馗的神话和故事历代不衰,钟馗的身世也被演绎得丰富多采,让人难以下定论。传说中的钟馗到底是谁?

人们最为熟知的钟馗的来历版本,是来自明朝人所引的《唐逸史》。说的是唐开元年间,唐玄宗有一次从骊山回宫,身体不适,太医治了一个多月,也不见效。

一天晚上,唐玄宗病中梦见一小鬼盗走玉笛以及杨贵妃的绣香囊,大怒,忽见一大鬼奔进殿来。大鬼身穿蓝袍,蓬发虬髯,面目可怖,头系角带,身穿蓝袍,皮革裹足,袒露一臂,一伸手便抓住那个小鬼,剜出眼珠后一口吞了下去。玄宗骇极,问大鬼:"你是何人?"大鬼说:"我就是多次参加武举考不中的钟馗,羞见江东父老,所以触阶而死,感谢皇上用蓝袍为我殓葬,现虽在九泉之下,仍发誓要为皇上斩除妖孽。"说完,便化作一片红光飞驰而去。唐玄宗醒后,病也霍然而愈。

玄宗病好后,便令画家吴道子按其梦中所见画一幅钟馗图。图成,玄宗在画上批曰:"灵祇应梦,厥疾全瘳,烈士除妖,实须称奖;因图异状,颁显有司,岁暮驱除,可宜遍识,以祛邪魅,益静妖氛。乃告天下,悉令知委。"有司奉旨,将吴道子《钟馗捉鬼图》镂板印刷,广颁天下,让世人皆知钟馗的神威。此后,一到岁末,家家都在门上张贴此画,以驱鬼避邪。

唐朝时,这个故事是否就已流传,并无依据可考。至于钟馗其人,在唐代所有的官方文献中也无法寻见,类似上文中的考场冤案更是无一字一句的记载。

和尚出家时需剃度，道士为何又留发

无论是在电视剧还是生活中，我们都发现：和尚入佛门前必须剃度，但道士却留了头发？这是为什么呢？

这自古代就已经划分，虽说性质差不多但毕竟还是两个派别，是有区别的。

其实，和尚剃光头起源于佛教创始人释珈牟尼。最初他传教时，都要把信奉者的头发剃光，代表“抛弃凡尘”，后来和尚就沿袭了削发的仪式，作为六根清净的象征。

一是按佛教的说法，头发代表着人间的无数和烦恼和错误习气，削掉了头发就等于去除了烦恼和错误习气；二是削掉头发就等于去掉人间的骄傲怠慢之心；去除一切牵挂，一心一意修行。在我国古代，人们把头发看得十分重要，认为头发是从父母那里得到的，必须保护好，不能有损害，否则是对父母的不敬。而佛教要求断除这些无谓的亲情牵挂；三是为了区别印度其他的教派教徒。当时的印度教派林立，可人们一见到剃光头的就知道是佛教徒。后来剃头就成了加入佛门的一种仪式。

道教则讲究无为。既然人生出后长了头发并且对人也无害，那自然有他的“道”。万物皆有其道，只要与人无害，道士自然是愿意顺其自然的。

在佛教中，为何死亡被称为“圆寂”“涅”，而道教把死亡称为“羽化”

对于死亡，一直以来，人们都有不同的称谓，在宗教中也是如此，佛教把死亡称“圆寂”“涅”，而道教把死亡称为“羽化”，那么，这是为何？

对此，我们要了解不同宗教的习惯用语，涅是佛教用语，音译作“般涅盘”或“涅盘”。谓诸德圆满、诸恶寂灭，以此为佛教修行理想的最终目的。所以，佛教中将僧尼的死亡称为圆寂。

涅盘是梵语，正音为波利匿缚男，旧云涅盘，今顺古亦云涅盘。又名泥洹，或云涅盘那，皆音之讹略，或楚夏不同。旧译为灭度，或云寂灭、无为、解脱、安乐、不生不灭等，名虽异其义则同。今单举灭度和寂灭二义释之：灭度，即“灭”除烦恼，“度”脱生死的意思。寂灭，寂谓理性“寂”静，灭谓烦恼“灭”除。亦可说，证得“寂”静之体性,自然烦恼“灭”除;烦恼灭除,自然证得寂静体性。“智论”云:涅名为出,盘名为趣,谓永出诸趣生死,则亦可译为出趣也。

同样,圆寂也就是指得“圆明寂照之真心”。因为它——真心——本具一切功德(圆),永离一切烦恼(寂)故。成佛即证此真心,故涅盘并非诸佛的专有品,不过凡夫一向为梦想所蒙昧,因此不能证得。所谓迷则颠倒梦想,悟则究竟涅盘。

然而,在道教中,跳出生死轮回、生老病死,是谓羽化成仙,飘飘乎如遗世独立,羽化而登仙。羽化源自古代阴阳学,古人认为阳气产生于盘古开天辟地阳清为天,阴浊为地。因此,道教认为人死亡吸收天地的自然之力,开拓智慧,让身体和自然融为一体,达到羽化,飞升去往神之国度。

“妈祖”是什么神?沿海人民为何对她如此敬重

妈祖,又称天妃、天后、天上圣母、娘妈,是历代船工、海员、旅客、商人和渔民共同信奉的神祇。由于古代在海上航行经常受到风浪的袭击而船沉人亡,船员的安全成了航海者的主要问题,于是他们把希望寄托于神灵的保佑。妈祖是莆田望族九牧林氏后裔,一生在大海中救急扶危,在惊涛骇浪中拯救过许多渔舟商船;她立志不嫁,慈悲为怀,专以行善济世为己任。关于历代对妈祖的赐封,根据史料记载,北宋、南宋、元、明、清几个朝代都对妈祖多次褒封,封号从“夫人”“天妃”“天后”到“天上圣母”,并列入国家祀典。

自北宋开始神格化,被称为妈祖(当地人对女性祖先的尊称),并受人建庙膜拜,复经宋高宗封为灵惠夫人,成为朝廷承认的神祇。妈祖信仰自福建传播到浙江、广东、琉球、日本、东南亚(如泰国、马来西亚、新加坡、越南)等地,天津、上海、南京以及山东、辽宁沿海均有天后宫或妈祖庙分布。

有学者研究指出,妈祖是从中国闽越地区的巫觋信仰衍化而来的,在发展过程中吸收了其他民间信仰(千里眼、顺风耳)。随着影响力的扩大,又纳入儒家、佛教和道教的因素,最后逐渐从诸多海神中脱颖而出,成为闽台海洋文化及东亚海洋文化的重要元素。

第十二章

绚丽多彩的文化瑰宝：那些不为人知的奥义

我们常提到“文化”一词，那么，何为文化？文化是一种生命现象，它的承载体是人，官方的解释是：文化是人类在社会历史发展过程中所创造的物质财富和精神财富的总和。可以说，人类了有了历史，就有了文化，然而，人类也留下了很多不为人知的文化奥义，接下来，我们不妨来了解一下。

“四大奇书”具体指哪四部名著

明代四大奇书:《三国演义》《水浒传》《西游记》和《金瓶梅》为“四大奇书”。所谓“奇”者,不仅指它内容或艺术的新奇,还包含着对它们所取得的创造性成就的肯定。

“四大奇书”,又称“明代四大长篇小说”,是指:《三国演义》(作者:罗贯中)、《水浒传》(作者:施耐庵)、《西游记》(作者:吴承恩)、《金瓶梅》(作者:兰陵笑笑生)。

这四部小说被明末著名通俗文学家冯梦龙称为“四大奇书”,这一称谓一直沿用至今。它们分别开创了历史演义传统、英雄传奇传统、神魔小说传统和世情小说传统。

“四大奇书”之称与明中后期的资本主义萌芽、市民文化勃兴、传统儒家经典遭到怀疑、大众文化需要确立自身经典的社会文化背景相关联,与通俗小说成为大众的主要文化消费对象、通俗文学对大众精神生活和文化生活产生重大影响的社会现实相关联,因此,“四大奇书”的命名具有深刻的文化意义。

“钢琴大王”是谁

“悲伤和伟大就是艺术家的命运。”这是音乐家弗朗兹·李斯特的名言。

弗朗茨·李斯特(Franz Liszt),著名的匈牙利作曲家、钢琴家、指挥家,伟大的浪漫主义大师,是浪漫主义前期最杰出的代表人物之一。他生于匈牙利雷定,6 岁起学钢琴,先后是多位钢琴名家的弟子。16 岁定居巴黎。李斯特将钢琴的技巧发展到了无与伦比的程度,极大地丰富了钢琴的表现力,在钢琴上创造了管弦乐的效果,他还首创了背谱演奏法,他也因在钢琴及以上的巨大贡献而获得了“钢琴之王”的美称。

李斯特是 19 世纪最辉煌的钢琴演奏家。他受意大利小提琴演奏名家帕格尼尼的启发,决心在钢琴上创造出同样的奇迹。他的演奏风格继承了克列门蒂、贝多芬的动力性钢琴音乐传统,发展了一种 19 世纪音乐会的炫技性演奏风格。

林肯为什么说《汤姆叔叔的小屋》导致了一场南北战争

相信不少人都看过《汤姆叔叔的小屋》这部小说，它是第一部译成中文的美国小说，被林肯称为是美国南北战争的导火线之一。

《汤姆叔叔的小屋》的作者是斯陀夫人，1851 年，斯陀夫人在其丈夫体弱多病、家境十分清苦的情况下，依然完成了颇具影响力的小说——《汤姆叔叔的小屋》。

这本小说发表于《民族时代》中，并且以连载的形式发表出来，立即就引起了强烈的反响，人们开始关注和评论它，在第一年这本小说的发行量就达到了 100 多版，销售量达 30 多万册，后来被译为 20 多种文字在世界各地出版。

在很多人看来，这本书最重要的作用是启发了民众反抗奴隶制的情绪，所以被视为美国内战的导火索之一，林肯总统后来接见斯陀夫人时戏谑地称她是“写了一本书，酿成了一场大战的小妇人”，这虽是一句笑话，但也充分反映了《汤姆叔叔的小屋》这部长篇小说的巨大影响。

《汤姆叔叔的小屋》通过对汤姆叔叔、乔治夫妇等黑奴们曲折经历的描述，揭发和控诉了黑暗的奴隶制度，在当时的美国社会背景下，可以说是引发废奴运动的惊世之作，这部享有盛名文学名著，自问世至今已有一个半世纪，但在今天我们阅读起来，还是能引发我们深思，足见其艺术魅力和现实意义。

少年维特的烦恼到底是什么

不少人都知道，让德国大作家歌德一夜成名的作品是《少年维特的烦恼》，这本小说于 1774 年秋天在莱比锡书籍展览会上面世，自此，这本书成为了畅销书。

《少年维特之烦恼》这本小说的篇幅并不长，书中的情节也并不复杂曲折，小说描写的主人公是维特和绿蒂，这本小说是围绕少年维特的不幸感情和在社会上处处遭遇坎坷的这一线索来展开的。

作品所描写的是维特起伏不定的情感经历，作品通过抒情和议论的表现手法来将维特内心复杂的变化充分地表现了出来，小说充满诗意，也富有激情，将维特内心的痛苦淋漓尽致地展现了出来，充分表达了维持对美好生活和美好感情的憧憬和绝望,作者旨在将个人在情感中的挫折放到整个社会之中,进而对小市民的自私与守旧进行了抨击和批评,热情地宣扬了个性解放和感情自由,也替那些渴望摆脱封建束缚、渴望建立平等人际关系的青年发出了心声,生动地反映了青年们的感情,憧憬和痛苦,表现出一种抨击陋习、摒弃恶俗的叛逆精神,因而,这部小说具有鼓励人们勇敢前进的时代意义,这大概也是这部小说成为世界文学宝库中的瑰宝的主要原因之一。

为何托尔斯泰总是与诺贝尔文学奖无缘

托尔斯泰,全名为列夫·尼古拉耶维奇·托尔斯泰,是19世纪末20世纪初俄国最伟大的文学家,也是世界文学史上最杰出的作家之一,他的文学作品在世界文学中占有十分重要的地位。在群星璀璨的俄罗斯文学的黄金时代,有两位是最为代表性的“双星”,正如有人所说“陀思妥耶夫斯基则代表了俄罗斯文学的深度,托尔斯泰代表了俄罗斯文学的广度”。

列夫·托尔斯泰一直被认为是最该获得诺贝尔文学奖的作家,但瑞典皇家科学院认为“他对道德表露出一种怀疑的态度”,“公然批评《圣经》”,“如果真的把奖颁给了他,则此奖所象征的理想主义必然会助长他那种革命性教谕的气焰,使他变得加倍危险。”就这样,瑞典皇家科学院拒绝了托尔斯泰,同时也污染了诺贝尔文学奖的光环。

托尔斯泰未能获奖,绝不是托尔斯泰的遗憾,而是诺贝尔文学奖的遗憾,是瑞典皇家科学院的遗憾。

事实上,在托尔斯泰生前,当时欧洲的名流曾经联名写信给瑞典皇家科学院,抗议托尔斯泰未能获奖。

《尤利西斯》《查泰莱夫人的情人》和《北回归线》为什么被列为20世纪的三大禁书

《尤利西斯》《查泰莱夫人的情人》和《北回归线》被列为20世纪的三大禁书,那么,它们为何会被禁?

《尤利西斯》是爱尔兰意识流文学作家詹姆斯·乔伊斯于1922年出版的长篇小说。小说以时间为顺序,描述了主人公(苦闷彷徨的都柏林小市民)——广告推销员利奥波德·布卢姆(Leopold Bloom)于1904年6月16日一夜之内在都柏林的种种日常经历。初阅《尤利西斯》,始于那句流传甚广的100个人中没有10个人能读完《尤利西斯》。

专栏作家凯文·迈耶斯(Kevin Myers)在《爱尔兰时报》刊文称,《尤利西斯》是“爱尔兰文学史上最大的死胡同”。1932年,《尤利西斯》在美国这个由清教徒把持的“自由国度”仍然是彻头彻尾的禁书。

《北回归线》是亨利·米勒的第一部自传体小说。书中以回忆录的形式追忆了作者同几位作家、艺术家朋友在巴黎度过的一段时光,旨在通过对诸如工作、交谈、宴饮、嫖妓等超现实主义和自然主义夸张、变形的生活细节的描写揭示人性,抨击虚伪的西方基督教文明,撕去它罩在文明社会中人类性关系上的伪装,探究青年人如何在特定环境中将自己造就成广义的艺术家这一传统的西方文学主题。本书出版后吸引了众多读者,成为畅销全球、家喻户晓的文学名著,同时也深刻影响了第二次世界大战后的欧美文坛。

《查泰莱夫人的情人》是劳伦斯的最后一部长篇小说,是西方十大情爱经典小说之一。因有大量情爱描写,在英美及我国被长期禁止发行。后被多次改编为电影。

你发现没,古希腊雕塑都是裸体的

在欧洲文化发展史上,古希腊罗马时代是雕塑发展的第一个高峰期,而裸体雕塑似乎是这一时期创作的主流,几乎所有的雕塑作品都是裸露的女子和男子。人们在欣赏古希腊雕塑艺术的时候,不由对其裸体雕塑之风产生了好奇。同时这个问题曾困扰了几个世纪以来无数的智者、学者和专家、研究者,他们的观点又各不相同。时至今日,这种争论仍在继续。

一种说法认为古希腊的裸体艺术来源于原始社会的裸体风俗。农业社会之前的原始人,特别突出对男、女外生殖器的表达。原始人把性看作是大自然赐予的生命与欢乐的源泉,他们都以性为美,以裸体为美。到了古希腊罗马时代,裸体艺术则达到了一个高潮,著名的断臂维纳斯雕塑就是其杰作之一。另一种说法认为古希腊人雕塑之所以采取裸体的形式,是与当时战争的频繁与体育的盛行分不开的。在古希腊人眼中,理想的人应是血统好、发育好、比例匀称、身手矫健、擅长各种运动的裸体男女。基于这种思想,裸体雕塑自然而然地成了当时的主流艺术。从艺术规律来看,作为三维空间艺术的雕塑,其最理想的模特儿应是运动场上的优胜者和那些健壮美丽的肌体。

《蒙娜丽莎》的原型是谁

《蒙娜丽莎》是文艺复兴时代画家列奥纳多·达·芬奇所绘的丽莎·乔宫多的肖像画。法国政府把它保存在巴黎的卢浮宫供公众欣赏。2012 年 7 月 17 日,意大利考古学家日前声称找到了疑似修女丽莎·盖拉尔迪尼的遗骨。

对《蒙娜丽莎》原型的身份,各界众说纷纭,不过丽莎·盖拉尔迪尼即为"蒙娜丽莎"的说法得到普遍认同。英媒称,通过对这具遗骨的还原,或许能帮助人们揭开"蒙娜丽莎微笑之谜"。最近的研究表明,2012 年公开亮相的画作《艾尔沃斯·蒙娜丽莎》同样出自达·芬奇,而且其创作时间远远早于《蒙娜丽莎》,被认为是年轻版《蒙娜丽莎》。

2014 年 2 月,研究人员对 16 世纪意大利佛罗伦萨贵妇丽莎·格拉蒂尼的骨骼 DNA 测试表明,她可能是《蒙娜丽莎》作品中的原型模特。

《最后的晚餐》中犹大原型是谁

《最后的晚餐》(The Last Supper)是意大利艺术家列奥纳多·达·芬奇所创作,是所有以这个题材创作的作品中最著名的一幅。画面中人物的惊恐、愤怒、怀疑、剖白等神态,以及手势、眼神和行为,都刻画得精细入微、惟妙惟肖。现收藏于意大利米兰圣玛利亚德尔格契修道院。

在这幅画中,有个人物犹大,他是其中的反面人物,几乎就是一个怪物,但他也表现出某种懊悔和自我憎恶的意味,这也使这幅侧面像带有某种悲剧色彩,或带有基督教的仁爱之意。关于犹大的脸,瓦萨里曾讲过一个趣闻:圣玛利亚感恩教堂修道院院长总是催促列奥纳多·达·芬奇"尽快完成这项工作",并向公爵抱怨这个艺术家如何拖延时间。得知此事后,列奥纳多·达·芬奇对卢多维科说他还在寻找一个长着极为阴险毒辣的脸的人作犹大的原型,但如果实在找不到合适的脸,"他一定会用那个不够善解人意、缺乏耐心的修道院院长的头部"作为模型。听到这番话之后,公爵顿时狂笑不止,而"那个不幸的修道院院长糊里糊涂地回到家里,还担心在他的花园里工作的工人"。

美国自由女神像的原型是谁

自由女神像全名为“自由女神铜像国家纪念碑”，正式名称是“照耀世界的自由女神”，在1886年10月28日矗立在美国纽约市海港内的自由岛的哈德逊河口附近，被誉为美国的象征，创作人是弗雷德里克·奥古斯特·巴托尔迪。1984年，它被列入世界遗产名录。其内涵被广泛用于各种领域。

女神右手高举象征自由的火炬，左手捧着刻有1776年7月4日的《独立宣言》，脚下是打碎的手铐、脚镣和锁链。她象征着自由、挣脱暴政的约束，在1886年10月28日落成并揭幕。

那么，她的原型是谁呢？

自由女神像，又称自由照耀世界（Liberty Enlightening The World），是法国在1876年赠送给美国独立100周年的礼物。美国的自由女神像位于美国纽约州纽约市哈德逊河口附近，是雕像所在的美国自由岛的重要观光景点。美国的自由女神像以法国巴黎卢森堡公园的自由女神像为蓝本，经法国著名雕塑家巴托尔迪历时10年艰辛完成了雕像的雕塑工作，女神的外貌设计来源于雕塑家的母亲，而女神高举火炬的右手则是以雕塑家妻子的手臂为蓝本。自由女神穿着古希腊风格的服装，所戴头冠有象征世界七大洲及四大洋的七道尖芒。

你知道米开朗琪罗的怪癖吗

波纳罗蒂·米开朗琪罗是意大利文艺复兴时期伟大的绘画家、雕塑家、建筑师和诗人，是文艺复兴时期雕塑艺术最高峰的代表人物之一，其与拉斐尔和达芬奇并称为文艺复兴三杰，又译“米开朗基罗”“米高安哲罗”。

他一生追求艺术的完美，坚持自己的艺术思路。对于这位伟大的艺术家，却有着未解的怪癖。

有人认为他之所以终生未婚，是由于其貌不扬，导致他有很强烈的自卑情结。在文艺复兴这么一个讲究容貌漂亮和仪容的时代，米开朗琪罗是个最不受人喜欢的人物。他中等身材，双肩宽阔，躯体瘦削，头大，眉高，两耳突出面颊，脸孔长而忧郁，鼻子低扁，眼睛虽锐利却很小。可以说，他的长相非常糟糕，不讨人喜欢。

米开朗琪罗终身未娶,不少人据此推断他喜欢男人,恰好达芬奇也有此倾向。说米氏是同性恋者并非空穴来风,他确实不怎么爱女人,甚至无法在有女人的屋里多停留。他的雕绘中也有女性内容,却从未涉足过娇媚的少女题材,绘制的都是丰腴、成熟的女体,呈现出接近男性的力度,据说米氏即便在绘画女体时,用的也是男性模特。

他与多个男模特有过情感纠葛,为他们写下了众多诗篇。比如他曾花去整整一年时间在早夭、漂亮的布拉奇之墓上刻下诗句:“我卑微的尘躯不再享有,你的迷人的脸庞与美丽的双眼,但任何力量都抹不掉你我共枕相拥时,两个灵魂相融所迸发的火焰。”而最得他倾慕的无疑是罗马贵族托马索·卡瓦切里。

《红楼梦》原名是什么?其名的由来又是什么

该书原本定名为《石头记》。在小说的开头,列出了四种书名——除了《石头记》外,空空道人改为《情僧录》;东鲁孔梅溪改题为《风月宝鉴》;再后来,曹雪芹披阅十载,增删五次,题名为《金陵十二钗》。而《红楼梦》这个名称,则直到第五回才出现。它是一首曲名——太虚幻境的仙女们演唱的十二支歌曲的总名,不是书名。

红楼梦这部古典小说还有《石头记》《风月宝鉴》《金陵十二钗》等书名,但都没有《红楼梦》更符合原书旨意。原书的“凡例”说,“红楼梦”是“总其全部之名”。意思是说,整部小说写的就是红楼一梦。“红楼”和“朱门”一样,是古代王侯贵族住宅的代称。不言而喻,“红楼梦”就是说红楼贵族的显赫无非南柯一梦。

《红楼梦》是一部具有高度思想性和艺术性的伟大作品,作为一部成书于封建社会晚期,清朝中期的文学作品,该书系统总结了中国封建社会的文化、制度,对封建社会的各个方面进行了深刻的批判,并且提出了朦胧的带有初步民主主义性质的理想和主张。这些理想和主张正是当时正在滋长的资本主义经济萌芽因素的曲折反映。

“打油诗”起源于何处

打油诗打油诗(doggerel),是一种富于趣味性的俚俗诗体,据说是唐代一个姓张的打油人最先创作的。唐人张打油不过是一般的读书人,有人说他是个农民，总之是个无名小卒。但他的《咏雪》“江上一笼统，井上黑窟窿。黄狗身上白，白狗身上肿”一鸣惊人，开创了一个崭新的打油诗体，名垂千古。此诗描写雪景，由全貌而及特写，由颜色而及神态。通篇写雪，不着一“雪”字，而雪的形神跃然纸上。遣词用字十分贴切、生动、传神。用语俚俗，本色拙朴，风致别然。格调诙谐幽默，轻松悦人，广为传播，无不叫绝。

打油诗有其相对固定的格式，典型的如“有朝一日天晴了，使扫帚的使扫帚，使锹的使锹”。后来泛指那些平仄、押韵不合“规矩”、比较口语化的诗歌。若从这种意义上讲，打油诗的历史要悠久得多，也许历史上的第一首诗就是打油诗。

《金瓶梅》的作者真的是兰陵笑笑生吗

《金瓶梅》，也称《金瓶梅词话》，是中国史上第一部文人独立创作的长篇白话世情章回小说。作者不著真名，署为兰陵笑笑生。《金瓶梅》是明代“四大奇书”之首。也是我国文学史上最伟大的小说之一。它在中国文学史上具有开拓性的意义，是我国古典小说的分水岭。

不过，“兰陵笑笑生”只是笔名，究为何人呢？该本欣欣子序后接着有一篇廿公《金瓶梅跋》，其第一句话说“《金瓶梅传》，为世庙时一巨公寓言。”明沈德符《万历野获编》则说是“嘉靖间大名士手笔。”也就是说，“兰陵笑笑生”是明嘉靖间“一巨公”“大名士”。

“一巨公”也好，“大名士”也罢，仍无真实姓名。这就为后人留下研讨《金瓶梅》作者的充分余地。《金瓶梅》作者成为《金瓶梅》研究中的“哥德巴赫猜想”，迄今已提出六十人之多。所以，《金瓶梅》的作者真名并不确定。

在戏曲中，为何曹操的形象是“白脸奸臣”

我们在戏曲中，经常会看到一个“白脸奸臣”的曹操形象，这一形象是怎么来的呢？

汉代末年，天下纷争，群雄逐鹿，曹操异军突起，灭吕布，平张绣，灭袁术、袁绍并最终统一北方，为后来华夏大地的再次统一做出了伟大的贡献。曹操不仅有极强的军事指挥才华，还是一个治理国家的卓越政治家，更是不可多得的作家、诗人。

但就是这样的一个文武全才,在中国民间的形象却十分糟糕。大约在曹操当时,许劭就称其为“治世之能臣,乱世之枭雄”。这本是对曹操的溢美之词,然而随着时代的发展,人们开始断章取义,于是曹操变成了人们口中的奸臣。

这个变化大约开始于两宋之交。逐渐兴起的北方游牧民族蚕食北宋天下,于是,人们开始向江南逃难。逃到江南后,面对日渐强大的北方,人们从心里开始害怕,现实生活中人们对其无可奈何,于是只好借助于艺术来丑化北方。而代表着北方势力的历史人物曹操,一样的强大,一样地雄踞北方,一样地对江南虎视眈眈,逐渐曹操就变成了民间的假想敌。而且,自北宋开始,民间文艺开始兴盛,勾栏瓦肆成为专业表演场合。于是,人们开始在舞台上丑化曹操。久而久之,曹操就成了奸诈之徒的典范。

尤其是随着《三国演义》的问世,曹操在民间的形象彻底定型,《三国演义》又反过来影响了戏曲舞台对曹操形象的塑造。清代以来,随着京剧和大量三国戏的诞生,“白脸曹操”也就成为舞台上曹操的独特色彩。

戏曲艺人为何称“梨园子弟”

我国人民在习惯上称戏班、剧团为“梨园”,称戏曲演员为“梨园子弟”,把几代人从事戏曲艺术的家庭称为“梨园世家”,戏剧界称为“梨园界”等。

梨园,原是唐代都城长安的一个地名,因唐代玄宗李隆基在此地教演艺人,后来就与戏曲艺术联系在一起,成为艺术组织和艺人的代名词。关于“梨园”的来历,在清乾隆时的进士孙星衍与嘉庆九年(1804 年)所撰写的《吴郡老郎庙之记》中载:“……余往来京师,见有老郎庙(指玄宗)之神。相传唐玄宗时,庚令公之子名光者,雅善(霓裳羽衣舞),赐姓李氏,恩养宫中教其子弟。光性嗜梨,故遍值梨树,因名曰梨园。后代奉以为乐之祖师……”现代人李尤白撰写的《梨园考论》中,考证了梨园的来历。

唐中宗(705-710 年)时,梨园只不过是皇家禁苑中与枣园、桑园、桃园、樱桃园并存的一个果木园。果木园中设有离宫别殿、酒亭球场等,是供帝后、皇戚、贵臣宴饮游乐的场所。后来经唐玄宗李隆基的大力倡导,梨园的性质起了变化,由一个单纯的果木园圃,逐渐成为唐代“梨园子弟”演习歌舞戏曲的梨园,成为我国历史上第一座集音乐、舞蹈、戏曲的综合性“艺术学院”。

何谓“金陵十二钗”？贾宝玉看到的正册、副册、又副册中的女子是怎么划分的

金陵十二钗出自中国名著红楼梦（又名石头记、金玉缘）。

金陵十二钗正册中的人物没有任何争议，书中写得很明白，她们啊：林黛玉、薛宝钗、史湘云、王熙凤、贾迎春、贾惜春、贾元春、贾探春、秦可卿、李纨、妙玉、贾巧姐。

金陵十二钗副册中的人物有：晴雯、花袭人、香菱、尤二姐、平儿、紫鹃、秋桐、尤三姐、小红、司棋、入画、傻大姐。

金陵十二钗的册子第五回中写了正册、副册、又副册三等。其中，正册十二钗全都写齐了，且各有曲子；副册仅举香菱一人；又副册写了晴雯、袭人二人，其余未提及。

按理说应该只有三十六个女子是入册子的。但有些红学家以为不止此数，册子也不止三等。他们认为，十二钗册子应分“正”“副”“又副”“三副”“四副”五等，共计六十人。

《西游记》中“西天”到底在哪里？是指现在的印度吗

《西游记》中，唐僧经常说要去“西天”取经，那么，他口中的“西天”到底在哪里呢？

其实，《西游记》中的西天有双重含义，第一就是指现实中的印度（天竺国）。就是佛陀的故乡。

第二就是指能够证果的地方，这就比较抽象了，其实故事的发展就是在修行过程，包括遇到各种妖魔鬼怪，都是在表法，表示在修行过程中遇到的内外魔障和困难，几位到了西方都证了果位了，可见，第二层意义是在表示一个境界，就是证果的境界和地方。

其实，唐僧取经确有其事，大约距今一千三百多年前，即唐太宗贞观 3 年（629 年），年仅 29 岁的青年和尚玄奘带领一个弟子离开京城长安，到天竺（印度）游学。他从长安出发后，途经中亚、阿富汗、巴基斯坦。过高昌国时，那里的

居民非常推崇佛教,国王见他们是从大唐来的和尚,非常高兴,愿封他们为护国法师,加上黄金百两、骏马千匹。弟子动摇了,最后留在了高昌国,而玄奘偷溜了出来向西逃去。不料被高昌国士兵截住。没想到他们是前来护送玄奘西去取经的。士兵送给玄奘一匹白马和一些文书,玄奘感激不已。他向王宫方向拜了几拜,就骑马西去了。玄奘历尽艰难险阻,最后到达了印度。他在那里学习了两年多,并在一次大型佛教经学辩论会任主讲,受到了赞誉,并从天竺带回诸多经书,为中国的佛教发展做出了贡献。贞观 20 年(646 年),47 岁的玄奘回到了长安,带回梵文经书 657 部。玄奘亲自翻译成汉文的经、论有 75 部,1335 卷。

“四大徽班”具体指哪四个班子?徽班为何要进京

四大徽班,即三庆班、四喜班、和春班、春台班。多以安徽籍艺人为主,故名。徽班是中国清朝中期兴起于安徽、江苏等地的戏曲班社,以唱“二黄”声腔为主,兼唱昆曲、梆子等,以扬州一带为最盛,因艺人多来自安庆等地,而得名徽班。“徽”指的是徽调或徽戏,“徽班”是指演徽调的戏班。清代(公元 1644—1911 年)徽调在南方非常受欢迎,有许多著名的徽班。其中最著名的是四大徽班。

四大徽班在表演上各有所长、各具特色。当时有这样的赞誉:三庆班的轴子、四喜班的曲子、春台班的孩子、和春班的把子。“轴子”(读“咒”),意思是说三庆班擅长演有头有尾的整本大戏。“曲子”是指昆曲,意思是说四喜班擅长演昆腔的剧目。“孩子”指的是童伶,意思是说春台班的演员以青少年为主,生气勃勃。“把子”是指武戏,意思是说和春班的武戏火爆,最受欢迎。

嘉庆、道光年间,汉调(又称楚调)进京,参加徽班演出,徽班又兼习楚调之长,为汇合二簧、西皮、昆、秦诸腔向京剧衍变奠定了基础。因此,四大徽班进京,被视为京剧诞生的前奏,在京剧发展史上具有重要意义。清末,四大徽班已相继散落。

挑战他人为何被称为“叫板”

生活中,我们常常把与人对着干、挑战称为叫板,比如,你敢跟我叫板,我奉陪到底,那么,这一词语是怎样产生的呢?

其实，这一词语来源于戏曲，在戏曲中把道白的最后一句节奏化，以便引入到下面的唱腔上去。用动作规定的下面唱段的节奏也称叫板。

“叫板”是个土生土长的词汇，原先流传于京津一带。在长期的发展过程中，其由广泛的口语化趋向口语与书面语的流行，不过变化后的意义单一，较易掌握。如今其使用的范围扩大，但是建立在对原意的引申与发展的基础上的，从词义上看，“叫板”有喊叫的意味，而且是有所示意。久而久之，原来的喊叫里面便加入了挑战的意思，于是就造就了词的新义。

同时，“叫板”一词由专业术语衍化而来，而对专业词汇进行引进和吸收，扩大、丰富了中华民族博大精深的词汇宝库，增强了语言的表现力，符合语言不断发展的趋势。

总之，“叫板”一词的使用已较为普遍，并有压倒“挑战”“叫阵”“挑衅”等常用词语的势头。这除了迎合了人们趋新立异的心理之外，还应该归功于网络媒体的飞速发展。

“跑龙套”的说法是怎么来的

在一定的组织和团体中，我们常将那些做无关紧要的工作的人称为跑龙套的，那么，这一说法是怎么来的呢？

跑龙套指戏曲中拿着旗子做兵卒的角色，又称文堂、流行或特约演员，是京剧（台湾称国剧或评剧）的术语，指扮演随从等的配角。

龙套演员是由四个人组成一个单位（称为堂），一般舞台上多用一堂或两堂，扮演剧中的侍从或兵卒，负责助威呐喊或烘托声势，用以表示人马众多，是一种以少见多的表演形式。之所以会称“龙套”，则是因为戏服上往往绣有龙纹之故。龙套演员必须要熟悉自己在舞台上的站位，以及各种常用的固定队形变化，另外也需熟悉各种齐唱的曲牌。

由于龙套的功用主要是为了陪衬主角或应故事发展之用，因此如果替人帮衬、打杂或跑腿，做些无关紧要的工作或扮演无足轻重的角色时，一般便称这为“跑龙套”。

唱戏有所谓“跑龙套”，意即主角之外，还有配角和其他跟班的人，一出戏固然需要有男女主角、男女配角等主要角色，但若无“跑龙套”者，也不能成就一场戏。同样，对于任何的组织、团体，也都需要那些小人物。

生、旦、净、末、丑分别是什么

戏曲角色名称的由来，历来众说纷纭。一个比较普遍的说法是："生、旦、净、末、丑"是用"反喻"取名的。

1.生

祝枝山说：生即男子。生行分为须生（老生）、红生、小生、武生、娃娃生等。为京剧中的重要行当之一。

2.旦

分青衣、花旦、武旦、刀马旦、老旦、贴旦、闺旦等角色。旦角全为女性。

3.净

亦叫花脸。净角指脸画彩图的花脸角色，看来并不干净，故反其意为"净"。

4.末

该行当多为中年以上的男性。实际末行专司引戏职能，如打头出场者，反其义而称为"末"的。

5.丑

剧中丑行勾脸，常勾画"三花脸"，面谱与花脸有很大区别。

京剧里角色众多，细细分来，大致有：老生、小生、武生、青衣、花旦、刀马旦、架子、文丑、彩旦等。每个角色都有自己的唱腔和神态，细至一个手指的摆弄，大到服装行头无一不能出错。这般讲究的表演形式，怕是世界上只在中国才有。

戏曲是中国的国粹，除了京剧外，还有昆曲、豫剧、黄梅戏、高甲戏、河南梆子、淮剧……不一而足。

京剧作为传统戏曲里的一大戏种，还将继续繁衍发扬下去。有华人的地方，就有戏曲。

"跌份儿"的说法是怎么来的

生活里，我们发现一些人嘴里时不时会冒出一句："唉！这太跌份儿啦！"意思是丢人现眼、不体面、失身份的意思。这个词在北方，尤其是北京十分流行。凡是显身份、摆资格、比气派的地方，这个词便不时地从一些人口中蹦出来。

但是"份儿"这个词是怎么来的呢？其实这个词在解放前就流行了，孙中山成立“中华民国”后才销声匿迹。最早,“份儿”就是“份子”,一份两份的意思,说起“份子”那就要谈到旧时代的服务行业,尤其是戏剧行业发工资的一套制度,旧时代的戏班子每人每月的工资都没有固定数目,发放的办法是将总收入分成一定份数,而各人又都有规定的份数,如100份。

当戏班子里谁的工作比较努力,戏班班主要增加他的工资,便可将他的“份儿”提高档次,这叫“拔份儿”;如果他工作得不好,或得罪了老板班主,就要将他的“份儿”降档次,就叫“跌份儿”,可见“跌份儿”就是降职降薪的惩罚,这可是既丢“面子”又丢“里子”的事,谁也不想沾边。

由此可见,在旧时代“份儿”的大小,显示着地位的高低,钱的“份儿”决定。

“压轴戏”是什么

“压轴”本是京剧的“术语”。京剧一场戏如有五出的话,第一出叫作“开锣戏”;第二出名曰“早轴”;第三出为“中轴”;第四出(倒数第二)称为“压轴”;第五出(最后一出)则叫“大轴”。

有以上五种名称的时代,京剧还不是像现在这样只演出两三个小时的,那时的京剧演出是从大白天就开始——一般是下午一两点钟就唱开锣戏了。演到了一两个小时之后,一些观众可能有点疲倦,就唱一出“硬整”一些的剧目,给大家“提提神”,这就是“早轴子”。到了快吃完晚饭的时候,再唱一出热闹戏,叫叫座儿,这是“中轴子”的作用。晚上的演出才是比较重要的“正戏”,要一直演出到半夜才完结呢。所以,最好的“角儿”、最硬的剧目都要放在最后才拿出来。

一般来说,都是在倒数第二出戏放上最佳阵容的演出——这叫作“压轴戏”,它必须“压”得住阵脚,否则就会出现观众大量离开剧场的现象,一个一个观众走去,叫作“抽签儿”,大量观众离开就叫作“起堂”——这在剧团是非常可怕的失败!所以“压轴子”的都是好戏。

而“大轴子”则往往是一出热闹的武戏,火爆炽烈,既能够给大家以艺术的满足,又能够给整场演出一个美好的结局。这出戏演出的时候,大家也就知道该走了——所以这出“大轴子”戏又被叫作“送客戏”。

由此可见:一般人将“压轴戏”当作重头戏来看,其实倒也并非全无道理的。当然说“压大轴”可能就更“科学”。

天下第一行书是指哪幅书法作品？它的作者是谁

中国书法史上影响最大、被称为“天下第一行书”的书法作品，是东晋王羲之的《兰亭序》。

《兰亭序》是王羲之用茧纸、鼠须笔与朋友优游之余的得意之笔。全篇二十八行，三百二十四字。其章法布白，浑然一体。他的用笔、结字更见变化之妙。全篇二十个“之”字，七个“不”字，各具特点而不雷同。

《兰亭集序》又名《兰亭宴集序》《兰亭序》《临河序》《禊序》和《禊贴》。东晋穆帝永和九年（公元 353 年）三月三日，王羲之与谢安、孙绰等四十一位军政高官，在山阴（今浙江绍兴）兰亭“修禊”，会上各人做诗，王羲之为他们的诗写的序文手稿。《兰亭序》中记叙了兰亭周围山水之美和聚会的欢乐之情，抒发了作者对于生死无常的感慨。

《兰亭序》表现出了王羲之书法艺术的最高境界。作者的气度、风神、襟怀、情愫，在这件作品中得到了充分表现。古人称王羲之的行草如“清风出袖，明月入怀”，堪称绝妙的比喻。可惜被唐太宗作为殉葬品，埋入昭陵，从此真迹永绝于世。流传于世的《兰亭序》有两种，其中之一是唐太宗时冯承号金印，故称为《兰亭神龙本》。此本摹写精细，笔法、墨气、行款、神韵，都得以体现，公认为是最好的摹本。

“相声”产自于何时，名字又是如何由来的

在生活中，我们常从电视节目中看到过相声这门艺术，所谓相声，是一种来自于民间的说唱曲艺。

相声在明朝即已盛行。“相声”一词，在古代也称“像生”，原本的含义是模仿别人的言行，后发展为象声。象声又称隔壁象声。

相声在清朝时开始发展，一直到民国初年，相声逐渐从一个人摹拟口技发展成为单口笑话，名称也就随之转变为相声。相声也从一种类型的单口相声慢慢发展成为多种类型的单口相声、对口相声、群口相声，综合为一体。

在中国的各个地方，相声的发展模式也不同，中国相声有三大发源地：北京

天桥、天津劝业场和南京夫子庙，相声艺术源于华北，流行于京津冀，普及于全国及海内外，始于明清，盛于当代。主要采用口头方式表演。表演形式有单口相声、对口相声、群口相声等。是扎根于民间、源于生活、深受群众欢迎的曲艺表演艺术形式。

相声鼻祖为张三禄，著名流派有“侯（宝林）派”“马（三立）派”“常（宝堃）派”“苏（文茂）派”“马（季）派”等。著名相声表演大师有侯宝林、马三立、常宝堃、苏文茂、刘宝瑞等多人。20 世纪晚期，以侯宝林为首的一代相声大师相继陨落，相声事业陷入低谷。

自 2005 年开始，由于相声演员郭德纲和德云社凭借网络等新兴媒体的宣传作用，相声艺术实现了其新一轮的复兴。

第十三章 『讲究』的中国人：学习中国传统文化和习俗

自古以来，中国就是个礼仪之邦，有着渊源的历史和文化，在中国人心中，做人做事都绝对不能失礼，从传统节日到婚丧嫁娶，从起居饮食到行为习惯，都要讲规矩，然而，这些讲究，你懂得多少呢？接下来，我们不妨来了解了解。

古代男女婚配为何有“合八字”的讲究

在中国古代,男女婚配必经的一个过程是合八字,合古称“卜吉”,如若二人八字不合,婚配也不会成功。根据双方出生年、月、日、时和属相推算,查其是否相生相克,谓之合八字。

合八字是将一个人的出生年、月、日、时配以天干地支,两字一组,四组共八个字。据五行之说,相生相克即木生火、火生土、土生金、金生水、水生木;水克火、火克金、金克木、木克土、土克水。

有的地区还根据双方的属相合八字,有“白马怕金牛,鼠羊不到头,蛇见猛虎如刀锉,猪见婴猴泪长流”等迷信说法。

抑或用金、木、水、火、土五行来推算八字,有“两金夫妇不相宜”“金木夫妻不可嫁”“金土夫妻合六强”等说法。

新娘出嫁为何要盖上“红盖头”

我们都知道,现代社会,新娘结婚大部分是穿婚纱,洁白的婚纱象征了纯洁的爱情,然而也有地区还沿用古时的盖红盖头的风俗,那么,为何在新娘出嫁时候要盖上红盖头呢?

这一习俗由来已久,而且联结着一个久远的传说。

相传,在远古时期,百姓触怒了天帝,于是,天帝派风伯和雨师向人类施行灾难性的洪灾,但天神们得知人间有勤劳的伏羲、女娲两兄妹无辜受难,便送给他们一只竹篮,因为在关键时刻,竹篮能变成小船,帮他们渡过灾难。洪荒过去,人类除了他们兄妹二人外,一片荒芜,于是,为了繁衍后代,他们二人结为夫妻,但出于遮羞的缘故,女娲“乃结草为扇,以障其面,今时人娶妇执扇,象其事也”。后州相沿承袭,以避邪恶、求平安。因新娘旧身份的丧失和新身份的开始,容易被邪魔乘虚侵入。为了把新娘从旧身份、旧生活中分离出来,盖头便成了一种象征性的措施。

及至近代,社会演变,风俗变迁,“指腹为婚”和“订娃娃亲”又相继出现。在男女双方结婚入洞房之前,均不许看清“庐山真面目”,所以盖头这种象征隔离的措施仍有利用价值。后来又扩展成为有帷的车、花轿等。唯一有权揭开遮盖物者为新婿,即新娘法定的性对象。

现代社会,婚庆习俗在不断演变,但盖头这一风俗,却还在许多地方被沿用。

中国人偏爱红色,为什么呢

中国人似乎偏爱红色,比如一到喜庆之日,便用红色来张灯结彩,那么,这是为什么呢?

首先,从红色代表的含义来看,它是吉祥、喜气、热烈、奔放、激情、斗志的代名词,而在一些民族和国家中,红色还能驱邪。

其次,从视觉角度来看,红色是最易被视觉收到的色彩。

色彩的语言就是语码信息,是色彩传递出的语言的翻译,在心理治疗上应用颇多。在所有的色彩中,冲击波最强的是红色,红色是强烈的、有力的,所以很多标志性的图标选用的都是红色。我们也可以发现,在世界各国的国旗中,80%的国旗都有红色;在古代各国的竞技场中,据说那些被关进红色房间的角斗士都更有斗志,比其他选手表现得更出色,这就是因为红色的暗示作用,红色点燃了他们的激情和斗志。

所以,我们也发现,在中国古代,许多宫殿和庙宇的墙壁都是红色的。在中国的传统文化中,五行中的火所对应的颜色就是红色,八卦中的离卦也象征红色。由于红色容易引起人们的注意,因此许多警告标记都用红色的文字或图像来表示。红色在政治上经常用来象征革命以及“左”派,共产主义国家用来表示共产主义。红色被认为能激起人雄性荷尔蒙的分泌,所以在运动比赛中身着红色服装者能取得更好的成绩。

中国式婚礼的“闹洞房”习俗是怎么来的

中国的婚庆习俗中,有一个很特别的习俗:闹洞房。闹洞房又称“逗媳妇”“吵房”,在迎亲的当天晚上进行。

闹房习俗始于汉代先秦时期。孔子在《礼记·曾子问》中描述当时的嫁娶情景时说:“嫁女之家,三日不息烛,思相离也;娶归之家,三日不举乐,思嗣亲也”,反映了先秦婚礼的淳朴习尚,没有喧嚷纷闹大操大办的场面。

关于闹房习俗的来历,我国民间有两种说法。

一种观点认为是源于驱邪避灾。相传,很早以前,一日,紫微星下凡,在路上遇到一个披麻戴孝的女子,尾随在一伙迎亲队伍之后,他看出这是魔鬼在伺机作恶,于是就跟踪到新郎家,只见那女人已先到了,并躲进洞房。当新郎、新娘拜完天地要进入洞房时,紫微星守着门不让进,说里面藏着魔鬼。众人请他指点驱魔办法,他建议道:"魔鬼最怕人多,人多势众,魔鬼就不敢行凶作恶了。"于是,新郎请客人们在洞房里嬉戏说笑,用笑声驱走魔鬼;果然,到了五更时分,魔鬼终于逃走了。可见,闹房一开始即被蒙上了驱邪避灾的色彩。

关于闹房来历的另一种观点认为,闹房首先在北方出现,而且开始时主要是新郎,这大概与北方民族的生活习性有关。他们以狩猎和游牧为生活手段,使得男子十分剽悍和勇健,在新婚时忍受棒打可以证明一个男人是合格的大丈夫。

世界上有些落后的民族以自残和被虐来表明男人资格,甚至拿猎取到的人头作为信物求偶,恐怕同出一义。闹房在古代保留了这一原始习俗。

为何要在孩子出生时挂长命锁

长命锁,也叫"寄名锁"。它是明清时挂在儿童脖子上的一种装饰物,按照迷信的说法,只要佩挂上这种饰物,就能避灾驱邪,"锁"住生命,所以许多儿童出生不久后,就挂上了这种饰物,一直挂到成年。

很早以前人们流行佩戴长命缕(也称续命缕),关于佩戴长命缕的习俗,最早可追溯到汉代。据《荆楚岁时记》《风俗通》《岁时广记》以及《留青日札》等书的记载:在汉代,每逢五月初五端午节,家家户户都在门楣上悬挂上五色丝绳,以避不祥。到了魏晋南北朝时期,这股丝绳被移到了妇女臂上,渐成为妇女和儿童的一种臂饰。不仅用于端午,还用于夏至。在当时,由于战争频繁,加之瘟疫、灾荒不断,广大人民渴望平安,所以用五色彩丝编成绳索,缠绕于妇女和儿童手臂,以祈求避邪驱灾,祛病延年。

到了宋代,这种风俗继续存在。不仅流行于民间,还传入宫廷,除妇女儿童之外,男子也可佩之。每到端午节前,皇帝还在长春殿亲自将续命缕赏赐给近臣百官,以便他们在节日佩戴。宋代称这种五彩丝绳编结物为"珠儿结""彩线结",可见其形制已较复杂,除丝绳、彩线外,还穿有珍珠等物,在当时京都等地的街市上还有不少店铺和市贩,专门以销售这种饰物为生。

到了明代,随着风俗的变迁,成年男女使用者日渐减少,而是通常用于儿童,并成为一种儿童颈饰。一般多用于小儿满周岁时,百索的进一步发展,就成了长命锁。

春节放鞭炮的习俗是怎么来的

中国人过年放炮是与春节的来历有关。现代民间习惯上把过春节又叫作过年。其实,年和春节的起源是很不相同的。

那么"年"究竟是怎么样来的呢? 民间主要有两种说法:一种说法是,古时候,有一种叫作"年"的凶猛怪兽,每到腊月三十,便窜村挨户,觅食人肉,残害生灵。有一年腊月三十晚上,"年"到了一个村庄,适逢两个牧童在比赛牛鞭子,"年"忽闻半空中响起了啪啪的鞭声,吓得望风而逃。它窜到另一个村庄,又迎头望到了一家门口晒着件大红衣裳,它不知其为何物,吓得赶紧掉头逃跑。后来它又来到了一个村庄,朝一户人家门里一瞧,只见里面灯火辉煌,刺得它头昏眼花,只好又夹着尾巴溜了。人们由此摸准了"年"有怕响、怕红、怕光的弱点,便想到许多抵御它的方法,于是逐渐衍化成今天过年的风俗。

另一种说法是,我国古代的字书把"年"字放禾部,以示风调雨顺、五谷丰登。由于谷禾一般都是一年一熟。所"年"便被引申为岁名了。

我国古代民间虽然早已有过年的风俗,但那时并不叫作春节。因为那时所说的春节,指的是二十四节气中的"立春"。

南北朝时期则将春节泛指为整个春季。据说,把农历新年正式定名为春节,是辛亥革命后的事。由于那时要改用阳历,为了区分农、阳两节,所以只好将农历正月初一改名为"春节"。

"守岁"是什么含义

中国民间在除夕有守岁的习惯。守岁是从吃年夜饭开始,这顿年夜饭要慢慢地吃,从掌灯时分入席,有的人家一直要吃到深夜,然后到新年的第一天这段时间都不睡觉。

根据宗懔《荆楚岁时记》的记载,至少在南北朝时已有吃年夜饭的习俗。守岁的习俗,既有对逝去的如水岁月惜别留恋之情,又有对即将来临的新年寄予美好希望之意。

守岁,就是在旧年的最后一天夜里不睡觉,熬夜迎接新一年到来的习俗,也叫除夕守岁,俗名“熬年”。古时守岁有两种含义:年长者守岁为“辞旧岁”,有珍爱光阴的意思;年轻人守岁,是为延长父母寿命。自汉代以来,新旧年交替的时刻一般为夜半时分。在除夕的晚上,无论男女老少,都会灯火通明,聚在一起守岁。因此,守岁是春节的习俗之一。

守岁最早在西晋时就有记载,那时就有百姓点起蜡烛或油灯,通宵守夜。受中国的影响,在日本、越南、泰国等东南亚国家,均有除夕守岁之说。

除夕晚上,与家人老小熬年守岁,欢聚酣饮,共享天伦之乐,这是炎黄子孙至今仍很重视的年俗。待第一声鸡啼之后,新的一年开始了,男女老少均着节日盛装,先给家族中的长者拜年祝寿,然后走亲串友,相互道贺祝福。此时的神州大地,处处闪光溢彩,从初一到十五,人们一直沉浸在欢乐、祥和、文明的节日气氛中。

贴春联起源于何时

春联,在中国民间又被称为门对子。一到春节时,在各家各户的门上,我们就能看到大红的春联,更增添了喜庆气氛。那么,贴春联的习俗是怎么来的呢?

春联起源于古代的桃符。桃符是一种挂在大门两边的方形木板,上面写上“神荼”“郁垒”二神名,以驱鬼避邪。每到春节时,人们就会拿出新的桃符,然后取下旧桃符,王安石“千门万户彤彤日,总把新桃换旧符”的诗句,说的就是这件事。

最初的春联是从五代开始的,公元964年,后蜀主孟昶先令士辛寅逊在桃板上题词,又嫌他写得不工稳,便自己动手写了“新年纳余庆,佳节号长春”。从此,题桃符便演变成写春联了。后来,由于造纸术的盛行和纸的大量生产,人们也逐渐用春联代替了桃符。

春联普及盛行于明朝。据《簪云楼杂说》载:“春联之设,自明太祖始。帝都金陵,除夕忽传旨,公卿士庶门上须加春联一副。太祖微行出观,以为笑乐。”而且,他还为王公大臣们御书春联。赐给中山王徐达的对联是:“破虏平蛮,功贯古今人第一;出将入相,才兼文武世无双。”赐给陶安的对联是:“国朝谋略无双士,翰苑文章第一家。”由于皇帝身体力行,再加上文人墨客的喜爱,广大群众的传播,春节贴春联便作为风俗习惯流传了下来。

春节“福”字为何要倒贴

春节时，在许多家庭院落的门窗上，我们都会看到那些被倒着贴着的大红“福”字，这可算得上是我国人民的一个传统习俗了。那么，“福”字为何要倒贴呢？

据《梦粱录》记载：“士庶家不论大小，俱洒扫门闾，去尘秽，净庭户，换门神，挂钟馗，钉桃符，贴春牌，祭祀祖宗。”文中的“贴春牌”即是写在红纸上的“福”字。

据说，“福”字倒贴的习俗来自清代恭亲王府。一年春节前夕，大管家为讨主子欢心，照例写了许多个“福”字让人贴于库房和王府大门上，有个家人因不识字，误将大门上的“福”字贴倒了。

为此，恭亲王福晋十分恼火，多亏大管家能言善辩，跪在地上奴颜婢膝地说：“奴才常听人说，恭亲王寿高福大造化大，如今大福真的到（倒）了，乃吉庆之兆。”

福晋听罢心想，怪不得过往行人都说恭亲王府福到（倒）了，吉语说千遍，金银增万贯，一高兴，便重赏了管家和那个贴倒福的家人。

事后，倒贴“福”字之俗就由达官府第传入百姓人家，并都愿过往行人或顽童念叨几句：“福到了，福到了！”

拜年的习俗是怎么来的

我们中国人过新年的时候有个习俗：新年的初一，大人们都早早起来，穿上最漂亮的衣服，打扮得整整齐齐，出门去走亲访友，相互拜年，恭祝来年大吉大利。那么，拜年这一习俗是怎么来的呢？

传说远古时代有一种怪兽，头顶长独角，口似血盆，人们将它叫作“年”。每逢腊月三十晚上，它便窜出山林，掠食噬人。人们只好备些肉食放在门外，然后把大门关上，躲在家里，直到初一早晨，“年”饱餐后扬长而去，人们才开门相见，作揖道喜，互相祝贺未被“年”吃掉。于是拜年之风便流传开来。宋人孟元老在《东京梦华录》卷六中描写北宋汴京时云：“十月一日年节，开封府放关扑三日，士庶自早相互庆贺。”明中叶陆容在《菽园杂记》卷五中说：“京师元旦日，上自朝官，下至庶人，往来交错道路者连日，谓之‘拜年’。然士庶人各拜其亲友多出实心。朝官往来,则多泛爱不专……"清人顾铁卿在《清嘉录》中描写,"男女以次拜家长毕,主者率卑幼,出谒邻族戚友,或止遣子弟代贺,谓之'拜年'。至有终岁不相接者,此时亦互相往拜于门……"

压岁钱的习俗是怎么流行起来的

每到除夕之夜,小孩子将会得到长辈给的压岁钱。为什么过春节的时候要给孩子压岁钱呢?

在我国历史上,很早就有压岁钱。最早的压岁钱也叫厌胜钱,或叫大压胜钱,这种钱不是市面上流通的货币,是为了佩戴玩赏而专铸成钱币形状的避邪品。

唐代时,宫廷里春日散钱之风盛行。当时春节是"立春日",是宫内相互朝拜的日子,民间并没有这一习俗。《资治通鉴》第二十六卷记载了杨贵妃生子,"玄宗亲往视之,喜赐贵妃洗儿金银钱"之事。这里说的洗儿钱除了贺喜外,更重要的意义是长辈给新生儿的避邪驱魔的护身符。

宋元以后,正月初一取代立春日,称为春节。不少原来属于立春日的风俗也移到了春节。春日散钱的风俗就衍变成为给小孩压岁钱的习俗。

到了明清时,压岁钱大多数是用红绳串着赐给孩子。民国以后,则衍变为用红纸包一百文铜元,其寓义为"长命百岁",而给已经成年的晚辈压岁钱,红纸里包的是一枚大洋,象征着"财源茂盛""一本万利"。货币改为钞票后,家长们喜欢选用号码相联的新钞票赐给孩子们,因为"联"与"连"谐音,预示着后代"连连发财""连连高升"。

可见,在我国,压岁钱的风俗源远流长,它代表着一种长辈对晚辈的美好祝福,它是长辈送给孩子的护身符,保佑孩子在新的一年里健康吉利。

元宵节为何要挂红灯

每年农历的正月十五日,春节刚过,迎来的就是中国的传统节日——元宵节。

正月是农历的元月,古人称夜为"宵",所以称正月十五为元宵节。正月十五日是一年中第一个月圆之夜,也是一元复始,大地回春的夜晚,人们对此加以庆祝，也是庆贺新春的延续。元宵节又称为“上元节”。

按中国民间的传统，在这皓月高悬的夜晚，人们要点起彩灯万盏，以示庆贺。出门赏月、燃灯放焰、喜猜灯谜、共吃元宵，合家团聚、同庆佳节，其乐融融。

元宵节也称灯节，元宵燃灯的风俗起自汉朝，到了唐代，赏灯活动更加兴盛，皇宫里、街道上处处挂灯，还要建立高大的灯轮、灯楼和灯树，唐朝大诗人卢照邻曾在《十五夜观灯》中这样描述元宵节燃灯的盛况：“接汉疑星落，依楼似月悬。”

宋代更重视元宵节，赏灯活动更加热闹，赏灯活动要进行 5 天，灯的样式也更丰富。明代要连续赏灯 10 天，这是中国最长的灯节了。清代赏灯活动虽然只有 3 天，但是赏灯活动规模很大，盛况空前，除燃灯之外，还会放烟花助兴。

“猜灯谜”又叫“打灯谜”，是元宵节后增的一项活动，出现在宋朝。南宋时，首都临安每逢元宵节时即制谜，猜谜的人众多，开始时是好事者把谜语写在纸条上，贴在五光十色的彩灯上供人猜。因为谜语能启迪人的智慧又饶有兴趣，所以流传过程中深受社会各阶层的欢迎。

为何“寒食节”不能生火做饭

“寒食节”，是我国最古老的节日之一。寒食节在清明前一天或几天，说法不一。寒食，顾名思义，就是不生火做饭，吃冷食。人们为什么要这样做呢？这还得从寒食节的来历说起。

相传当年重耳（晋公子重耳）周游列国，历尽艰辛。一次，他挨饿难熬，百般无奈时，介之推割下自己大腿上的肉给他吃。后来重耳当了国王（晋文公，春秋五霸之一），去找和母亲一起躲在深山中的介之推。遍寻不到，便下令放火烧山，想以此逼出介之推，但最后发现介之推与其母被烧死。重耳十分后悔，便规定每年此时不得生火，一切吃冷食，称为寒食节（山西省介休市当地居民仍然对此深有记忆，但只限于思想，实际节日这三天已没有吃寒食的活动）。其实，寒食节的真正起源，是源于古代的钻木、求新火之制。古人因季节不同，用不同的树木钻火，有改季改火之俗。而每次改火之后，就要换取新火。新火未至，就禁止人们生火，这是当时的一件大事。寒食节习俗，有上坟、郊游、斗鸡子、荡秋千、打毬、牵钩（拔河）等。其中上坟之俗，是很古老的。

中国过往的春祭都在寒食节，直到后来改为清明节。但韩国方面，仍然保留在寒食节进行春祭的传统。到了唐朝时，寒食节与清明节合并，寒食禁火习俗逐渐消失。

为何端午节家家插艾蒿、剪“艾虎”

农历五月初五为端午节,又称端阳节、午日节、五月节、艾节、端五、重午、午日、夏节。虽然名称不同,但各地人民过节的习俗却是相同的。端午节是我国两千多年以来的旧习俗,每到这一天,家家户户都悬钟馗像,挂艾叶菖蒲,赛龙舟,吃粽子,饮雄黄酒,游百病,佩香囊,备牲醴。

民谚说:“清明插柳,端午插艾”。在端午节,人们把插艾和菖蒲作为重要内容之一。家家都洒扫庭除,以菖蒲、艾条插于门楣,悬于堂中。并用菖蒲、艾叶、榴花、蒜头、龙船花,制成人形或虎形,称为艾人、艾虎;制成花环、佩饰,美丽芬芳,妇人争相佩戴,用以驱瘴。

艾,又名家艾、艾蒿。它的茎、叶都含有挥发芳香油。它所产生的奇特芳香,可驱蚊蝇、虫蚁,净化空气。中医学上以艾入药,有理气血、暖子宫、祛寒湿的功能。将艾叶加工成“艾绒”,是灸法治病的重要药材。

菖蒲是多年生水生草本植物,它狭长的叶片也含有挥发芳香油,是提神通窍、健骨消滞、杀虫灭菌的药物。

可见,古人插艾和菖蒲是有一定防病作用的。端午节也是自古相传的“卫生节”,人们在这一天洒扫庭院,挂艾枝,悬菖蒲,洒雄黄水,饮雄黄酒,激浊除腐,杀菌防病。这些活动也反映了中华民族的优良传统。端午节上山采药,则是我国各国个民族共同的习俗。

七夕“乞巧”习俗从何而来

我们都知道,中国传统的情人节是乞巧节,乞巧节是农历七月初七,也叫七夕节,是传说中牛郎与织女一年一度在银河鹊桥相会的日子,七夕节之所以被称为中国的情人节,是因为每年的七夕总会有情人表达祝愿,希望自己的爱情能坚贞不渝。

七夕乞巧,这一节日起源于汉代,在东晋葛洪的《西京杂记》中,我们能看到“汉彩女常以七月七日穿七孔针于开襟楼,人俱习之”的记载,这便是我们于古代文献中所见到的最早的关于乞巧的记载。在后来的唐宋诗词中,也曾多次提到妇女乞巧之事,唐朝王建有诗说“阑珊星斗缀珠光,七夕宫娥乞巧忙”。据《开元天宝遗事》载：唐太宗与妃子每逢七夕在清宫夜宴，而后宫宫女们也各自乞巧，后来，这一习俗也就被延续了下来。

在宋元之际，七夕节变得相当隆重，在京城之中还会有售卖乞巧物品的商店和街市，宋罗烨、金盈之辑《醉翁谈录》说："七夕，潘楼前买卖乞巧物。自七月一日，车马嗔咽，至七夕前三日，车马不通行，相次壅遏，不复得出，至夜方散。"从这一段文字中我们能看到当时七夕乞巧之热闹。据说，为了筹备节日，人们从七月的第一天就开始置办乞巧物品，街市上车水马龙、人潮涌动。人到了临近七夕的时日、乞巧市上简直人山人海，完全不亚于中国最传统和最被重视的节日——春节。

中国人重阳节登高饮酒、插茱萸辟邪的习俗是怎么来的

每年的农历九月初九日，也是中国传统四大祭祖的节日 。重阳节早在战国时期就已经形成了，到了唐代，重阳被正式定为民间的节日，此后历朝历代沿袭至今。重阳与三月初三日"踏春"皆是家族倾室而出，重阳这天所有亲人都要一起登高"避灾"。

那么，重阳节登高饮酒和插茱萸的习惯是怎么来的呢?

1.登高

在古代，民间在重阳有登高的风俗，故重阳节又叫"登高节"。相传此风俗始于东汉。唐代文人所写的登高诗很多，大多是写重阳节的习俗；杜甫的七律《登高》，就是写重阳登高的名篇。登高所到之处，没有划一的规定，一般是登高山、登高塔。还有吃"重阳糕"的习俗。

2.赏菊并饮菊花酒

重阳节正是一年的金秋时节，菊花盛开，据传赏菊及饮菊花酒，起源于晋朝大诗人陶渊明。陶渊明以隐居出名，以诗出名，以酒出名，也以爱菊出名；后人效之，遂有重阳赏菊之俗。旧时文人士大夫，还将赏菊与宴饮结合，以求和陶渊明更接近。北宋京师开封，重阳赏菊之风盛行，当时的菊花就有很多品种，千姿百态。民间还把农历九月称为"菊月"，在菊花傲霜怒放的重阳节里，观赏菊花成了节日的一项重要内容。清代以后，赏菊之习尤为昌盛，且不限于九月九日，但仍然是重阳节前后最为繁盛。

3.插茱萸和簪菊花

重阳节插茱萸的风俗，在唐代就已经很普遍。古人认为在重阳节这一天插

茱萸可以避难消灾;或佩戴于臂,或做香袋把茱萸放在里面佩戴,还有插在头上的。大多是妇女、儿童佩戴,有些地方,男子也佩戴。重阳节佩茱萸,在晋代葛洪《西经杂记》中就有记载。

民间为何会有冬至节"不吃水饺,冻掉耳朵"的说法

每年12月22日是冬至节,谚云:"十月一,冬至到,家家户户吃水饺。"这种习俗,是因纪念"医圣"张仲景冬至舍药留下的。

张仲景是南阳稂东人,他所著的《伤寒杂病论》,是集医家之大成,被历代医者奉为经典。张仲景有名言:"进则救世,退则救民;不能为良相,亦当为良医。"东汉时他曾任长沙太守,访病施药,大堂行医。后毅然辞官回乡,为乡邻治病.其返乡之时,正是冬季。他看到白河两岸乡亲面黄肌瘦,饥寒交迫,不少人的耳朵都冻烂了。便让其弟子在南阳东关搭起医棚,支起大锅,在冬至那天舍"祛寒娇耳汤"医治冻疮。他把羊肉、辣椒和一些驱寒药材放在锅里熬煮,然后将羊肉、药物捞出来切碎,用面包成耳朵样的"娇耳",煮熟后,分给来求药的人每人两只"娇耳",一大碗肉汤。人们吃了"娇耳",喝了"祛寒汤",浑身暖和,两耳发热,冻伤的耳朵都治好了。后人学着"娇耳"的样子,包成食物,也叫"饺子"或"扁食"。

冬至吃饺子,是不忘"医圣"张仲景"祛寒娇耳汤"之恩。至今南阳仍有"冬至不端饺子碗,冻掉耳朵没人管"的民谣。不过以现代的医学水平,冬至不吃饺子也不会冻掉耳朵,可是从弘扬传统文明的角度来看,吃饺子也是传统习俗的继承。

腊八节因何而来

农历十二月初八,是我国汉族传统的腊八节,这天我国大多数地区都有吃腊八粥的习俗。腊八粥是用八种当年收获的新鲜粮食和瓜果煮成,一般都为甜味粥。而中原地区的许多农家却喜欢吃腊八咸粥,粥内除大米、小米、绿豆、豇豆、花生、大枣等原料外,还要加萝卜、白菜、粉条、海带、豆腐等。

腊八节又称腊日祭、腊八祭、王侯腊或佛成道日,原来古代欢庆丰收、感谢祖先和神灵(包括门神、户神、宅神、灶神、井神)的祭祀仪式,除祭祖敬神的活动外,人们还要逐疫。这项活动来源于古代的傩(古代驱鬼避疫的仪式)。史前时代的

医疗方法之一即驱鬼治疾。作为巫术活动的腊月击鼓驱疫之俗,今在湖南新化等地区仍有留存。后演化成纪念佛祖释伽牟尼成道的宗教节日。夏代称腊日为“嘉平”,商代为“清祀”,周代为“大蜡”;因在十二月举行,故称该月为腊月,称腊祭这一天为腊日。先秦的腊日在冬至后的第三个戌日,南北朝开始才固定在腊月初八。

古人为什么不能穿鞋子上殿,关于脱鞋的礼仪有哪些

现代社会,出于整洁和卫生的缘故,人们回到家之后会脱鞋换鞋,这可以说是我们的日常生活习惯,然而,在礼仪规矩甚多的古代社会,脱鞋这一看似是习惯的行为却麻烦很多。

古人上殿是不能穿鞋的,这是一种尊重的表现。唐朝之前,古人是不能坐椅子的,他们进殿之后,都是跪坐,也正因为如此他们也不穿鞋。另外,他们祭祀也不许穿鞋。

我们能在《左传》和《宋书》中找到可考的依据,从西汉到隋唐,古人上朝、祭祀和赴宴主要是“脱履”,至于里面的小鞋子和袜子是否也要脱,没有严格要求。

隋唐以后,国人的坐姿彻底改变,脱鞋在卫生方面再无必要,入席必脱鞋的礼仪也就渐渐消失了

大概从宋朝开始,关于这一礼仪又发生了巨大的改变,除了宗教界,反倒是穿得越多越表示恭敬,官员们上朝,不但要穿鞋,而且还要在鞋子外面再套一层靴。

在北方为什么会有“出门饺子回家面”的说法

在北方人眼里,饺子算是传统饮食文化中“地位”较高的一种食物。逢年过节人们都要煮饺子以示吉庆。

人们在出门之时吃饺子,大致有以下两种原因:

其一,饺子与“交子”谐音,其形又酷似元宝。人们认为,临行之前,能吃上饺子,外出之人便会交到好运,多财多福。古代出行之人,除了赶考书生、外调官员,大部分都是商贾。自然想在离家之前沾沾好运。另外,“饺子”谐音“交子”,有广交朋友的引申义。家人为行者包饺子,也是希望行者在外能够广交朋友,困

难时能得到贵人相助。

其二,饺子大都是由面皮包馅而成。各种各样的馅被包进面皮里,煮熟后,会聚成一个团。人们借助饺子的这个特点,希望离家的行人,能够早日归来,一家人团圆。

俗话说,“南粥北面”。面条作为北方的一种特色食物,本身就具有“长”的特点。回到家里,家人做碗“长”面,希望归家的人能够长留家中,一家人在一起长长久久。另外,煮熟的面条不易粘连,既顺又散。人们认为,吃了面,外面的一切辛酸不顺都会被除去。有到家归巢,万事顺利的意味。

“出门饺子回家面”是具有北方特色的表达祝愿的方式,人们将对亲人的不舍与祝愿寄托在食物中。

我们为什么要给去世的亲人烧纸钱

每逢清明,或其他一些死者的纪念日,人们总要为死去的亲人烧纸钱。人们相信,纸钱就是死者另一个世界里的钱,多烧一些纸钱,死者在那个世界里才会有钱用。其实是一种对死者的悼念。

纸钱是中国旧时祭祀时用以礼鬼神和葬礼及扫墓时用以供死者享用的“冥币”之一,又称冥钱。一般是将白纸剪成铜钱的形状,届时或抛撒于野外墓地,或焚化给死者,民间一般将此称为撒纸、烧纸等。据高承《事物纪原》卷九载:“汉以来,葬者皆有瘗钱。”在《史记·酷吏列传》中也有关于纸钱的记载:“会人有盗发孝文园瘗钱。”由此可知,纸钱之俗早在汉代就有了。魏晋以后,南朝齐之时,人们普遍改为以纸寓钱祭灵。此俗一直沿习至今。

“拜天地”这一婚仪因何而来

拜堂也称“拜天地”,也称古代婚礼仪式之一。

中国婚礼仪式,又称拜高堂、拜花堂。旧时举行婚礼时,新郎与新娘参拜天地后,复拜祖先及男方父母、尊长的仪式。也有将拜天地、拜祖先及父母和夫妻对拜都统称为拜堂。唐代,新婚之妇见舅姑,俗名拜堂。另有同名小说。

现有史料上,未见汉代之前有夫妻拜堂的记载,但在《世说新语》一书中有个故事,可证明拜堂风俗始于晋代的徐州。

书中说,当时有个叫王浑的徐州刺史,元配老婆死了,又娶了一个。续娶之妻为颜氏,是个平民百姓,地位比较低。他们拜堂时,颜氏先拜王浑,然后王浑准备答拜。这时,有人对王浑说:你是一个州级高官,怎么可以拜她?王浑就没有答拜。为此颜氏非常恼怒。

尽管这对夫妻的对拜没有最后完成,但说明当时的徐州的确存在拜堂风俗。

如果不是有人挑唆,王浑还是要答拜的。这也说明,夫妻互拜的风俗刚刚兴起,王浑不拜也就不拜了,后来风俗成熟时,新郎的官再大也得拜。据《隋书·礼仪志》记载,北齐皇帝举行婚姻大典时,夫妻也要互拜的。不过仍是女先跪拜,后起;男后跪拜,先起。

始自唐代,自皇室至士庶,普遍行之。宋以后,风行全国,所拜为天地、祖宗、舅姑(公婆),并夫妻交拜,表示从此女子成为男家家族的一员,因而成为婚礼过程中最重要的大礼。

古代男子成年时要行"冠礼",这种成年礼具体是如何举行的

冠礼,是华夏民族嘉礼的一种。是古代中国汉族男性的成年礼。冠礼表示男女青年至一定年龄,性已经成熟,可以婚嫁,并从此作为氏族的一个成年人,参加各项活动。成年礼(也称成丁礼)由氏族长辈依据传统为青年人举行一定的仪式,才能获得承认。

在这个时候,人们又要举行一系列的礼仪,来纪念当事人由不成熟走向成熟的过渡,这种礼仪就是成年礼仪。有的成年礼仪过程十分隆重而且带有考验的性质,中国一些少数民族的成年礼仪还有比较明显的保留。成年礼仪是人生礼仪中最为重要,并且具有多重特性的礼仪,是一种普遍存在的文化现象。

按周制,男子二十岁行冠礼,然天子诸侯为早日执掌国政,多提早行礼。传说周文王十二岁而冠,成王十五岁而冠。古代冠礼在宗庙内举行,日期为两月,冠前十天内,受冠者要先卜筮吉日,十日内无吉日,则筮选下一旬的吉日。然后将吉日告知亲友。

第十四章 古老的中国法制：你对这些有过疑惑吗

伴随中国几千年文化应运而生的，还有中国的法制。其实，有人类的地方，就有违法犯罪，也就有一套维护秩序的法制，比如，军队、刑法等，中国人强调遵循礼教，强调维护纲纪伦常。那么，对于中国古代的法制，你又了解多少呢？

“十恶不赦”中的“十恶”具体指的是什么

“十恶不赦”,常用来形容恶贯满盈、罪无可恕之人。那其中的“十恶”指的是什么呢?有不少人以为是“吃喝嫖赌抽,坑蒙拐骗偷”,那就大错特错了。古代“十恶”罪的内容是:

1.谋反,指企图推翻朝政。这历来都被视为十恶之首。

2.谋大逆,指毁坏皇室的宗庙、陵墓和宫殿。

3.谋叛,指背叛朝廷。

4.恶逆,指殴打和谋杀祖父母、父母、伯叔等尊长。

5.不道,指杀一家非死罪 3 人及肢解人。

6.大不敬,指冒犯帝室尊严。通常为偷盗皇帝祭祀的器具和皇帝的日常用品,伪造御用药品以及误犯食禁。

7.不孝,指不孝祖父母、父母,或在守孝期间结婚、作乐等。

8.不睦,即谋杀某些亲属,或女子殴打、控告丈夫等。

9.不义,指官吏之间互相杀害,士卒杀长官,学生杀老师,女子闻丈夫死而不举哀或立即改嫁等。

10.内乱,亲属之间通奸或强奸等。

这是封建时代的产物,其内容一部分在今天是不能接受的。但由于“十恶”成为“不赦”之罪,影响深广,人们一接触到罪恶大、不可宽恕的事情,很自然地就称为“十恶不赦”。

什么是“八旗制度”?“八旗”分别指什么

我们在史书和清代电视剧中,都能听到八旗制度,那么,什么是八旗制度呢,“八旗”又分别指什么?

八旗制度是清朝的一种社会组织形式,旗,满语为 gusa(汉音固山)。满洲人运用此军事组织制度建立了清朝。在平时,人们从事耕作、狩猎等活动;在战时则应征为兵,起源于女真族的狩猎组织——牛录。具有旗籍的家族人员称为旗人。到 19 世纪末随着清朝的解体,八旗军事组织制度不复存在。但一部分八旗的后代仍自称为旗人。

八旗的军事组织制度是由满族的首领努尔哈赤所制定。努尔哈赤起初将自己的军队分编为四旗,四旗均以不同颜色的旗帜作为识别,成为“正黄旗”等。随着军队壮大，又将四旗加上边框，成为“镶黄旗”等，形成八旗。满人靠着其军事组织制度，于1636年建立清国。

八旗主要分为满八旗、蒙八旗、汉军八旗，满八旗是努尔哈赤的手笔，也是满族入关前的政治制度、文化系统、社会基础。蒙八旗和汉军八旗则是皇太极即位之后的手笔，只是蒙八旗制度松散，而且蒙古内部因为漠南、漠北蒙族互相掣肘，对于满洲入关起的作用，一度不如汉军八旗来得重要。

八旗又有上三旗与下五旗的区别。顺治七年（1650）底多尔衮死后，清世祖福临为了加强对八旗的控制，对八旗的顺序进行了调整。由皇帝控制的镶黄、正黄、正白三旗，称为上三旗；由诸王、贝勒统辖的正红、镶红、正蓝、镶蓝、镶白五旗，称为下五旗，此后终清未改。

在军队，为何把人的头称为“首级”

我们都知道，首级是古人对人头的别称，为什么脑袋又叫“首级”呢？原来秦汉之初，军队设立了一种对作战有功的人嘉奖的制度：凡是斩下敌人的一个人头，赐爵一级。古人称头为首，一“首”一级，久而久之，人们就把人头叫首级了。首级制度本是为鼓励士兵奋勇杀敌，孰料士兵们为取首级，竟经常互相残杀或滥杀无辜百姓。

北宋仁宗时期，大将狄青所辖军营为一首级之权，将士数百人互相残杀差一点酿成大祸。狄青平暴之后，立刻上书仁宗，陈述首级制度的种种弊端，建议予以废除。从那以后，首级制度就销声匿迹了。

古时候的“三军”指的是什么意思

春秋时，大国通常都设三军，但各国称谓有所区别，如晋国称中军、上军、下军；楚国称中军、左军、右军；齐国、鲁国和吴国都称上、中、下三军。三军各设将、佐等军衔，而中军将则是三军统帅。随着时代演进，上、下、中军渐渐被前军、中军、后军所代替。到了唐、宋代以后，这样的编制已成为军队的固定建制。这时三军的主要标志是担任不同作战任务的各种部队。前军是先锋部队；中军是主将统率的部队，也是主力；后军主要担任掩护和警戒任务。在中国古代的军队中，最大的编制单位就是军。军的编制，历代沿袭，但人数多少不一样。汉代实行5人一伍，2伍为火，5火为队，2队为官，2官为曲，2曲为部，2部为校，2校为裨，2裨为军的编制。今天，前军、中军、后军编制已完全消亡，而被现代的陆、海、空三军所替代。

“大战三百回合”中的“回合”是什么意思

我们常在一些古装剧中听到“大战三百回合”这样的台词,那么,在古代战争中,“回合”是什么含义呢?

根据史书的记载,当车战开始时,双方的战车都驶向对方,然后开始交战:先是两辆车上的射手互相向对方的车马射箭,等战车靠近后,负责近战的武士会用戈或矛互相交战。但在这时,战车还是在行驶的。因此,它们会彼此擦身而过。这个过程在古书中就称为“合”。这个“合”不但是“会合”的意思,而且还有“相交、交战”的意思。当战车驶远之后,各自必须再掉过头来,准备第二次对攻。这个战车掉头的过程,就被称为“回”。然后两车再次彼此驶近而“合”。一个“回”,必有一个“合”。就这样,战争在这样不停地一“回”一“合”中持续下去。直到有一方车上的人受伤或被杀死,宣告失败,直接驾车而逃。这样,在“合”之后,就不再有“回”,战争也就可以结束了。

“十八般武艺”具体指什么

十八般兵器,泛指多种技艺,其内容在各个时期有所不同。其名称,始见于元曲。近代戏曲界有人称之为刀、枪、剑、戟、斧、钺、钩、叉、鞭、锏、锤、挝、镋、棍、槊、棒、拐、流星锤十八种兵器。

后来演变为十八般武艺,十八般武艺,指能使用十八般兵器的本领,亦泛指多种武艺;《水浒传》写到的十八般武器是:矛、锤、弓、弩、铳、鞭、锏、剑、链、挝、斧、钺、戈、戟、牌、棒、枪、扒。

民间相传古代精通十八般武艺者为项羽和吕布。

自清代以来,十八般武艺又有四种说法:

(1)指“刀、枪、剑、镗、棍、叉、耙、鞭、锏、锤、斧、钩、镰、扒、拐、弓箭、藤牌”。

(2)与(1)排列相同,唯后三件变为:代、抉、弓矢。

(3)指“九长九短”。九长为:枪、戟、棍、钺、叉、镗、钩、槊、环;九短为:刀、剑、拐、斧、鞭、锏、锤、棒、杵。

(4)近代戏曲界有人称之为刀、枪、剑、戟、斧、钺、钩、叉、鞭、锏、锤、抓、镋、棍、槊、棒、拐、流星锤十八种兵器(便于记忆的方法:刀枪剑戟斧钺钩叉 镋棍槊棒 鞭锏锤抓 拐子流星)。

为何古代处决犯人叫"秋决"呢

古代执行死刑一般是在秋冬季节,这与古人的自然神权观念有关,即顺应天意。春夏是万物生长的季节,而秋冬是树木凋零的季节,象征肃杀。人的行为,包括政治活动都要顺应天时,否则要受到天神的惩罚。皇帝即是天的儿子,更要遵守天意,按照天时行事。处决犯人也是如此。

从西周开始就有了秋冬行刑的做法,到了汉朝成了制度。除了谋反等大罪可以立即处决外,一般死刑犯都要等到秋天霜降后冬至以前才能执行。

古代还有行刑的禁忌,唐、宋规定正月、五月、九月为断屠月,每月的十斋日为禁杀日(初一、初八、十四、十五、十八、二十三、二十四、二十八、二十九、三十),即使谋反重罪也不能在这些日子处死。明朝也规定十斋日禁止行刑,否则笞四十。国家进行的大的祭祀活动时也禁止行刑。行刑的具体时间有的规定在下午1点到5点之间。过时则要等到第二天。

在关于晚晴战争场面的影视作品中,为何一些士兵的军服后面写的是"兵",一些写的是"勇"

我们在有关清代的影视作品中,经常会看到士兵的军服后面有的写"兵",有的写"勇",那么,这两种标志有啥区别呢?

根据历史记载,"兵"是清代国家的常备武装力量,包括八旗兵和绿营兵。

八旗兵分为满八旗、蒙八旗和汉八旗,这些都是大清的正规军,直接隶属皇帝,八旗兵为世兵制,在16岁以上的八旗男性子弟中挑选。"余丁"和不满16岁的"幼丁",可以挑补为养育兵,即预备兵。

绿营兵则是为弥补满军的不足而建立的汉人组成的汉兵,是清入关后改编和新招的汉人部队。这种军队以绿旗为标志,以营为建制单位,故称绿营兵,也叫绿旗兵,简称营兵。

八旗兵同绿营兵虽然都是为了保卫国家,但在朝廷中的分量却不同,八旗兵大部分卫戍京师,是朝廷的精锐部队,被朝廷倚重,而绿营兵则遍布全国各地,数量要比八旗兵多几倍乃至几十倍。通常影视剧上浩浩荡荡的清代大军都是绿营兵。

满清入关以后,绿营兵日渐取代八旗兵的主要地位。可见,"勇"在"兵"之后。很多时候,绿营兵都是临时招募组成的,战事完了后立即解散,并不是国家的正规军。到清末太平天国时,曾国藩才改非正式的乡勇为练勇(即湘军),定兵制,发饷粮,称为勇营。从此,“勇”基本代替了“兵”,成为国家的主要军事力量。

勇营的特点是拿国家饷的私募武装,所谓“兵为将有”,士兵和军官都直接效忠于自己的长官,而不是皇帝。

戏里演的“三堂会审”中“三堂”指什么?古代真是这样审案吗

何谓“三堂会审”?这要从我国古代审判、监察制度谈起。中国封建时代的政治制度内部,有一个很重要的制约系统,即对官僚机构和官吏的监察。

公元前 221 年秦灭六国后,在皇帝之下设置三个最重要的官职,即丞相、太尉、御史大夫,并称三公。丞相掌政务,太尉掌军务,御史大夫掌监察。这种体制奠定了中国两千余年官僚政治的基本格局。汉承秦制,监察机构称御史台,长官为御史大夫。唐代监察机构内部形成严密的三院制,其监察制度还有一个特点是御史参与司法审判,重大案件皇帝“则诏下刑部、御史台、大理寺同案之”,这延续到明清,人称“三堂会审”。明改御史台为都察院,与刑部、大理寺合称“三法司”,为中央最高审判机关,凡“三法司”参与审判的称“三司会审”,习称“三堂会审”。

为何称“三法司”会审为“三堂会审”呢?这是因为刑部、大理寺、都察院三家司法长官正式办公的处所都是在衙署的大堂,故各家长官都俗称“堂官”。三堂会审时,在刑部大堂设三张案桌,刑部堂官尚书为主审官,坐在面南的桌案后,而大理寺、都察院的长官则分坐在东西相对的两张桌案后,审案过程中均有发言权,最后作出统一的审判结果。

监狱为何又叫“班房”,古代监狱是如何演进的

在我们现代人所熟悉的古代监狱名目中,大概就是“班房”了。其实,与我们所想象的并不同,班房并不是监狱,它是衙门中三班衙役办事的地方。最初,为了防止延误审判而把那些犯事的人关进班房候审,并派差役看管,以便随传随到。一旦关进班房,落在衙役手里,很多犯人受尽虐待、折磨,暗无天日。

关于监狱的起源,我们可以将其追溯到远古时代,狱是原始人驯养野兽的(音景)槛或者岩穴,到氏族社会后,狱的作用是关押俘虏,驱使他们劳动。国家产生之后,作为国家机器的一部分,监狱也就随之产生了。

到了周朝,犯人们要在监督之下劳动;春秋战国时期,监狱的规模已经扩大了很多,此时监狱被称为“圄”。到秦朝时,法律严格,违法犯罪的人逐渐增多,所以监狱也增设了不少,郡县基本上都有监狱,汉朝的监狱更多更滥,除了中央监狱即廷尉狱外,还有各个官府自行设置的监狱。此时的监狱还有很多其他的名字,如内宫、居室、保宫和请室等。

“午时三刻问斩”中,午时三刻是个特别的时间吗

看古装电视剧,可能我们经常会听到在一个短剧“午时三刻问斩”,那么,“午时三刻”是个特别的时间吗?为什么选择这个时刻行刑呢?

我们先来看看古代时间的算法,古代一昼夜划为十二个时辰,又划为一百刻(“刻”原来指的就是计时的滴漏桶上的刻痕。一昼夜滴完一桶,划分为一百刻)。“时”和“刻”实际上是两套计时系统单位,换算比较麻烦,平均每个时辰合八又三分之一刻。“午时”一般约合今天的中午十一点至十三点之间,午时三刻是将近正午十二点,太阳挂在天空中央,是地面上阴影最短的时候。这在当时人们看来是一天当中“阳气”最盛的时候。

中国古代一直认为杀人是“阴事”,无论被杀的人是否罪有应得,他的鬼魂总是会来纠缠作出判决的法官、监斩的官员、行刑的刽子手等和他被处死有关联的人员。所以在阳气最盛的时候行刑,可以压抑鬼魂不敢出现。这应该是习惯上“午时三刻”行刑的最主要原因。

几乎全世界所有的古代国家在执行死刑时都是要求在白天进行。比如20世纪以前欧洲国家普遍都是在“日出之时”处刑。这里的共同考虑因素显然有防范的理由,也有威慑民众的理由。不过像中国那样考虑鬼魂阴气因素的却很少。

“午门斩首”的制度真的存在吗?“午门”在哪

在电视连续剧中,我们经常会听到“推出午门斩了”等话语,那么,“午门斩首”这一制度真的存在吗?午门又是在哪里呢?

“推出午门斩首”之说其实并未见之于正式的史籍记载,而是属于民间传说。尤其在一些历史小说和戏曲之中,叙述此类情节的甚多,影响也很大。但它产生和流传的历史并不很长,大约是从明代才开始有的。这是因为这个传说本身是与“午门”的历史密切相关的,而宫门以“午”为名,是元末明初的事情。

午门建于明代,由永乐皇帝朱棣所建。明代,只是“廷杖”时在午门处决,但有时也会打死,所以成了杀人的地方;清代只是打仗回来庆祝在午门而已。其实明清皇宫门前极其森严,犯人“斩首市曹”绝非此地,而是必须押往柴市(今西四)或菜市口等地刑场处决的(例如“六君子血洒菜市口”等证据)。

“笞刑”中只打屁股不打背,这是谁规定的

许多古装剧中,我们常看到有罪之人通常都会在公堂上被判“重打五十大板”,并且,他们只被打臀部,而不是打手、脚、胸或背部,除了因为臀部比较多肉外,这又是为何呢?这又是谁规定的呢?

在《新唐书·刑法志》上载:“太宗尝览《明堂针灸图》,见人之五藏皆近背,针灸失所,则其害致死,叹曰:‘夫箠者,五刑之轻;死者,人之所重。安得犯至轻之刑而或致死?’遂诏罪人无得鞭背。”原来,这是有依据的。

唐朝在中国医学史上是辉煌的,除承袭南北朝既有的医学遗产,并以南北朝、隋朝所设之官方医疗系统为基础,整合了中国的医学。此时期,有很多著名的医学家和重要的医药著作相继推出,也揭开了中国医学史的新页。

唐太宗是个仁厚的君主,一次,在名医李袭誉把修订好的《明堂针灸图》献给太宗阅览时,唐太宗发现,人体的胸、背部是五脏经脉穴道集中之处,而臀部穴位则较少。唐太宗由此联想到,鞭打的刑法中,在隋唐时有五刑,分为死、流、徒、杖、笞。其中笞刑是最轻的,是以竹板或小荆条抽打背部或臀部,自十下至五十下,分为五等。笞刑虽最轻却隐藏危机,鞭背有可能将犯人误打致伤残或死亡。因此,唐太宗为避免打死罪犯,就下令衙门中只可打臀部,不可以打胸、背部。自此之后,公堂之上责打犯人都只棒打臀部了。

古时“幽闭”是怎样的一种酷刑

在一些影视作品或者书籍中,我们会听到或看到一种刑法的名称——“幽闭”,那么,这到底是怎样的一种刑法呢?

幽闭是对女犯施行的宫刑,开始于中国奴隶社会时期,最早的记载见于《尚书·名刑》。这是鲜为人知的“技术”!

明朝人王兆云在《碣石剩谈》中提到了此法的操作:“用木槌击妇人胸腹,即有一物坠而掩闭其牝户(pìn hù),只能便溺,而人道永废矣。”这就是通常所讲的

“幽闭”。至于是什么器官坠落，有人认为是子宫，有人认为是阴道前壁，但这两种脱垂并不能从根本上断绝性交。对此，清人吴芗见解独特，他说，妇女阴道深处有块小骨叫“羞秘骨”，一旦施加外力使它坠下来，就会像闸门一样闸封阴道，无法性交，从而达到惩处女子的目的。

“诛九族”人尽皆知，但居然还有诛十族之事

我们经常听到诛九族这一酷刑，那么，是否有“诛十族”呢？这又是怎么回事呢？

族诛是死刑的一种，是古代封建社会的残酷刑罚。

在中国历史中，族诛始于商朝。当时被称为劓殄，乃族诛的初形，斩杀犯罪者及其后代之刑。后历秦朝，发展为诛三族、五族、七族。至隋，被隋文帝废除，唯被隋炀帝复行并扩至诛九族。于明朝时，更出现史上唯一一次的诛十族。

在史料记载中，史上只有一次诛十族的事件，发生在明朝明成祖登位之时。被处刑者是当时威望甚高的方孝孺。靖难之变后，燕帝登基，但方孝孺认为朱棣篡位，所以当朱棣命其起草即位诏书时，他宁死不从，更予以辱骂，于诏书上写上“燕贼篡位”。屡命不从，朱棣终以诛九族相胁，然而他仍义无反顾地说：“即使诛我十族又怎样？”终朱棣把其门生朋友归入第十族，连同原来九族一并诛杀。最终共诛杀八百七十三人，因此事下狱及被流放充军者亦数以千计。

中国历史上的“象刑”是一种什么刑？真的存在吗

提到“象刑”，也许我们比较陌生，因为在中国历史上出现得并不多，但在一千多年前的东南亚和南亚国家就已经比较多见了。

象刑，顾名思义，就是大象被当作处决犯人刽子手。不少欧美旅行家在看到执行这一刑法的场面，都感到十分恐惧，因为残忍至极，所以在18世纪至19世纪期间被殖民当局禁止。此刑罚也曾被一些西方国家（例如古罗马、迦太基）所采用，主要用于处决哗变的士兵。

然而，在我国历史上的“象刑”却不是这一含义，在早期的中国，“象刑”的意思就是让受刑者使用带有某种特别象征的“图象”的衣物器具，从而达到惩罚犯罪者和儆戒其他人的作用。

如《尚书·尧典》所载：“象以典刑，流宥五刑，鞭作官刑，扑作教刑，金作赎刑。眚灾肆赦，怙终贼刑。”

第十五章

历史印记：这些历史常识你知道吗

相信每个人在很小的时候，就开始了解并学习中国历史，并且，历史还成为一门我们必须学习的学科。在书本上，我们了解到了很多常识，然而，在我们的固有观念中，那些知识真的是正确的吗？实际情况又是如何呢？本章，我们不妨来看看那些可能被我们混淆的历史常识的真面目。

林则徐“烧”的其实不是鸦片

在历史上,我们都知道一个知识点:1840 年林则徐在虎门销烟。而林则徐到底是用什么去“销烟”呢?

其实林则徐并不是用火去焚烧,而是把鸦片放入水中,然后在水中投入大量生石灰,把鸦片给煮熟了。

事实上,“鸦片销毁法”是林则徐从西安临潼人田溥那里学来的。

田溥是嘉庆年间的拔贡,鸦片战争前夕,他任广东香山县令,力主禁烟,曾一举缉获 7000 公斤鸦片,震惊中外。当时人们赞扬此举为“禁烟之嚆矢(第一次响箭)”。

对于田溥的壮举,林则徐非常钦佩。1839 年 1 月 30 日,作为钦差大臣的林则徐,前去拜访这位禁烟老前辈,并恳切地询问了禁烟经验。两人一见如故,倾心交谈。

田溥告诉林则徐,“销烟”不能是“烧烟”。早前有人用火烧鸦片,但烟膏油常常浸入沙土,若被挖出,仍能炼出膏油。林则徐从田溥那里学到了可行的销烟办法:在海滩高处挖两个方池,纵横各 50 米,前设涵洞,后透水沟。先将水入池,撒盐成卤,后将烟土切开投入浸泡,再放进石灰烧化。遇潮时,打开涵洞,随潮出海。

古代的学士是学位吗

在古装电视剧中,我们经常看到“学士”一词,一些人把“学士”一词解释为中国古代的一种学位。其实,古代的“学士”和现今的“学士”是两个完全不同的概念,前者是一种官职,而后者是一种学位。

唐代有宏文馆学士、集贤院学士,为掌文学著作之官,称大学士。宋沿之,对学士中资望特高者,加“大”字。及明洪武十三年(公元 1382 年)废丞相及中书省,十五年仿宋制设大学士,以为皇帝顾问。成祖即位后,以侍讲、侍读学士等翰林官参预机务,入内阁,至明中叶,遂以大学士为内阁长官,替皇帝起草诏令,批条奏章,商承政务,其本身官阶在尚书、侍郎下,但实权甚重。稍后,以尚书、侍郎入阁办事,兼大学士,加官至于一品,位望益尊,乃成为事实上的宰相。清代设立军机处，大学士职权为军机大臣所代替，其称仅作为荣衔，授予军机大臣及内外各官资望特高者，为正一品。大学士皆以殿阁名入衔，明有中极、建极、文华、武英等殿和文渊阁、东阁大学士，并正五品，无定员；清隆十年（公元1745年）以后，大学士专以三殿（保和、文华、武英）和三阁（文渊、体仁、东阁）入衔，满、汉各两人；协办大学士满、汉各一人。均为文臣最高官位，汉人一般非翰林出身不授此官。

古代“秘书”是指皇家秘密的藏书

我们都知道，在任何一个机关团体或企业组织中，都有个职位——秘书。然而，在古代，秘书是什么含义呢？

秘书这个名称，原来是指皇家秘密的藏书。东汉桓帝时开始设秘书监这个职官，其实是相当于国家的图书馆长，年俸六百石。实际上的“秘书长”，汉初叫“长史”，后来叫“中书侍郎”“翰林学士”等。幕僚中的“记实”、地方官府的“主簿”，都相当于秘书。击鼓骂曹的祢衡，就是江夏太守黄祖的秘书，他能写出黄祖“所欲言而未能言”的内容，是一个出色的秘书工作者。

碑文与墓志铭是一回事吗

人在去世后，通常要由他人为其撰写墓志铭或碑文，那么，写墓志铭与碑文有区别吗？

墓志铭一般由志和铭两部分组成。志多用散文撰写，叙述逝者的姓名、籍贯、生平事迹；铭则用韵文概括全篇，主要是对逝者一生的评价。墓志铭写好后刻在石碑上，放置于墓穴之中。神道碑上的内容与墓志铭大同小异，也是记载逝者生前事迹的，所不同的是，墓志铭放置在墓穴中，而神道碑则立在墓道旁。前者陪伴逝者，后者便于生者观览。

“朕”这一自称是从哪个皇帝开始使用的

我们在看古装电视剧中，发现不少中国古代的帝王都称自己为“朕”，并且，这一自称是其他人都不能使用的。“朕”一开始就是皇帝的专称吗?

从夏商周时代开始,天子称王,诸侯称王属于僭越,皇帝从秦始皇开始,把原来每个人都能自称的“朕”(比如屈原在《离骚》中说“朕皇考曰伯庸”)用于皇帝的专称,除了皇帝之外其他人不能用。

国王则不一样,古代中国的国王(主要是秦朝以前的国王和后来分封的诸侯国王)不称“朕”,而是称“寡人”“孤”“不穀”等。

我国最早的一部解释词义的专著《尔雅·释诂》说:“朕,身也。”在先秦时代,“朕”是第一人称代词。意为我。不分尊卑贵贱,人人都可以自称“朕”。屈原《离骚》载:“朕皇考曰伯庸。”据司马迁《史记·秦始皇本纪》记载:秦既灭六国,议君主称号,王绾、李斯等议:“天子自称曰‘朕’。”此后遂专为帝王自称。

“尚方宝剑”真的可以“先斩后奏”吗

在我们古代的戏曲和现今的电视剧中,我们常看到这样的情节:朝中忠奸剧斗,势成水火,忠臣常常落在下风,皇帝也昏庸,就在忠臣眼看要遭奸佞毒害的时候,奇迹出现了:一柄尚方宝剑赫然出匣,上打君不正,下打臣不忠,昏君气沮,奸臣授首。台下观众人心大快,千百颗悬着的激愤的心得到安慰。尚方宝剑成了平民百姓对正义和忠良的寄托与期待。在以天授神权对不法不天的斗争中,尚方宝剑焕发出神奇的光彩。那么,“尚方宝剑”真有“先斩后奏”之权吗?

尚方剑是确有其物的,它是指中国古代皇帝收藏在“尚方”的剑,在汉代称“尚方斩马剑”,至明代称尚方剑,即皇帝御用的宝剑,持有尚方宝剑的大臣,具有先斩后奏等代表皇权的权力。然而,至于尚方剑是否真的具有这种特权,其实,从历史的记载来看,皇帝是不大可能把这样大的权交给别人的。

“百姓”和“黎民”两个词语的含义有何区别

黎民百姓是一个成语,指普通老百姓,我们在日常生活中也经常会听到和用到这一成语,然而,“黎民”和“百姓”真是一个含义吗?

原本“黎民”和“百姓”是两个不同的阶层,后来随着“百姓”(多指贵族阶级)地位的降低,“黎民”和“百姓”统一称谓,共同指称普通老百姓。“黎”,《尔雅》释为“众”,故“黎民”即众民,乃西周开始对庶民百姓之俗称。

几千年前，在黄河流域集中着几个势力较大的部落，有黄帝族、炎帝族、夷族和九黎族等。他们之间经过多年的征战，最后形成了以黄帝、炎帝族的部落联盟，共同战胜了九黎族。其中黄、炎、夷三个部落的联盟，是由大约100个氏族构成的，因此统称“百姓”，而在战争中抓到的九黎族俘虏就称作“黎民”。百姓与黎民，意味着奴隶主与奴隶的区别。

到了西周奴隶制时期，百姓成为贵族的通称。这时的黎民(也称庶民)包括自由民、农奴、奴隶，与百姓形成了互相对立的两大阶级。

到了春秋末期，随着宗族世袭制的破坏，土地私有制的出现，百姓的地位逐渐降低，他们中的大部分人最后也降到黎民的行列中来。因此，后来就将黎民与百姓统一称谓了。

《黄帝内经》与黄帝之间是什么关系

《黄帝内经》简称《内经》，是托名黄帝及其臣子岐伯、雷公、鬼臾区、伯高等论医之书。《黄帝内经》包括《灵枢》和《素问》两部分，各卷81篇，共80余万言。

《黄帝内经》究竟是不是黄帝写的？每一个读《黄帝内经》的人都会涉及这个问题。

到目前为止，大部分研究《黄帝内经》的专家学者都认为，这本书跟黄帝本人没有什么关系，只是后人假托黄帝之名而已。不过，也有一些学者坚持认为《黄帝内经》就是一本黄帝为了了解生命科学，请教医学老师的对话记录。

事实上，《黄帝内经》的著作时代与作者至今尚无定论。从其内容看，非一人一时之作，但一般认为其主要内容是反映战国时期医学理论水平的，基本定稿时期应不晚于战国时期。当然，其中有些内容可能出于秦汉及六朝人之手。

“春秋笔法”与书法无关

春秋笔法，从正面意义上理解，应该是一种书写形式，与书法有关，但实际上并不是如此。

春秋笔法，又称微言大义，指行文中虽然不直接阐述对人物和事件的看法，但是却通过细节描写，修辞手法(例如词汇的选取)和材料的筛选，委婉而微妙地表达作者主观看法。

据说孔子编写《春秋》,在记述历史时,暗含褒贬。后世作者为了阐述孔子的思想,撰写了专门的著作以解释《春秋》的内在含义,特别是其中涉及礼的一些细节。这种做法被称为微言大义[1]或者春秋笔法,被中国古代的传统所褒扬。宋欧阳修组织编修的《新唐书》《新五代史》大量运用春秋笔法。钱大昕云:"《春秋》,褒贬善恶之书也。"朱熹认为《春秋》并无表示褒贬之义的所谓书法。

"编辑"一词其实自古有之

我们都知道,编辑是一种工作,也是一类职业身份。指对作品等进行编写。在现代出版事业中,编辑工作是其中心环节。然而,"编辑"一词古代就有了。

中国的编辑工作出现很早,商代已有文字记录的典册,说明已经有人从事编辑整理简策的工作。实际上,中国的编辑业和中国学术文化一样源远流长,正因为有了精湛的编辑活动,一些著作文书才得以保存和发展。司马迁的《史记》中的十表八书,是编辑工作的结晶。善于叙事且具有很强的艺术感染力的《战国策》,是刘向根据《国策》《国事》《短长》《事语》《长书》《修书》等流行的不同本子,整理校订、精选汇集、确定书名而后编成的。他写的《战国策书录》,就是一份著名的编辑报告。南朝梁昭明太子萧统,和他周围的文学之士,编辑了《文选》,写了《文选序》。说明编选的原则和方法,对后世文学的发展很有影响。其后,李阳冰为李白编《草堂集》,李汉为韩愈编《昌黎先生集》,刘禹锡编《文集》,元稹编《白香山集》,杜牧编《李贺集》,都是出于倾慕和纪念而进行编辑的。司马光精研历史,编成《资治通鉴》,他用了 19 年的精力,领导一个小而精的编辑部,是可谓专职的编辑。南宋而后及至明代,雕版印刷盛行,商品经济发达,手工业城镇中书市坊铺兴起,出现了受聘于书铺的编辑,明末苏州冯梦龙、吴兴凌、闲初等即是代表。

真正的近代职业编辑,在清末戊戌维新运动时及其后,才活跃于学术文化界,成为一种自由职业者。他们中间著名的人物有梁启超、谭嗣同、唐才常、樊锥、章太炎、蔡元培、张元济等。

武则天其实并不是中国历史上第一个女皇帝

提到中国历史上第一个女皇帝,人们心目中铁定的概念便是武则天。殊不知，中国历史上第一个女皇帝其实另有其人，她便是陈硕真，是淳安县梓桐镇人。为何她没有武则天那么有名，可能是因为她没有武则天那样的影响之大，没有武则天那样的宫廷秘闻，没有武则天那样的传说种种。但她确是中国历史上第一个女皇帝。

陈硕真，唐代农民起义女领袖，号称中国“皇帝”的第一位女人。她自称仙人，民间奉其为神。

关于她的传说种种，但一般认为她只是梓桐源的一名普通农村姑娘。她早年丧夫，家境贫寒，由于不忍见乡亲受官吏的压榨和迫害，便率众起义，表现了无比的勇气和才智。起义后，她自称“文佳皇帝”。

中国的“私学”不是孔子首创的

孔子在中国文化史上的成就，我们已毋庸置疑，在春秋时代，他是春秋时代招收学生最多、影响最大的一位私学大师，诚如蔡尚思所说：“如果说孔子办私学的影响，超过了他的前人和同时代人，则是应该承认的，因为它是事实。”然而，私学是否是孔子首创的呢？

其实并不是。

在我国西周以前，“学在官府”，奴隶主贵族垄断文化教育。后来随着社会经济、政治的变动，文化教育上也出现了“学术下移”的现象，一些有识之士以个人身份授徒讲学，这就是中国历史上最初出现的私学。私学的产生，对于打破贵族垄断文化教育的局面，把知识带到民间，起到了积极的推动作用

孔子讲学图出现于西周末年和春秋时期，当时周王朝的统治削弱了，天子失官，学在四夷 。原来在官府的很多文化人走向民间，文化逐渐下移，成为春秋时期社会文化的一大特色。

一些走向民间的文化人开设私学，聚徒传授文化知识。大约和孔子同一时代，郑国人邓析教人学讼 ，传说鲁国少正卯、王骀也开设私学，还有说柳下惠才是创办私学的第一人，所以从时间上来说，孔子不是创办私学的第一人。

“铁杵磨成针”只是一个寓言

生活中，每当劝学时，我们就会引用李白的铁杵磨成针的故事：唐朝大诗人

李白,小时候不喜欢读书。一天,乘老师不在屋,悄悄溜出门去玩。

他来到山下小河边,见一位老婆婆,在石头上磨一根铁杵。李白很纳闷,上前问:"老婆婆,您磨铁杵做什么?"

老婆婆说:"我在磨针。"李白吃惊地问:"哎呀!铁杵这么粗大,怎么能磨成针呢?"老婆婆笑呵呵地说:"只要天天磨铁杵总能越磨越细,还怕磨不成针吗?"

聪明的李白听后,想到自己,心中惭愧,转身跑回了书屋。从此,他牢记"只要功夫深,铁杵磨成针"的道理,发奋读书。

然而,很多人都认为这是李白亲身经历过的事件,其实并不如,这只是一个寓言而已,对于其真实性也未有真实的依据。

皇袍是什么颜色的

在古装电视剧中,我们经常看到皇帝穿皇袍,在我们的印象里,似乎皇袍都是黄色的,然而,历史事实真实如此吗?

从战国到秦汉魏晋之际盛行"五行"(水、火、木、金、土)终始说,中国第一个皇帝秦始皇按水、火、木、金、土(五行)与黑、白、青、赤、黄(五色)分别相配的"五德"说,穿黑色袍服。因为秦王朝实行的水德制度,故衣服、旌旗等以黑色为贵。晋代实行金德制度,以赤色为贵,故晋代皇帝着红袍。后来,"五德"说受到挑战,一些皇帝也不再以"五德"说为惟一行事准则。到了隋朝,文帝、炀帝着黄袍,但未明令禁止他人穿黄色衣服。

到了唐高祖武德年间(618—626 年),开始在百官百姓中禁穿黄色衣服,黄袍遂成为皇帝专用之服。

姓和氏最初是一回事吗

提到姓和氏,大家都觉得是一回事。确实,很久以来,一个人的姓就是氏。所谓"张氏""刘氏",换言之即"姓张的""姓刘的"。但是,在中国上古时期——先秦时代,姓和氏是被严格地加以区别的。弄清这一点,对于认识、研究当时的社会历史有着重要的意义。

姓是代表有共同血缘关系种族的称号,氏则为由姓衍生的分支。姓的起源比较古老,形成以后非常稳定。氏却不然,相对姓来说,它是后起的,随着各种历史条件的影响出现不断的变更。《左传·隐公八年》中有一段话，清楚地揭示了姓和氏的关系：

天子建德，因生以赐姓，胙之土而命之氏。诸侯以字为谥，因以为族；官有世功，则有官族；邑亦如之。

意思是说：天子建立有德之人为诸侯，根据他的出生赐姓，分封土地而又根据封地命名氏。诸侯对于卿大夫，以其字作为谥号，后人便当作族号；世代担任某一官职而有功者，就以官名为族号；也有以封邑作为族号的。

貂蝉在历史上真实存在吗

我们三国演义和其他一些影视作品中，都看到貂蝉这个人，她是中国古代四大美女之一，也是其中唯一一位无史料记载仅存在于小说戏剧中的的美女。

女关于貂蝉的出身，有野史这样交代：其人本姓霍，无名，今山西忻州人。自幼人才出众聪敏过人，因而被选入汉宫，任管理宫中头饰、冠冕的女官，故称“貂蝉”官。因遭十常侍之乱，避难出宫，为司徒王允收留并认为义女，方才成就了离间董卓、吕布父子的壮举。关于貂蝉的结局，有评话这样叙述：吕布死后，貂蝉被曹操带回许昌，作为侍女留在丞相府中，关羽屯土山约三事暂时降曹之后，曹操为了笼络关羽之心，特赐美女十人，貂蝉便是其中一位，当关羽听到貂蝉报出姓名之后，感其胆识，撩髯称了一声“好”之后，闭目不言挥手令去，貂蝉听后，明白关羽全其名节之意，回房后遂自尽而亡。

所以，在历史文献中并没有找到貂蝉这个人，所以，她是否真的存在过也就不得而知了。

孟姜女并非秦始皇时代的

在我国民间，一直流传着《孟姜女》的故事，源自于“杞梁妻哭夫”的史实，故事中的两个主人公，一个是孟姜，另一个是杞梁，历史上确有此人，并非虚造。然而，孟姜女所处的时代真是秦始皇时代吗？

孟姜女哭夫的故事，传说渊源很早，最早源于战国时代。从战国时期开始就见端倪。《春秋左氏传》《礼记·檀弓》《孟子》以及汉代《说苑》《列女传》等都有一些片断记载。自春秋战国至汉代，无论是史实还是传说都没离开齐国境。但经过几个朝代的补续和演义,尤其是自唐代始,杞梁之妻哭夫、城崩演绎成了哭长城,由哭“齐长城”又演绎成哭“秦长城”。

经考察,中央电视第十频道的在2007年12月的《探索与发现:寻找孟姜女,孟姜女传说》,说孟姜女是齐国的一位将军的妻子,秦朝修建长城的时候她已经死了十几年了。所以,确切地说,孟姜女不应该算是秦始皇时代的人。

“宦官”和“太监”是一回事吗

阉人、宦官和太监虽说都是供内宫驱使、受阉割的男人,但三者之间还是有着严格区别的。

东汉之前的宦官是专指供侍于内宫之人,其中既有阉人,也有士人。东汉时,由于“宦官悉用阉人,不复杂调它士《后汉书·宦者列传》”,这时阉人才与宦官等同起来。辞源中把“太监”解释为“在宫内侍奉皇帝及其家族的官”,这一点不错。但紧随其后又有“自此,太监遂成为宦官的专称”一句,这里显然把太监又同宦官认作是一回事。由此便形成了这样一个认识:阉人=宦官=太监。但从《明史·郑和传》“郑和……初事燕王于藩邸,从起兵有功,累擢太监”的记载看,太监显然与宦官、阉人不是一个概念。郑和12岁受阉割人侍燕王朱棣,因“靖难”有功,成祖时被提拔为太监,“太监”显然是超于阉人之上的一类。如果太监即是阉人、宦官的话,又何需“累擢”呢?

可见,从以上的分析中不难得出这样的结论:阉人、宦官在东汉之前是完全不同的两个概念,东汉时起,二者才合流。太监则是地位高于一般宦官的阉人,或者说是阉人首领,三者不应混为一谈。

年号是秦始皇创立的吗

年号是中国古代封建皇帝用以纪年的名号。年号发端于中国,后来日本、越南、大韩帝国时期的朝鲜、高丽初年受到中国影响,也都使用过自己的年号。现在的日本仍然使用自己的年号。

新君即位必须改变年号,称为改元。文天祥《指南录后序》:“是年夏五,改元景炎”,是指南宋端宗极为,改年号为景炎。同一皇帝在位时也可以改元,如女皇帝武则天在位十四年,前后改元达十二次。明清两代皇帝一般不改元,一个皇帝一个年号，故往往就用年号来称呼皇帝，如明成祖朱棣在位年号永乐，称永乐皇帝；清爱新觉罗·弘历在位年号乾隆，称乾隆皇帝。

在中国历史上，第一个年号出现在西汉汉文帝时期，年号为“后元”（公元前163年至公元前156年）。此前的帝王只有年数，没有年号。此后，每次新皇帝登基，常常会改元纪年，并同时改变年号。一般改元从下诏的第二年算起，也有一些从本年年中算起。

古代“先生”指的是老师吗

生活中，我们对那些成年男性常称其为“先生”，这是一种尊称，那么，在古代这一词语是什么含义呢？

先生字面的意思表示：出生比自己早，年龄比自己大的。以此外延为对有一定地位、学识、资格的人可以称为先生。古汉语“先生”一词是对有学问者的尊称，并非所有人都可称为先生。

老师称呼的由来老，古时对公卿大夫的尊称。《礼记·王制》：“属于天子之老二人。”《左传·昭公十三年》：“天子之老，请帅王赋。”这里的“老”均为上公、大夫。师，用于对教师的称呼源自唐代韩愈《师说》：“师者，所以传道授业解惑也。”另外《师说》中“闻道有先后，术业有专攻”就是说知道道理有先后之分，每个人的专业不同，他们都是我们的老师，“先生”总比“后生”早些知道道理，所以“先生”就是老师的意思。

古代帝王也有一夫一妻制吗

在中国古代，只要谈起皇帝的婚姻，总会与“三宫六院七十二嫔妃”这句话联系到一起。诚然，在皇权之上的时代，皇帝多娶几个妻子、妃嫔，都是正常的，但是万事不可一概而论，在中国历史上依然有实行了一夫一妻的皇帝，这位皇帝，就是南北朝时期的西魏废帝——元钦。

永熙三年（534年）底，宇文泰毒死北魏孝武帝元修，立元宝炬为皇帝，建立西魏政权，北魏由此正式分裂为东魏和西魏，东魏由高欢独掌大权，西魏则由宇文泰把持朝政。西魏大统元年（535年）正月，十一岁的元钦以嫡长子的身份被立为太子。

虽为开国皇帝,但国家大事由宇文泰一个人说了算,元宝炬实际上是一个傀儡。好在元宝炬能认清形势,在位期间与宇文泰长期配合默契,君臣相安无事。为了将来能继续把持朝政,宇文泰未雨绸缪,主动将女儿宇文云英嫁给了元钦。元钦与宇文云英自幼青梅竹马,情趣相投,感情非常好。

大统十七年(551 年)三月,元宝炬病逝,元钦即位,册立宇文云英为皇后。宇文云英从小就对烈女很感兴趣,“好陈列女图,置之左右”,当了皇后更加“志操明秀”,元钦对她不但“专宠后宫”,而且“不置嫔御”(《北史·后妃传》)。不置嫔御,就是除了皇后,不设置其他嫔妃御女,这既有惧怕岳父宇文泰的因素,也是元钦对宇文云英“深重之”的体现。在中国历史上,明确记载一生只守着一个女人的皇帝,恐怕也只有元钦了。

董鄂妃与董小宛是一个人吗

其实董小宛与董鄂妃,是不同的女子。

清世祖孝献皇后(1639—1660 年),又称“董鄂妃”,董鄂氏,世祖福临之妃,内大臣鄂硕之女,抚远大将军费扬古之姊。18 岁入宫。世祖对其眷之特厚,宠冠后宫。顺治十三年(1656 年)八月,立为贤妃。十二月,进为皇贵妃,行册立礼,破格颁诏大赦,其父亦进为三等伯。次年,生皇四子,仅三月夭折,未命名。

董小宛名董白,除了“小宛”,她还有一个号“青莲”。她和陈圆圆、柳如是、李香君、顾眉、朱无瑕、赵令燕、马湘兰等,都是明末举世艳称的名妓。她出生在明天启四年(1624 年),到崇祯十七年(1644 年)明思宗朱由检自尽时,作为早已艳名远播的美女,她已经二十岁了;而此时的清世祖爱新觉罗福临,也就是顺治皇帝,他的年纪最多也超不过七岁(因为直到七八年之后,十四岁的小皇帝才够年龄册立他的第一位皇后)。

那么,为什么将风马牛不相及的董小宛与董鄂妃扯在一起了呢?可能是因为她们俩的姓中都有一个“董”字,二人又都是倾国倾城的绝色佳人。一些文人在编写野史时,为了使情节离奇,有吸引力,或出于对清朝皇帝的故意中伤,于是便采用了移花接木之术,将董小宛说成是董鄂妃了。

《清明上河图》描绘的是清明时节的景色吗

《清明上河图》是北宋画家张择端名作，但是不少人都以为这幅画描绘了当年汴京近郊清明时节的生活景象。其实这是错误的，你只要仔细观察此画，就不难发现，画中有卖西瓜、卖新酒、送木炭、打团扇的情景。还有光着身子、露着膀子的大人、小孩及戴着竹篱、草帽的市民与劳动者。由此可以看出《清明上河图》描写的是什么季节了。因此在清明时节是难以看到有卖西瓜的，也很少有人赤身露膀打团扇的。再说，新酒均卖于中秋前后，而未见清明时节有卖新酒的。

据《宋会要辑稿》载，当时汴京外城及郊区，共划分136坊，第一坊名“清明坊”。可见，名画《清明上河图》中的“清明”二字，并非指“清明时节”，而是描绘了当时清明坊到虹桥这一段上河的秋季景色。

古代“丫头”这一称呼仅指小女孩吗

在我国很多地方把未成年的女子称“丫头”，在古人写的许多小说里也可以看到这个称呼。那么，在古代，丫头也仅仅指那些小女孩吗？

其实不尽然。

古代女孩子在及笄之前，头上都要梳着两个“髻”，左右分开，对称而立，像个“丫”字，所以称为“丫头”。唐代刘禹锡《寄赠小樊》诗云：“花面丫头十三四，春来绰约向人时。”

另外，古代婢女经常梳丫髻，所以“丫头”又成为婢女的称呼，宋代王洋在《大阳道中题丫头岩》诗中写道：“不谓此州无美艳，只嫌名字太粗疏。”并自注说：“吴楚之人谓婢女为丫头。”可能由于“丫头”称呼流行于吴地，北方人不明白，所以王洋写诗为注。从此以后，“丫头”称呼广泛流行，直至现在有的地区仍在沿用此说。

“驸马”在一开始就是帝王女婿的称谓吗

从一些古装影视剧中我们可以看到，皇帝的女婿一般都被称为驸马，而其实,在中国最早时期,驸马并不是这一含义,那么,“驸马”最早的含义是什么呢?

驸马最初为官名。我们都知道,公元前221年,秦始皇统一中国,秦王朝成为了中国历史上第一个中央集权制的国家——秦王朝,他自称始皇帝。

秦始皇统一六国之后,行至某处,必定是声势浩大、前呼后应,在博浪沙(今河南原阳),张良会同大力士阻击秦始皇,但可惜的是,并没有拿下秦始皇的首级,只击中他的副车,但从这件事之后,秦始皇也开始提高警惕,在以后每次出游时,他必定更换乘坐的车辆,同时也会在自己身边安排很多护驾的副车,还常掩人耳目,把自己的位置安排在副车上。

自秦始皇之后,历代皇帝都效仿他,都为自己寻找一个替身,而这个替身又大都是自己的女婿。因为女婿是皇室的人,不会损害皇帝的威仪和尊严,而且女婿总比其他人可靠。若万一发生意外,女婿又是外姓,死了也不过是一牺牲品,皇子是绝对不会去乘“副车”的。这样,由于皇帝的女婿常被作为替身乘坐在副车上,跟随皇帝出巡各地,后来,人们就将皇帝的女婿称为“驸马”。

人民币上的“中国人民银行”乃董必武所写,是真的吗

当我们拿出一张人民币,会看到上面有“中国人民银行”六个字,那么,这六个字是谁写的呢?是董必武吗?

这要视具体情况而定。第一次是繁体字(只在第一套人民币上有,不过现代的人基本没有几个见过第一套人民币),是由董必武写的,之后推行简体字,字就要改写!

第二套人民币上的汉字是由当时在中国人民银行任金融研究员的马文蔚先生书写的。

第三套人民币票面上的面额汉字改用了印刷宋体字,但“中国人民银行”行名六个字仍然沿用。

在设计第四套人民币时,又重新把面额文字由印刷宋体字改成了马文蔚的手迹,同时把行名和面额汉字中的繁体字改成了简体字,异体字改成了正体字,旧体字改成了新体字,但仍用马文蔚的书体。

目前流通的第五套人民币票面上的面额汉字改用了印刷宋体字,但“中国人民银行”行名六个字仍然沿用了马文蔚的书体。

三元的人民币其实在历史上发行过

我们都知道，现在通行的人民币面额有一元、五元、十元、二十元、五十元和一百元，但却没有看到三元的，那么，我国发行过三元的人民币吗？

其实是有的，据历史记载，三元人民币的发行时间是 1955 年 3 月 1 日，由于历史原因，于 1964 年 5 月 15 日停止收兑和流通，并进行回收，目前在市面上已经无法看到了。

中国人民币中的三元人民币中的第二套人民币，也就是井冈山钱币是苏联（全称：苏维埃社会主义共和国联盟）帮忙代印的。

第二套人民币中有一款面额十分特殊的人民币——深色的三元人民币，它是我国唯一一张面额为三元的人民币纸币。纸币整体颜色为淡绿色，整体上看比现在在市面上流通的人民币稍微大一些，在正面的两端，各有繁体三元字样，下面标着“1953 年”，正上方为“中国人民银行”六字，中间是井冈山龙源口石桥图景，石桥周围的花边为深绿色，中间的底纹为黄色，纸币的背面图案是花纹和国徽，中间有汉、维、蒙、藏四种文字的“中国人民银行三元”字样。

古时皇帝必须每天都要上朝吗

在古装剧中，我们经常看到皇帝上朝的情节，可能我们都会有疑问：古代皇帝是每天都必须要上朝吗？

其实不是。不过一般每五天或者十天会有一个休沐日，那天皇帝和大臣都可以放假。

在汉代，官员在每五天之中可以有一天不办公，这个假日称为“休沐”，至隋代仍然奉行这一个假日。不过在汉代以后的分裂时期，南方中国曾经有所改变；我们知道，至少建都在今日南京的梁朝曾经规定每十天之中才仅有一次的例假[3]。自唐至元都奉行这一个规定。这些假日称为旬假或旬休，在每月的十日、二十日和最后一天（即二十九日或三十日）[4]。明、清时代再进一步削减，完全废去这一类假日的规定（直到民国时期，星期天才成为官方假日）。

第十六章

逸闻和趣史：追溯年幼时听过的传奇故事

在我们小的时候，就听过一些趣闻，我们也会产生了很多的疑问，比如：睡着了会梦周公、只有慈禧一个人被称为老佛爷吗？为什么天官图上只有郭子仪一个人，法国的国庆节和中国的一样吗？二郎神真的在历史上存在过吗？……所有这些奇趣横生，你最想知道的、最需要知道的、最应该知道的文化常识，在接下来的这章中，都会得到答案。

“二郎神”是历史上的真人吗

我们都知道,在神魔小说《西游记》中,有个二郎神的形象——杨戬,那么,历史上真有这个人吗?

被附会为二郎神的杨戬,历史上实有其人,是北宋时曾当过节度使的极有权势的宦官,《宋史》卷468有他的传。杨戬成为二郎神究竟来自何种传说,至今仍不十分清楚,皮黄戏《宝莲灯》所依据的传说较古(元代杂剧),也显示了一些可供追寻的线索,但该剧定形于小说《西游记》广为流传之后的清代,剧中“劈山救母”的沉香的那位舅父二郎神杨戬,是否恰好反过来竟脱胎于《西游记》或《封神演义》,仍不可断然做出否定。

“万岁”这一对皇帝的称呼何时开始使用的

在中国封建社会中,“万岁”一词是最高统治者的代名词。臣子口中的“万岁爷”就是皇帝,除了皇帝,谁也不敢将自己与“万岁”联系起来,那么,中国古代皇帝从什么时候开始使用“万岁”这一称呼的?

其实,在西周、春秋时,“万年无疆”“眉寿无疆”等是人们常用的颂词和祝福语。《诗经·豳风·七月》有“跻彼公堂,称彼兕觥,万寿无疆”之句,它描写人们经过一年的辛勤劳作后,举行欢庆仪式的场面。这里的“万寿无疆”,是人们举杯痛饮时发出的欢呼语。“万岁”一词,是这些颂词、祝福语的简化。

“万岁”一词究竟在何时归帝王专用呢?史学界意见并不一致。一种意见认为,汉高祖刘邦临朝时,“殿上群臣皆呼万岁”。这时的“万岁”,与战国时作为一般欢呼语的“万岁”不同,是与一整套朝廷礼仪连在一起的。

一种意见认为,属于皇帝的“万岁”,始于汉武帝时。《汉书·武帝纪》载:“元封元年春正月,武帝亲登嵩高,御史乘属,在庙旁吏卒咸闻呼万岁者三,登礼罔不答”。

另一种意见认为,汉朝在皇帝以外也有使用“万岁”的情况。如汉朝礼仪规定,对皇太子亦可称万岁。当时皇族中还有以“万岁”为名的,汉和帝的弟弟就叫“刘万岁”。从汉到唐,对人臣称“万岁”的事例,也是不绝于书,不胜枚举。

到了宋朝,“万岁”之称人臣才决不可染指。北宋大将曹利用的从子曹讷,一次喝醉了酒,“令人吁万岁”,被人告发,杖责而死(《宋史·曹利用传》)。可见,在宋朝时,除了皇帝,绝对不允许任何人称万岁。

传说我们天天用的筷子是大禹发明的,是真的吗

中国是筷子的发源地,我们中国人使用筷子进餐至少也有三千多年的历史了。筷子的构造十分简单:单的两根小细棒,但它有挑、拨、夹、拌、扒等功能,且使用方便,价廉物美。筷子也是当今世界上一种独特的餐具。凡是使用过筷子者,无论是我们中国人还是外国人,都会发出疑问:谁才是筷子的发明者?很多人认为是大禹,事实真是如此吗?

其实,这个问题现在无法回答,因为众说纷纭,而且流传了很多传说。而且,任何传说都是经过历代人民的取舍、剪裁、虚构、夸张、渲染甚至幻想加工而成的,大禹创筷也不例外。它是将数千年百姓逐渐摸索到的制筷过程,集中到大禹这一典型人物身上。其实,筷子的诞生,应是先民群众的集体智慧,并非某一人的功劳。不过,筷子可能起源于禹王时代,经过数百年甚至上千年的摸索和普及,到商代成了和匕共同使用的餐具。

传国玉玺为何缺了一角,现如今下落何处

在传统戏剧中,每当皇帝出场,总会看到一名太监手捧金印,紧随左右。这枚金印是封建时代最高权力的象征,皇帝的宝印——传国玉玺。

在无数的宝物中,秦朝的“传国玺”最为珍贵,被历朝视为“至宝”。几千年来,围绕这块镀金宝玉,演出了一幕幕刀光剑影,明争暗斗的闹剧,使“传国主”蒙上了一层更为神秘的色彩。传国玉玺上书“受命于天,其寿永昌”八个虫鸟篆字,后世传,谁得玉玺谁得天下。那么,传国玉玺为什么缺了一个角度呢?传国玉玺现今何在呢?

西汉末王莽篡权,皇帝刘婴年仅两岁,玉玺由孝元王太后掌管。王莽命安阳侯王舜逼太后交出玉玺,王太后悲愤交加,把玉玺摔在地上,玉玺被摔掉了一块,上面雕刻的螭虎被崩掉了。后王莽以金补之,从此留下瑕痕。

秦始皇灭六国,平天下,完成了统一中国的大业。代表秦王朝至高无上权力的传国宝玺就是用这块天下绝无仅有的“和氏璧”磨制而成的。这之后,“传国

玺”被历朝统治者不停地争来夺去,并传递了一千多年。但到五代时,传国玺突然失踪,不知去向。宋太祖赵匡胤建立北宋王朝时,命人到处寻找,始终未能得到。直到民国初年,末代皇帝溥仪被逐出紫禁城时,警察总监张壁和鹿钟磷等人还苦苦追寻过这块宝玺的下落哩。

传国玺是怎么失踪的？到底失落在哪里？为解开这一千古疑案,不少人仍在浩如烟海的史料中寻找线索。

“徐娘半老”是何含义？“徐娘”是谁

生活中,我们经常听到“徐娘半老”这个词,那么,这个词到底是什么含义呢？

其实,在历史上,确有徐娘其人,指南朝梁元帝的后妃徐昭佩。《南史》:“徐娘虽老,犹尚多情。”后因用以称尚有风韵的中、老年妇女。

“徐娘”,原指南朝梁元帝的徐妃。据《南史·元帝徐妃传》记载,徐妃虽然美丽,却一直没得到元帝的宠爱。步入中年后,她与皇帝身边的年轻臣子季江有染。有一次,有人开玩笑地问季江和年长的徐妃相恋是何滋味,他答道:“徐娘虽老,犹尚多情。”如今,即语源于此。成语“徐娘半老”是赞美年长女子风韵犹存,并非贬义词,但因隐含轻薄之意,故而不可用来形容亲人或尊称长辈。

共工为何发怒撞倒不周山

这一问题在《共工触怒不周山》中有记载(选自《淮南子·天文》,《淮南子》又名《淮南鸿烈》,是西汉淮南王刘安及其门客集体撰写的一部著作)。

昔者共工与颛顼争为帝,怒而触不周之山,天柱折,地维绝。天倾西北,故日月星辰移焉;地不满东南,故水潦尘埃归焉。

其实,共工怒触不周山的故事,是一个著名的神话典故。共工,又称共工氏,相传妻室为桔大爷;为中国古代神话中的水神,掌控洪水。在中国古书《淮南子》中记载,传说共工素来与颛顼不合,发生惊天动地的大战,最后以共工失败而怒触不周山。

它反映了远古部族间的斗争,同时涉及古代天文学上的盖天说。远古的人类显然还不能解释日月星辰运动变化的原因,对这一现象的最好解释就是借助于神话,通过大胆的想象和夸张的手法,来解释“天倾西北”“地不满东南”的现象。

这又是北部人民对于地形及现世界的并未十分美满所起的一种解答。在开辟神话中,这该是尾声了。

关公、赵公明、比干、范蠡都被民间供为财神,到底谁是正财神

在民间财神信仰中,财神并非只是单一的个体,而是一群,也就是说财神是以群体的形象出现于民间的。财神崇拜,起初是商民们的行俗,而后为其他市民和乡人所仿习。财神自南宋兴盛以来,经历代繁衍,逐渐形成一个十分可观的财神神团,种类齐全,各司其职。文财神有比干、范蠡、文昌帝君,武财神有赵公明、关公,各路财神有五路神、五显神,小财神有利市仙官、招财童子、进宝童子、纳珍童子、和合财神。那么,这些财神中,谁才是正财神呢?

这些财神中,最为人们熟知的财神,就是"正财神"赵公明。

世人奉祀的财神,影响最大的当推赵公明。据《三教搜神大全》载,赵公明神异多能,变化无穷,能够驱雷役电,唤雨呼风,降瘟剪疟,保命解灾。故人称"元帅之功莫大焉"。反买卖求财,只要对赵公明祈祷,便无不称心如意,故而民间奉其为财神。旧时年画中,赵公明的形象多为头戴铁冠,手持宝鞭,黑面浓须,身跨黑虎,面目狰狞,因此人们又称其为武财神。

为何人们提到做梦时就要与周公放到一起呢

生活中,我们每个人都会做梦,我们常把做梦和梦周公放到一起,这是为什么呢?

"梦周公"这个典故出自于《论语·述而》。

周公是西周初期一位政治家,他辅助成王摄政,为周朝立下了重大功勋,后世尊他为先贤。

春秋时期的孔子非常崇尚周公的为政,他从小就学习西周流传下来的六艺知识,掌握了西周的黄章制度,他对西周的政治制度非常尊崇,认为西周社会是尽善尽美的社会,而周公也成为他心目中最向往的人物,以至于常常梦到周公。

后来孔子从政于鲁国,他决心恢复西周的制度,旅行仁政,建立西周式的国

家。可是他的主张遭到了当政权贵的竭力反对,最后,他被迫离开鲁国,周游列国,宣传、推行自己的主张,结果处处碰壁,只好又回到鲁国,此时他已年迈体衰,叹息道:“甚矣吾衰也!久矣吾不复梦见周公!”意思是说,我衰老得多么厉害啊!我好久没有梦见周公了!

后来,人们用这个典故来表示缅怀先贤,宋代苏轼的《周公庙》就用了这个典故:“吾今那复梦周公,尚春秋来过故宫。”

刘秀为何重视“谶纬之学”

所谓谶纬之学,是中国古代谶书和纬书的合称。是秦汉间巫师、方士编造的预示吉凶的隐语。纬是汉代附会儒家经义衍生出来的一类书,被汉光武帝刘秀之后的人称为“内学”,而原本的经典反被称为“外学”。

谶纬之学也就是对未来的一种政治预言。流行于中国两汉时期的一种学说。主要以古代河图、洛书的神话、阴阳五行学说及西汉董仲舒的天人感应说为理论依据,将自然界的偶然现象神秘化,并视为社会安定的决定因素。它适应了当时封建统治者的需要,故流行一时,在东汉被称为内学,尊为秘经。魏晋后日渐衰落,刘宋后谶纬之书亦受到历朝查禁,所存仅少量残篇,有明《古微书》、清《七纬 》等辑本存世。谶纬之书除其中包含的迷信成分外,还含有某些古代自然科学知识。

汉朝分为“西汉”“东汉”为何宋朝却叫“北宋”“南宋”

在中国历史上有很多有趣的现象,朝代更迭以成对的形式出现。比如:“西汉”后有“东汉”,“北宋”后有“南宋”。仔细分析后就会发现,最初是以“西”和“东”来划分,后来则是“北”和“南”,都能反映出地域变迁的特征。楚汉之争后,刘邦夺取天下,定都长安,史称“西汉”。王莽夺取政权后,采取了一系列稳定的经济的措施,但效果却适得其反,引发了绿林和赤眉大起义。其中西汉皇族的远亲刘秀通过数年努力,剿灭了其他势力,统一了全国,史称“东汉”。“西汉”和“东汉”存在前后相继的关系,也称“前汉”和“后汉”。刘秀建都洛阳。从地理位置上,洛阳位于长安以东,所以人们称刘秀建立的朝代为“东汉”。

五代十国后期，宋太祖赵匡胤黄袍加身，当了皇帝，定都东京汴梁（今河南开封市），史称“北宋”。北宋末年，金兵攻破汴梁城，徽、钦二帝被俘。徽宗第九子赵构在应天府即位，后迁都与临安（今浙江杭州），史称“南宋”。“北宋”和“南宋”的划分是从都城的位置和疆域考虑的，汴梁位于淮河以北，临安则在长江中下游地区；北宋拥有北方的大部分土地，而南宋则偏安于南方一隅。从政治和经济发展角度考虑，中国领土从汉唐到元明时期，有个逐步扩大的过程，同时经济中心从西方东移，由北方向南方转移。统治者为了加强对这些地区的控制，逐步将都城东迁。当北方游牧民族强大时，就可能南移。反映到王朝更迭上，便是先“西汉”后“东汉”先“北宋”后“南宋”。

克拉苏率领的罗马军为何在东征时神秘失踪

古罗马三巨头之一的克拉苏东征安息，兵败卡累城，自己也战死沙场，其子率第一军团6000余人突围成功，但突围之后他们如泥牛入海杳无音信，他们究竟去了哪里？

公元前53年，古罗马“三巨头”之一克拉苏率领大军东征安息（今伊朗东北），在卡尔莱（今叙利亚的帕提亚）遭到安息军队的围歼，统帅克拉苏被俘斩首，一度所向无敌的罗马军团几乎全军覆没，只有克拉苏的长子普布利乌斯所率的第一军团约6000余人拼死突围。33年后，罗马帝国与安息在经历了无数次大大小小的战争之后，终于化干戈为玉帛，签订了和约，双方开始相互遣返战争俘虏。当罗马帝国要求遣返在卡尔莱战争中被俘的官兵时，安息国当局否认其事。罗马人惊奇地发现，当年突围的古罗马第一军团6000余人神秘地失踪了。第一军团的消失成了罗马史上的一桩悬案，而这桩悬案千百年来一直困扰着中西方史学界。

育王年轻时凶残无度，为什么却被后人称为“和平的皇帝”

提到印度的孔雀王朝，人们就很容易将其与阿育王联系到一起，他被称为“和平的皇帝”。可是，根据记载，年轻时候的阿育王是个凶残至极的国王，那么，为什么人们还给他这样的尊称呢？这要从阿育王一生的治国策略上说起。

在阿育王当国王期间，他早年好战杀戮，统一了除南亚次大陆的整个印度，晚年却后悔自己率领军队参加战争的残酷，因此，不仅自己受了五戒，还把佛教立为国教，在释迦牟尼身后，他又号召世界上都不要发生战争，把自己分到的佛祖舍利分给各个国家，一夜之间，在世界上建立84000座寺塔，这就是佛祖舍利分散的起源。而且，唐代佛家经典著作《法苑珠林》认为，从某种意义上讲，因塔下都是阿育王为奉安释迦牟尼佛真身舍利所造，所有这样的塔，都被称为阿育王塔。

《天官图》为何专画郭子仪，为什么说他“五福俱全”

我们都知道，郭子仪是唐朝一员大将，后人称其为“五福俱全”，并将他的画像称为《天官图》，这是为什么呢？

《太平广记》说郭子仪：“权倾天下而朝不忌，功盖一代而主不疑，侈穷人欲而君子不罪.富贵寿考，繁衍安泰，终始人伦之盛无缺焉。”

据说，郭子仪做人有度量、能包容、与人为善、德行端正。八子七婿，儿孙满堂，享年85岁。他死后，民间有人把他的画像悬挂在中堂，称《天官图》，以祈全福全寿，后来在民间成了习惯。现在在民间收藏家手中还能见到不同版本的《天官图》，图上的“郭天官”慈眉善目，福相。

为什么专画郭子仪？考其渊源，这是国人传统意识的体现，把他看作是“五福”俱全的代表人物。

可贵的是这“天官”的官衔不是政府任命的，是老百姓封的，就像敬慕关羽的忠、孝、节、义而把他奉为关帝，敬慕秦叔宝和尉迟恭的勇而识义而被奉为门神一样，是对他们生前做人的肯定，实际上是把他们当作自己的学习榜样，要像他们那样去做人做事。

伟大的航海家哥伦布为何是“吹牛大王”

我们都知道，哥伦布是世界上伟大的航海家，但我们可能没有想到的是，他居然被人们称为“吹牛大王”，那么，为什么呢？

哥伦布是个热爱知识、勤奋好学的人，曾细心阅读过《马可波罗游记》，在现今保存在西班牙塞维利亚城哥伦布图书馆中的一本《马可波罗游记》中，有哥伦布亲笔做的边注264处。他还读过许多关于“地圆说”的论著，相信地圆说。

1476年他因偶然事故来到葡萄牙，逐渐形成西航去印度的思想。他曾向意大利著名地理学家托斯卡内里写信求教，并得到一幅托氏绘制的世界地图。于是，他根据托斯卡内里“向西航行，即能到达那个生产各种香料和宝石最多的国家”的指引，大胆地为自己制订了一项西航去印度的计划。他认为从加那利群岛到日本只有2400海里。到中国只有3350海里，从而把地球缩小了70%，这是哥伦布始料难及的。当他踌躇满志，信心十足地把“西航计划”呈献给葡萄牙王若奥二世，请求支持时，没想到却碰了一鼻子灰，被看作“是个吹牛大王”而轰出宫廷。哥伦布愤然离葡萄牙，移居西班牙。

岳飞背上真的刺有“精忠报国”四个字吗

举世无双的千古佳话“岳母刺字”已成为中华民族的母教经典。有人说，岳飞背上的那四个字是“尽忠报国”，有人说是“精忠报国”。一字之差，到底是哪一个呢？

北宋灭亡后，国难当头。在这国破家亡的危急时刻，岳母姚氏以大局为重，毅然送儿子投入这场保家卫国的正义战争。她深知自己的儿子拜师周侗后，武艺高强，一心系于宋室安危，又怕儿子在复杂局势下思想动摇，于是，临行前，在儿子脊背上刺下了“尽忠报国”四个大字，意在叮嘱岳飞要时刻以国家民族大义为重。

那么，“精忠报国”又是怎么回事呢？岳飞从军后，屡建奇功，收复失地。绍兴三年秋，宋高宗手书“精忠岳飞”四字，皇后又将这四字绣刺在锦旗上，赠送给岳飞，以示鼓励和褒奖。因封建皇帝的居高临下，人们就把岳飞称为“精忠”元帅，“精忠”二字成了岳飞的代名词，再加上他秉承母训，尽忠报国，所以，人们就将“精忠岳飞”和“尽忠报国”合称为“精忠报国”。

法国国庆节的特殊意义是什么

我们都知道，每年的7月14日是法国国庆节。1789年7月14日，巴黎人民攻占了象征封建统治的巴士底狱，推翻了君主政权。1880年6月，法国议会正式通过法令,将7月14日定为法国的国庆节。法国人每年都要隆重纪念这个象征自由和革命的日子。这一天的夜晚成为欢乐的海洋,法国的标志埃菲尔铁塔为火树银花所映衬。

法国国庆节是法国最隆重的民众节日。7月14日这天,全国放假一天。节日前夕,家家户户都挂起彩旗,所有建筑物和公共场所都饰以彩灯和花环,街头路口架起一座座饰有红、白、蓝一色布帷的露天舞台,管弦乐队在台上演奏着民间流行乐曲。

7月13、14日晚上,狂欢的人群纷纷拥向街头,脖子上围着红、白、蓝三色彩带,随着音乐跳起欢快的卡马尼奥舞及其他民间舞蹈。

观音是男性还是女性

我们看到供奉的观世音菩萨,多是女相。其实观世音菩萨是个男子。在我国唐朝以前观世音的像都属于男相。《华严经》中说:"勇猛丈夫观自在"。可见是男相。至于观世音菩萨在此世界多现女身道理有二:

1.观世音以多苦众生为救济对象,而在人类众生中,以女众的痛苦为最,因此多示现女身,与女子打成一片,而引导她们走向解脱大道。

2.女众痛苦虽多,但内心中的柔和慈善胜过男子。特别是母爱,观世音深知世间母爱的伟大,所以处处示现女身,感化世间的女人,将世间的母爱加以净化和扩大,去慈爱一切众生,成就正等正觉。可见,女相只是观世音随类应化的示现,而不是真正的性别。

"老佛爷"是慈禧太后的唯一称呼吗

在有些历史小说、电影、戏曲中常常把慈禧太后称作"老佛爷",实际上,"老佛爷"的称呼不是慈禧专用的,清朝各代皇帝的特称都叫"老佛爷"。

所以,"老佛爷"是清代对皇太后或太上皇的俗称。不单指慈禧,比如乾隆也曾开玩笑说:朕家住紫禁城,姓爱亲觉罗,人们都叫我为乾隆老佛爷。

我国历史上历代帝王除了有"庙号""谥号"和"尊称"以外,有些帝王还有"特称"。如宋代皇帝的"特称"叫"官家",明代皇帝的"特称"叫"老爷",而清代皇帝的"特称"则叫"老佛爷"。

清朝帝王之所以用“老佛爷”这个称呼，是因为满族的祖先——女真族首领最早称为“满柱”。“满柱”是佛号“曼殊”的转音，意为“佛爷”“吉祥”。后来，有的显赫家族，世袭首领，起名就叫“满柱”。满清建国后，将“满柱”汉译为“佛爷”，并把它作为皇帝的特称。

所以，李莲英为讨好慈禧，也尊慈禧为老佛爷，慈禧当然喜欢这个称呼。

第十七章

世界各民族不同的文明：奇异的世界各国

提到人类文明，我们都知道一点，不同地区人类文明开始的时间不一样。人类文明有两种：一种是世界性的，另一种是区域性或者民族性的。我们生存的世界就是由不同的民族构成的，不同的民族也会有不同的起源、不同的文化，也就会有不同的问题，接下来，我们不妨来看看这些民族问题。

斯里兰卡为何被称为“狮子国”

狮子被我们称为兽王,它象征着威猛、勇敢,因此,不少国家都以狮子作为民族或国家的象征,其中最有代表性的当属斯里兰卡。

斯里兰卡坐落于南亚次大陆东南方,在这个国家,最多的是大象,并没有狮子,即便古代也没有,那么,斯里兰卡为什么有“狮子国”之称?

在古代,斯里兰卡原本叫僧伽罗,来自梵语古名 Simhalauipa(驯狮人),《梁书》称狮子国。玄奘《大唐西域记》称作僧伽罗,即梵语古名 Simhalauipa 的音译。义净《大唐西域求法高僧传》称作师子国、师子洲。

《大唐西域记》“王宫侧有佛牙精舍。高数百尺。莹以珠珍饰之奇宝。精舍上建表柱。置钵昙摩罗加大宝。宝光赫奕联晖照曜。昼夜远望烂若明星。王以佛牙日三灌洗香水香末。或濯或焚。务极珍奇。式修供养。”

唐义净《大唐西域求法高僧传》:“其师子洲防守佛牙异常牢固。置高楼上几闭重关。锁钥泥封五官共印。若开一户则响彻城郭。每日供养,香华遍复。至心祈请,则牙出华上。或现异光。众皆共睹”。

如今的玛雅人生活是什么样

我们经常听到“玛雅人”这个名词,所谓玛雅人,指的是中美洲地区和墨西哥印第安人的一支,又译“马亚人”“马雅人”。公元前约 2500 年就已定居今墨西哥南部、危地马拉、伯利兹以及萨尔瓦多和洪都拉斯的部分地区。约有 200 万人。属蒙古人种美洲支。使用玛雅语,属印第安语系玛雅—基切语族。分布在尤卡坦中部和北部,伯利兹、洪都拉斯南部及塔瓦斯科和恰帕斯的一部分,危地马拉低地和高地及恰帕斯和萨尔瓦多的最南端。

有人说,玛雅文明似乎是从天而降,在最为辉煌繁盛之时,又戛然而止。在哥伦布发现美洲大陆之前,这个伟大而神秘的民族,早已集体失踪。他们异常璀璨的文化也突然中断,给世界留下了巨大的困惑。那么,如今的玛雅人是什么样呢?

现代玛雅人基本上务农,种植玉蜀黍、豆类和南瓜。他们聚居于一中心村周围的各个社区中。中心村有公共建筑和住屋,在多数情况下,这些房屋大部空着;有时也长期住人。社区居民除节日和集市外,都住在各自的农舍中。他们的(尤其是妇女的)服饰,大体上仍为传统形式;男性则较可能穿着现代的成衣。一度很普遍的家庭纺织业日趋式微,衣服大多是用工厂织的布料缝制。他们使用锄头耕地,遇到硬土时则改用铲子。犹卡坦人通常饲养猪和鸡,偶尔也养牛以为农耕之用。工业极少,手工艺品通常只供家庭之需。部分经济作物或当地特产经常销售到外地以换取现金购买本地没有的物品。

你知道闪族人的起源吗

可能我们都听过“闪族人”这个名词,闪族又称闪米特人,是居住于巴勒斯坦及中东其他地区的古老民族,起源于阿拉伯半岛的游牧人民,相传诺亚的儿子闪即为其祖先。阿拉伯人,犹太人都是闪米特人。今天生活在中东北非的大部分居民,不过就是阿拉伯化的古代闪米特人的后裔。

根据闪米特诸教经书《圣经》记载,亚伯拉罕(阿拉伯语发音为易卜拉欣)有两个儿子:

以实玛利:(阿拉伯语发音为易斯玛尼)亚伯拉罕和结发妻子撒拉的侍妾夏甲生的儿子。《古兰经》认为他是阿拉伯人的祖先,穆斯林们认为以实玛利是他们属灵上的祖先,但据科学研究表明,阿拉伯人的血统只有一小部分是来自于以实玛利的。

以撒:亚伯拉罕与结发妻子撒拉之子。以撒又有两子——雅各(后改名以色列;阿拉伯语发音为叶尔孤白)和以扫(后改名以东)。

据《圣经·旧约》记载,雅各是犹太人的先祖,犹太教认为旧约是上帝和“以色列之子孙”的圣约;

以扫和以实玛利的女儿结婚,是阿拉伯人的祖先。这一点和《古兰经》中不一样。不管阿拉伯人的祖先是以实玛利还是以扫,犹太人和阿拉伯人都认为亚伯拉罕(易卜拉欣)是他们的祖先。但是,有着共同祖先的两个民族却历经多次中东战争,中东和平依然没有实现,巴以冲突依然还是冲突。

听说“泰国人来自中国”,是真的吗

近年来有学者称,北京人是泰国人的祖先,泰国人来自中国,那么,为什么会有这样的说法呢?

历史上,由于游牧民族南下,汉人逃往南方,挤压南方民族的生存空间。南方民族只好往更南的地方迁徙。泰国人血统和语言接近壮族、布依族、傣族等中国南方民族,泰国人比中国汉人先引进了佛教。所以泰国人风俗受古印度影响超过中国。华人(南方汉人)迁徙到泰国可追溯到宋朝,但大规模迁徙是在明朝及以后。

泰国前两大民族是暹罗和老挝人,祖先都是广泛分布于中国南方的百越人。由于两者祖先相近,语言、风俗几乎相同。所以泰国人为了让国家团结,统称两族为"泰人"。这种观念也日益被接受,所以一般认为泰国只有"泰人""华人"和少量马来西亚人。

越南,朝鲜、韩国和日本受古中原(汉人)影响,但百年前开始逐渐"去汉化",现在除了日本用不到两千个汉字。其他国家几乎只有考古人员学习汉字。近几年,由于中国开始强大,有部分人开始学习汉语普通话和汉字,但不成气候。

亚述人为什么会尚武

提到亚述人,也许我们都感到陌生,亚述人是居住在两河流域北部(今伊拉克的摩苏尔地区)的一支闪族人,或者更确切地说是与非闪族人融合了的闪族人。有人说,亚述人对人类最大的贡献就是战争的艺术,是恐怖主义的始作俑者。那么,亚述人为什么如此尚武呢?

我们从史书中可以发现,亚述士兵是凶猛残暴的,他们杀人如麻,他们所过之处,尸横遍野,血流成河,一片哀鸣。亚述将士功劳的大小,以所斩敌人的首级的多少为标准。因此,所掳战俘,大多斩首。对战败一方的贵族,处置更为残忍:有割耳割鼻的,有断手断脚的,有五马分尸的,还有剥皮剐肉的,令人触目惊心。而且,这些酷刑的记载并不是来自敌方骇人听闻的传说,而是来自于亚述人自己史官的记载。这说明在亚述人看来,这不是残暴,而是体现了亚述士兵的英勇,是一种荣耀。

对亚述人之所以尚武的原因,美国文化史教授伯恩斯提出了他的看法,我们认为是较有说服力的。他阐述道:

亚述人是一支出色的武士民族,这不是因为他们在种族上不同于所有其他的闪族人,而是由于他们自己的环境有特殊条件。他们的国土资源有限,又经常受到周围敌对民族的威胁,这就养成了他们好战的习性和侵略的野心。因此,无怪乎他们对土地贪得无厌。他们征服越多,就越感到征服之必需,才能保住其已经获得的一切。每一次成功都刺激着他们野心,使黩武主义的链条拴得更牢。

"山姆大叔"为什么会成为美国的象征

提到美国,我们经常用"山姆大叔"这个名称来代替,那么,它为什么能成为美国的象征呢?

"Uncle Sam"是美国人的绰号。它源自1812—1814年间美英战争时期的一个历史传说。

相传在纽约州的特洛伊城(Troy)有位年长的肉类加工商,名叫山缪尔·威尔逊(Samuel Wilson)。他是个朴实、勤劳、能干的人,在当地很有威信,人们亲切地叫他"山姆大叔(Uncle Sam)"。

其实,这位山姆大叔也是一位爱国者,他与父兄曾参加过美国独立战争。在1812年的美英战争中,他的工厂与政府签了一份为军队生产桶装牛肉的合同,美国政府每当收到他交来的经其亲自检验合格的牛肉,就将肉装入特制的木桶,并在桶上盖上US的记号。由于Uncle Sam的首字母是US,而美国(The United States)的缩写也是US,于是人们便把这两个名称合二为一了,意即那些经"山姆大叔"之手的牛肉,成了"美国"的财产。于是当地的人们就把"山姆大叔"当成美国的绰号,并逐渐流传开来。

19世纪30年代,美国漫画家根据历史传说,赋予"山姆大叔"形象,于是出现了一个蓄着胡子的高瘦老头形象。他头戴饰星高顶帽,身穿红、白、蓝三色燕尾服和条纹裤(美国星条旗的图案)。虽白发苍髯,却精神矍铄,一派威仪。从此,这一形象就成了美国的象征。"山姆大叔"勤劳开朗的性格和爱国热忱,体现了美国人民的天性和精神。因此,1961年,美国国会正式承认"山姆大叔"为美国的民族象征和代表。

"阿根廷"的国名是怎么由来的

我们都知道,阿根廷是南美洲的一个国家,是南美第二大国,仅次于巴西,其首都为布宜诺斯艾利斯。那么,阿根廷的国名是怎么由来的呢?

在西班牙语中,"阿根廷"与"拉普拉塔"两词意义相同,均为"白银"。1527

年,西班牙探险家塞瓦斯蒂安·卡沃托率领一支远征队到达南美大陆后,从一个宽阔的河口溯流而上,深入到内地。探险家们发现当地印第安人佩戴着很多银制的饰物,以为当地盛产白银,便将这条河命名为拉普拉塔河,把这一地区称为拉普拉塔区。西班牙殖民统治者后来又将拉普拉塔区改为省。

1816 年 7 月 9 日,拉普拉塔省宣布独立,并将国名正式定为阿根廷。“阿根廷”一词源于拉丁文,不仅是指具体意义上的白银,同时寓意“货币”“财富”。这块广袤的土地上虽不产白银,但有着肥沃的土壤,丰茂的草原,良好的气候,这使阿根廷成了“世界的粮仓和肉库”,财富滚滚而来。因此,把这个国家称之为“阿根廷”,真是再恰如其分不过了。

匈牙利人是匈奴人的后代吗

匈牙利有一些自称是“匈奴后裔”的人,他们目前要求官方承认其少数民族地位,但被驳回。那么,匈牙利人是匈奴人的后代吗?

在 19 世纪前,匈牙利史学界普遍认为匈牙利这一民族与匈奴人之间存在某种关联,也就是说,他们认为自己是匈奴人的后代,在 19 世纪上半叶,著名的匈牙利学者克勒什·乔莫·山多尔为此事而前往了中国和中亚去寻找答案,但就在他到了奥匈帝国成立(1867 年)前后,情况发生了变化。由奥地利哈布斯堡王朝支持的“芬兰—乌格尔”历史学派的观点被官方采纳。这一历史学派依据语言学研究成果认定匈牙利语属芬兰—乌格尔语系,由此确定匈牙利人的祖先同芬兰—乌格尔民族较亲近,而与匈奴人并没有关系。

现在,由匈牙利科学院支持的官方历史结论也认为,匈牙利人的祖先最早来自欧亚大陆交界地带乌拉尔山麓附近的一支游牧民族,他们不是匈奴人,也不是匈奴人的亲戚。

现在,匈牙利以马扎尔人为主,依据 1993 年实施的有关少数民族的法律,官方正式承认国内的 13 个少数民族,如斯洛伐克人、德意志人、吉普赛人等,没有“匈奴人”。

圣马力诺共和国为何没有红绿灯

我们都知道,在我们生活的城市,对交通起到绝对影响作用的就是红绿灯,假如没有红绿灯的约束，交通会陷入一片混乱，然而，可能我们不曾想到的是，世界上还有没有红绿灯的国家，那就是圣马力诺共和国，而且，即便没有红绿灯，也不会堵车。

圣马力诺共和国是欧洲最古老的国家之一，该国风景秀丽，每逢旅行旺季，街市人头涌动，川流不息。圣马力诺只有 2 万多人口，却拥有各种汽车 5 万辆，按理说，交通状况应该是拥挤不堪的。但实际上，在圣马力诺行车，道路顺畅，极少有堵车现象，偶尔塞车也不必担心，很快就会自动化解。尤为令人惊奇的是，该国境内各种大小交叉路口看不到一个红绿灯信号。

没有红绿灯，交通却井然有序，这是为什么呢？这是因为这一城市的公路设计、交通管理都十分科学，该国的道路几乎全是单行线和环行线，驾驶员如果没有进家门或者去停车场，那么，再开一段时间就又会不知不觉地又原路返回了。在没有信号的交叉路口，驾驶人员均自觉遵守小路让大路、支线让主线的规则。在各路口，都标有醒目的“停”字，凡经此汇入主干的汽车都必须停车观望等候，确实看清干线无车时才能驶入。在圣马力诺，人人都自觉遵守交通规则，这已形成习惯。

印加与秘鲁有什么关系

我们常提到印加文明，印加是南美洲古代印第安人文明。印加为其最高统治者的尊号，意为太阳之子。15 世纪起势力强盛，极盛时期的疆界以今秘鲁和玻利维亚为中心，北抵哥伦比亚和厄瓜多尔，南达智利中部和阿根廷北部，首都在秘鲁南部的库斯科。16 世纪初由于内乱日趋衰落，1532 年被西班牙殖民者灭亡。伴随着印加帝国的历史，印加人在建筑、法律、美术、手工艺以及宗教等方方面面创造除了独特的文化。

秘鲁古代境内居住着印第安人。公元 11 世纪，印第安人以库斯科城为首府，在高原地区建立了“印加帝国”，农业和手工业高度发展。15-16 世纪初形成美洲的古代文明之一——印加文明。1533 年沦为西班牙殖民地。1535 年建立利马城，1544 年成立秘鲁总督区，成为西班牙在南美殖民统治的中心。1821 年 7 月 28 日宣布独立，建立秘鲁共和国。1835 年 10 月 28 日玻利维亚和秘鲁正式合并，称秘鲁—玻利维亚邦联。1839 年 2 月 20 日邦联彻底瓦解。1854 年废除奴隶制。1879—1883 年，秘鲁联合玻利维亚同智利进行争夺硝石产地的“太平洋战争”。秘鲁战败后，智利夺取了世界最大的硝石产地塔拉帕卡省，并控制了秘鲁的塔克纳、阿利卡两省。1929 年双方经过和平谈判,秘鲁收回塔克纳省。

“印度”的名称从何而来

印度是世界上人口第二大国,仅次于中国,作为近邻,古代中国人很早就了解了印度。关于其名称,也几经更改,西汉称其为“身毒”,东汉则称之为“天竺”。到了唐朝,才确定译为“印度”。这一名称的确定,得益于唐朝高僧玄奘的考证。他在《大唐西域记》中说:探讨“天竺”的名称,旧时叫“身毒”,或者“贤豆”,根据正确发音应该称作“印度”。

其实,印度人自称婆罗多。印度曾有过很多国名,对同一名称的来历,也众说纷纭,莫衷一是。根据耆那教传说,教祖里施波德沃的长子叫“波勒德”,他是一位威望很高的国王,因此他的国家便以波勒德的变音“婆罗多”命名。又据《往世书》记载,包勒沃王朝著名国王杜施因德的儿子叫“波勒德”,擅长武功,在继任国王期间,打败了许多雅利安人小王国。《梵书》中曾记载其武功。由于波勒德的原因,其后裔一直被认为是“婆罗多”,国祚甚长。因此这个国家便以婆罗多命名。

在《往世书》中尚有另外的记载,如“在大海以北和喜马拉雅山以南,有个国家,名叫‘婆罗多·沃勒施’,其名称的由来是由于波勒德的后裔居住的原因。”由此表明,印度居民的一个古称也叫“帕勒迪”(意即婆罗多人)。又有些学者认为,帕勒迪是指雅利安人进入印度以前的当地土著人而言,其文明遗迹在哈拉帕和摩亨佐—达罗早有发现。不过这种说法存在争议,有人认为帕勒德人是指婆罗多国王的子孙后代。

在中国古书上常有“扶桑”这一国家,“日本”为什么会代替“扶桑”

在中国的古书中,日本这一国家是被称为“扶桑”,《梁书》第五十四卷记载,在我国东方大海中,距大陆 3 万多华里有个名叫“扶桑”的国家。这是我国正史中第一次记载我国东方海域中距离最遥远而神秘的国家。书中对扶桑国的地理位置、国家的政体、法律、宗教、风土物产等都有较详细的记载。而且还指出,该国宗教信仰为佛教,是由东方的 5 个和尚东游到该国后传播开去的。

据《梁书》中“扶桑国”条的记载：“扶桑在大汉国东二万余里，地在中国之东，其土多扶桑木，故以为名。”史书上还说扶桑国人以扶桑果实为食，以树皮绩布为衣，以扶桑皮为纸。扶桑国按照方位来说，约相当于日本，因此后世就用扶桑作为日本的代称。

中国权威性辞书《辞海》(1989年版)为代表，此书“扶桑”条释文第二义说：“按其方位，约相当于日本，故后相沿用为日本的代称。”主要根据是：一、《隋书·东夷传》记载说，日本曾在一份致隋炀帝的国书中，自称“日出处天子”，而称炀帝为“日没处天子”，这样日出其间的东方大树扶桑，一定是指日本。二、唐代诗人王维曾为日本友人做过一首诗，叫作《送秘书晁监还日本国》，有“乡树(国)扶桑外，主人孤岛中”之句，既然唐代改倭国称日本，那么诗句中的扶桑，也就应该是指日本。三、我国近现代著名学者鲁迅和郭沫若在诗文中，曾一再用扶桑代称日本。

印度的姓氏称呼有什么特点

在前印度教时期，也就是婆罗门教时期，原始的种姓制度已经出现，界定了现代印度主要的四大种姓(实质上是五大种姓，因贱民不被认可为一个种姓)。英语里的种姓译成Caste，梵文音译成Varna(瓦尔纳)。我一直觉得“种姓”这个汉译，非常准确地传达出瓦尔纳的含义，比Caste的含义更丰富，更接近原义。原因在于，Caset强调了“种”，而忽略了“姓”。事实上，现代印度社会里的种姓数量已经多达上万，这上万个种姓都是从四个Varna(五个阶层)中分化出来的，印度学研究中称作亚种姓(Sub-caste)，梵文音译成Jati。很多印度人的姓氏，往往就是他们的Jati。理论上的四大种姓(Varna)分别是婆罗门(Brahmin，神职人员)、刹帝利(Kshatriya，武士)、吠舍(Vaishya，平民)、首陀罗(Sudra，奴隶)，另外还有一个贱民阶层，被称作不可接触者(有点类似日本的“秽多”)。但经过历史的演变，种姓制度本身已经变得非常复杂，已经很难完全按照四大Varna严格区分。

古埃及人是黑人还是白人

埃及有着人类最古老的文明，因为，古埃及人的问题是一个重大课题，到现在还没有定论。由于埃及古王朝早在公元前就灭亡了，因此很难具体地说古埃及人是哪种人。

如果非要界定一下,那么我们可以从大致上说,古埃及人是早期白人。理由如下:

1.古埃及壁画和描述的古埃及外貌,不能完全作为判断人种血统的依据,因为肤色可以受气候环境而变化。

2.早期白人与现代白人的界定区分是不同的。古代的地中海沿岸古国,由于开化较早,文明程度较高。与更内地的土著相比,他们自称“白人”而称那些土著为“黑人”。这些早期白人包括:古埃及人,遍布北非的腓尼基人,现在以色列人的祖先希伯来人,红海沿岸的闪米特人(现在埃塞俄比亚的民族),以及南欧的拉丁人等。

希腊神话中有一段故事,希腊英雄珀尔修斯娶了埃塞俄比亚的公主安德洛墨达。这段神话可以表明,那个时代的人们,在编纂神话时,已经将地中海、红海沿岸的国家、势力纳入一个体系来考虑。而现在白人,在地中海文明时,还只是居于更北方的蛮族,他们被早期白人认为是“红种人”(恰恰是因为他们皮肤更白,一旦毛细血管充血,皮肤就显得发红)。

综合上述,可以大致认为古埃及人是早期白人。

日本为什么被称为“蜻蜓洲”

我们都知道,在古时的中国,日本被称为扶桑国,然而,日本还有个别号——“蜻蜓洲”,那么,为什么日本会有这一个别号呢?

日本四面环海,分布在北纬约20—45度、东经约153—123度的海域中,地理景观奇特而秀丽,形似琵琶横卧海角,又如弯弓孤悬天涯。

传说神武天皇曾登高远眺,岛国风情尽收眼底,禁不住发出赞叹:“妍哉乎,国之获矣!……犹如蜻蛉之臀呫焉。”

将日本地貌喻作“蜻蜓点水”,可谓神形兼得,故日本又有“蜻蜓洲”的别号。清人黄遵宪咏有《蜻蜓洲》一诗,认为日本“独立大海中,旷然邈然,不与邻接”。

西班牙人是因为其长相征服了玛雅吗

我们都知道,在西班牙人征服墨西哥和中美洲之前,玛雅人曾拥有过西半球最伟大的文明之一。那么,西班牙人是怎么征服玛雅的呢?有人说这是得益于他们的长相,事实到底是怎样的呢?

玛雅人最早直接接触到西班牙人是在1511年,一艘西班牙船只遇海难,十来个西班牙人漂流到了尤卡坦半岛东部,被当地玛雅王国发现。其中一些人被当场抓去献祭了。最后剩下两个人活下来,一个是格罗尼莫·德阿奎拉,另一个是冈萨罗·格雷罗。前者在1519年科特斯进入尤卡坦时当了西班牙人翻译,后者则有幸成为尤卡坦东部切图马尔王国的将军,并娶了玛雅人为妻,生下了墨西哥史上最早的印欧混血人(所以他现在还被纪念着)。

1517年的时候弗朗西斯科·赫尔南德斯·德科尔多巴从古巴出发航行到尤卡坦,发现海岸上有一些石头垒砌的城堡。他们一开始跟这些玛雅城邦进行了交易,后来还是发生了冲突,他们被赶走了。不过他们向外面的西班牙人报道了尤卡坦的情况,这也引起了后来的科特斯远征。

1519年科特斯在尤卡坦登陆,不过没有什么大动作,而是径直去了阿兹特克并在两年后彻底击败阿兹特克帝国。

1531年蒙特霍又去了,这一回采用分化瓦解的方式,先设法跟玛雅海岸城市坎佩切结盟,然后派出军队深入腹地。玛雅人再施旧计,首先表示臣服,然后各地都进行大规模反抗,于1535年成功将西班牙势力逐出尤卡坦。这一次反抗中玛雅切图马尔王国的西班牙人将军格雷罗很有可能参与了战斗并牺牲,因为有记载称西班牙人发现守城的死者中有一个白人。

1540年,老蒙特霍把军权交给自己的儿子。这年小蒙特霍带了大军进入尤卡坦,征服了西尤卡坦的盟主休玛雅,并在1542年在现在的梅里达市设置了首府。休玛雅的国王皈依了天主教,成为了西班牙的傀儡。小蒙特霍利用强大的休玛雅军队向尤卡坦东部推进,用了4年时间基本上占领了整个玛雅地区,在1546年除了现危地马拉北部的密林地区外,整个尤卡坦均掌握在了西班牙人手中。

中国人和玛雅人拥有共同的祖先吗

带有神秘色彩的玛雅人起源于何地,至今仍是一个谜。关于起源众说纷纭,至今难定论。如今大致有如下几种说法:某个国家的移民。或者是“失落的部族”后裔,甚至是外星人的后代。这种说法令人费解,譬如国家的原体从何而来、外星移民的相貌问题等,都成为考古历史上的谜团。

历史与天文科学家由于研究与考察各种资料,做出有可能的推测,玛雅人来自玛雅星,这是一颗位于太阳系的一颗行星,这里拥有高度文明,已经超过了当今的地球。但是在公元前一万年,一颗直径超过一万千米的行星飞向了太阳系,撞击了玛雅星,只有少数人逃到了地球,而玛雅星却被毁灭了,被撞成了谷神星、灶神星、婚神星与一些小的星。

很多人经过对比发现,中国的文明和玛雅文明有太多的相似之处,这已经不能用偶然来解释了。地理上中国距离两河文明,古埃及文明,古印度文明都更加的接近。但是四大文明确完全的不一样。而中国和玛雅人隔着太平洋,就算是从白令海峡过去的,那也太不可思议了。到底,来龙去脉是怎么回事,到底两者为什么如此相似,只有等待以后的考古发现了。也许终其人类一生也搞不懂来龙去脉。但是,无疑两者的不可思议的相似之处,为我们提供了无限的遐想。

为何日本女性的名字后面很多都有“子”字

在一些影视作品中,我们经常听到日本人名字,知道日本人的名字有个特点,即常常利用结尾字来区别男女,如表示男性,常常用彦、男、夫、雄、朗等作为名尾,女性则多用子、代、江、惠等。但在历史上,这些名字尾语只是作为官称、美称、爱称和尊称而被使用的,以后逐渐演化,才成了名字的一部分。

“子”不是一开始就和女子的名字联系在一起的,最早是在男性中使用。日本奈良时代(710—794 年)以前,男性中称“子”的人不少,一般多兼作官称,如当时在朝廷内有显赫地位的重臣苏我马子、中臣镰子等。中世纪的日本,妇女地位极低,有姓名者寥寥,即或有取“子”为名的,也只是作为尊称限于地位很高的妇女,如镰仓时代(1183—1333 年)的幕府将军夫人北条政子。1868 年明治维新后,政府鼓励贵族女性用“子”作为名字的尾字。大正年间(1912—1926 年),天皇遴选九条节子为皇后,自此开端,“子”才成为日本女子名字的常用字。

第十八章

消失的文明：尚未揭开的人类之谜究竟

人类文明源远流长，先人们给我们留下了太多的财富，然而，沧海桑田、岁月变迁，有些文明终究消失在了历史的长河中，也给我们留下了太多的谜题，比如，古巴比伦王国真的建造过空中花园吗？为何进入金字塔的人最后都不幸丧命？诺查丹玛斯真的有预言人类未来的命运的本领吗……接下来，我们从本章中来验证这些问题的答案。

“食人之风”真的存在过吗

今天，当我们人类提到人吃人的现象时候，总觉得这是非常残忍的、野蛮的，然而，令人难以相信的是，在人类处于野蛮文明时，真的存在过这样的现象，这被称为“食人之风”，达尔文在《一个自然科学家在贝格尔舰上的环球旅行记》中写过南美洲火地岛吃人的情形：“在冬天，火地岛人由于饥饿的驱使，就把老年妇女杀死或吃食，反而留下狗到以后再杀。”

著名的英国生物学家赫胥黎在《人类在自然界中的地位》中说：“在非洲刚果的北部，过去住着一个民族叫安济奎，这个民族非常残酷，不论朋友、亲属，都要吃的。……他们的肉店里面充满着人肉，以代替牛肉和羊肉。他们把在战争中捉到的敌人拿来充饥，又把卖不出价钱的奴隶养肥了，宰杀果腹。”

很多考古学家都已证明“食人之风”确实是存在过的，一般来说，如果不是因为没有其他食物，也就是非生理上的原因导致吃人的，原因有很多种。有人曾经总结过，大概有20种，也就是：报酬、报恩、雪恨、震慑对手、证实誓言、谄媚主子、偏嗜人肉、为治病强身、宗教迷信、人祭或者为了显示勇猛等。

特洛伊战争的地点在哪

洛伊战争的故事，在荷马之前就流传于世，但现代人熟知的特洛伊故事，主要还是源自荷马的《伊利亚特》和《奥德塞》。

其中，《伊利亚特》讲述的故事从阿喀琉斯的愤怒开始，到赫克托尔之死结束。《奥德塞》主要讲战后俄底修斯历经艰险回故里的故事。荷马史诗中，奥林匹斯山的众神远不是完美的化身。他们好斗、善于辞令，很少进行道德说教，展示自己权威的手段采用不加掩饰的神力，愤怒和喜悦都表现得单纯直接。这些特点使得神话故事有更为鲜明的人性色彩。

特洛伊战争是以争夺世上最漂亮的女人海伦为起因，道出以阿伽门农及阿喀琉斯为首的希腊军进攻以帕里斯及赫克托尔为首的特洛伊城的十年攻城战。

特洛伊战争发生在伊斯坦布尔城附近，当时希腊与亚细亚的色雷斯人争夺黑海的入海口所发生的战争，神话中说起因是为了美女海伦，实际上是为了经济利益，打仗总需要借口，没有海伦就会有其他的理由，总之战争总要爆发的，就像葡萄汁战争一样。

胡夫金字塔数字关系之谜你知道多少

在古代世界有“七大奇迹”，埃及的金字塔被誉为“七大奇迹”之冠，其中最为壮观的一座叫胡夫金字塔，它约建于公元前2700多年。塔高146.5米，塔基每边长230.6米，占地约52900平方米，总重量684.8万吨。塔身用230万块巨石砌成，平均每块重10吨，石块之间不用任何黏着物，而由石与石相互叠积而成，人们很难用一把锋利的刀片插入石块之间的缝隙。历时近五千年，这是人类有史以来单个最大的人工建筑物。请看以下这些数据：

金字塔自重×1015=地球的重量。

金字塔高×10×109=地球到太阳的距离（1.5亿公里）。

金字塔高的平方=塔面三角形的面积。

金字塔底周长÷（塔高×2）=圆周率。

金字塔底周长×2=赤道的时分度。

金字塔的四条棱分别正对地球的东、西、南、北，误差不超过0.5度。

金字塔底面正方形的纵平分线至无穷则为地球的子午线；穿过胡夫大金字塔的子午线，正好把地球上的陆地和海洋分成均匀的两半。

金字塔的重心正好坐落在各大陆引力的中心。

金字塔的底面周长230.36米，为362.31库比特（古埃及一种度量单位），这个数字与一年中的天数相近。

金字塔距地球中心的距离和距北极的距离相等。

地球两极轴心的位置每天都会有一定的变化，但在经过25827年的周期后，轴心的位置又回到原来的位置，而金字塔对角线之和正好是25826.6。

自然塌落现象的极限角和稳定角一般为52°，金字塔的锥角正好是51°50′49″。

吉萨的三座金字塔构成的三角形符合毕达哥拉斯定理：三条边的长度比例为3∶4∶5。

你相信，这些数字仅仅是巧合吗？

另外，穿过大金字塔的子午线把地球上的陆地、海洋分成相等的两半。金字塔基正好坐落在地球各大陆引力的中心。

人们苦思冥想，如果不是巧合的话，4500年前的古代埃及人怎么有如此精确的测算呢？

巴格达在两千多年前就已经有电池了吗

在巴格达伊拉克博物馆的藏品中，有一只简陋的小陶罐，外观虽不起眼，却被誉为考古学领域最令人吃惊的发现。因为尽管已有大约两千年历史，但以陶罐内装的所有物质及其制作意图来判断，这只陶罐却像是一个电池的外壳。这种电池是在公元前 248 年到公元前 226 年的一个帕提亚村庄遗址上被发现的。

德国考古学家卡卡维尼格在柏林公布了一个更令人惊讶的消息。他说："根据出土文物中共有可装配 10 个电池的材料来分析，这些电池当时是被串联使用的，串联这些电池的目的则是通过电解法将金涂在雕像或装饰品上。"而另一种推测是科罗拉多大学的保罗·凯泽，他指出，这些电池的使用者是巴比伦的医生，在当时没有电鳐鱼时，他们把它作为替代品使用，从而能起到局部麻醉的作用。

卡维尼格这两个发现立即引起世界考古界的哗然。但是，他的论断却长时间未得到考古界的承认。正如此后访问巴格达的英国科学博物馆秘书长、化学和自然科学家瓦里物尔·温冬所说："尽管他的论断颇有道理，但自然科学家很难相信，化学电池在伏打之前约 1500 年就诞生了。这个考古的发现若能在科学上确立，那么便将成为科学史上一个最大的事件！"

古埃及的木乃伊身上真的有"心脏起搏器"吗

埃及卢索伊城郊外，曾经出土过一具奇特的木乃伊，在人们将其抬出墓穴，准备进行初步处理的时候，这具木乃伊竟然发出了令人难以置信的心跳声。正准备把它进行初步处理再交由国家文物部门收藏的工作人员都惊呆了。

后来，工作人员在对眼前的木乃伊进行了仔细检查后，才发现从这木乃伊体内发出了一种奇特的有节律的声音。这种声音虽然如此微弱，但是却非常明显。被吓坏了的工作人员屏住呼吸，循着声音找去，才发现声音来自木乃伊心脏的位置上，仿佛是心脏跳动时所发出的声音。

跳动的不是它的心脏，而是心脏中的心脏起搏器，发现这一起搏器是由一块黑色的水晶制造的。由于这块黑色的水晶含有放射性物质，故而它能凭借自身的能量在那里不断地跳动。

这黑色的水晶来自何方，世界上的确有许多水晶，不过，我们所见到的只有白色和少数的浅红色或紫色的三种，而从未有人见过黑色的水晶。难道它来自另一个星球？这个问题没有人能解答出来。

另一个问题同样让人哑口无言：在2500多年前是什么人能懂得这块黑水晶含有放射性的物质，能使心脏保持跳动呢？

作为心脏起搏器，它一定是在人活着的时候被安放到人体内，以协助人的心脏工作的。这就要求古埃及具备这种医学条件，那么当时的人们是如何将这个起搏器放入人的胸腔里去的呢？专家们也无法解释。

神秘的楼兰古国是如何消失的

楼兰古城曾经是人们生息繁衍的乐园，在人类历史上曾显赫一时，但偌大的国家为何会突然消亡？是什么灾难使之毁于一旦呢？这是令人困惑的千古之谜，也是今天考古学上的大谜团。

古国楼兰在汉代常遭到匈奴的侵袭，因而时常求助于汉朝皇帝。据历史记载，公元前77年，汉朝皇帝的使者来到楼兰，他向楼兰人提出了一个意外的建议："你们在此常受匈奴侵袭，若能下决心将国家往南迁移，汉朝的军队就能保证贵国的安全。"于是，楼兰人便开始流散，背井离乡，最后衰亡。这便是"异族人侵说"。一些学者认为，由于某种原因造成了丝路古道北移伊吾、多河，不再经楼兰，楼兰因此逐渐消亡，这便是"丝路改道说"。可是，丝路改道虽然可使昔日繁荣的楼兰变得萧条，但却不足以使一个人丁兴旺、建筑宏伟的城市毁灭。

于是，科学家们又提出了"河流改道说"。由于塔里木河改道南行，注入台特马湖，只有孔雀河一河之水流入罗布泊，水量大减，造成了罗布泊逐渐缩小，以致干涸。由于严重缺水，楼兰人失去了赖以生存的基本条件，只好远走他乡。近年来，我国气象科学工作者通过多次实地考察，根据大量的文献史实又提出了"气候变迁说"。此说认为，古时的楼兰气候湿润，雨水丰沛，河湖众多，渔业发达，并有农牧业。但大约在公元3世纪到6世纪，那时的气候逐渐由湿润转为干旱，雨量减少，最终土地沙漠化。"此地不养人，自有养人处"，楼兰人只好去寻找能够生息的地方了。但是，"气候变迁说"和"河流改道说"也都有各自的缺陷，因而尚不足以说服人。楼兰古国是怎样消失的？这一问题至今仍是一个千古之谜。

末代沙皇的预支的500吨黄金哪里去了

末代沙皇尼古拉二世和当时统领俄罗斯军队的高尔查克将军为了购买武

器,从1914年开始向外国预支了大约500吨黄金,其中支付给日本的黄金价值数十亿美元。但是,俄罗斯随后爆发内战,尼古拉二世还没来得及从日本运回武器就被革命者推翻。俄方既没得到预订的武器,也没收到日本退回的黄金。

这批黄金是于1920年由高尔查克将军押送到日本的。俄罗斯观察家西罗特金在他所著的四本书中说,这批黄金是用来购买武器的,不过高尔查克从未获得任何军事硬体。西罗特金估计,这些黄金连本带息今日价值高达800亿美元。他声称,这批黄金现在还保存在日本三菱银行的地下金库 。

西罗特金还说,日本从高尔查克手共计收到200吨黄金,1917年3月还从在运往英国途中的沙皇的私人金库"偷了"5.5吨。

1994年,俄罗斯公开文件证明,于1920年被布尔什维克处决的高尔查克至少运送了22箱金条到日本。然而,由于缺乏确凿证据,俄罗斯没能把沙皇黄金问题提到外交层面解决。俄罗斯媒体报道称,东京已承认价值27亿美元的"沙皇黄金"依然存放在日本,但日本没有就该问题正式发表评论。

拿破仑的死因到底是什么

拿破仑的死因在历史上一直是个谜团,科学家和史学家近百年来为此争论不休:有毒死、过度使用灌肠剂、胃癌等种种猜测,20世纪60年代,美国联邦调查局和法国巴斯特大学以拿破仑的头发进行检验分析,发现含有大量的砒霜(砷),毒死的说法此后略占上风。

但据最新的英国《苏格兰人报》报道,专家称一位医生的手稿证实拿破仑当年系死于胃癌而非中毒。据称,这份手稿是在苏格兰一个边远的小村子里发现的。报道说,英国拍卖机构 Thomson, Roddickand Medcalf 找到了一份医生手稿,手稿显示拿破仑死于胃癌。拿破仑死于1821年5月5日,而这位医生就在他死后的第二天检查过他的身体。这份手稿来自苏格兰南部的一位秘密卖主,不久将在卡莱尔进行拍卖。

滑铁卢之役失败后,拿破仑自1815年10月15日起被英国流放至圣赫勒拿岛。历史记录显示,拿破仑死后他的私人医生弗朗西斯科·安托马奇对其进行过尸检,并认定是死于胃癌。而且当时在场的有6位英国军医,虽然新发现的这份手稿没有签名,但是确信它的作者就是当年亲历拿破仑验尸的军医之一。"Thomson,RoddickandMedcalf"的拍卖师史蒂夫·李称,他相信这份手稿不是伪造的。他说:"我们完全不知道它为什么出现在南苏格兰,卖主仍希望保密。但是我们相信这仍是一份重要的文件,可以结束拿破仑死于砷谋杀的猜测。作者在报告中非常清楚地写道,拿破仑的胃部有一块很大的增生,这肯定就是给他造成巨大疼痛的原因。我们还知道,拿破仑的父亲就是死于胃癌,所以他有家族病史。尽管据称在拿破仑的头发里发现了砷的痕迹,但是必须要清楚,砷是铅的组成部分。19 世纪,人们用铅罐装食物,砷经常会渗到食物里。"

此前,一些瑞士医学研究人员通过对拿破仑流亡期间所穿过的 12 条裤子进行研究表明,他在死亡之前的体重快速下降,这证实他死于胃癌。

古埃及的法老们修建巨大、角锥体的坟墓的目的是什么

金字塔是埃及乃至世界的一大奇观。古埃及的法老们为何要修建巨大、角锥体的坟墓?

相传,古埃及第三王朝之前,无论是王公大臣还是老百姓死后,都被葬入一种用泥砖建成的长方形的坟墓,古代埃及人叫它马斯塔巴。后来,有个聪明的年轻人叫伊姆荷太普,在给埃及法老左塞王设计坟墓时,发明了一种新的建筑方法。他用山上采下的呈方形的石块来代替泥砖,并不断修改修建陵墓的设计方案,最终建成一个六级的梯形金字塔——这就是我们现在所看到的金字塔的雏形。

在古代埃及文中,金字塔是梯形分层的,因此又称作层级金字埃及法老——胡夫塔。这是一种高大的角锥体建筑物,底座四方形,每个侧面是文字三角形,样子就像汉字的金字,所以我们叫它金字塔。伊姆荷太普设计的塔式陵墓是埃及历史上的第一座石质陵墓。

在最早的时候,埃及的法老是准备将马斯塔巴作为死后的永久性住所的。后来,大约在第二至第三王朝的时候,埃及人产生了国王死后要成为神,他的灵魂要升天的观念。在后来发现的《金字塔铭文》中有这样的话:"为他(法老)建造起上天的天梯,以便他可由此上到天上"。金字塔就是这样的天梯。

刻在金字塔墓碑上的咒语真的都会应验吗

关于埃及的金字塔,一直是现代人研究对象,因为它充满着神秘的色彩,而其中最令人震惊且毛骨悚然的是金字塔墓碑上的咒语,"不论是谁骚扰了法老的安宁,'死神之翼'将在他的头上降临"。这些咒语似乎一直也很灵验。奇怪的是

几个世纪来,无论谁处于什么目的,只要闯进了法老的金字塔,都会一一应了咒语,不是当场毙命,就是不久后染上奇怪的病症而痛苦地死去。

这些与埃及法老金字塔打交道的人,暴卒的原因是什么?法老墓碑上的咒语是否真就有灵验呢?

一种观点认为墓道壁上有一层粉红色和灰绿色的东西,可能是一层死光,据说它放射出的物质能使人丧命。

也有一些科学家倾向另一种观点,即古埃及的文明已达到可能以剧毒的害虫或毒物作为特殊武器,来保护埃及统治者的陵墓免遭暴力侵犯。1956 年,地理雪茄怀斯特在挖掘落卡里比陵墓时,就曾遭到蝙蝠的袭击。

还有一些科学家试图从生物学上来解释,开罗大学生物博士、医学教授伊泽豪于 1963 年声称:根据他对博物馆许多考古学家以及工作人员进行定期体检的结果,发现所有体检者肌体均存有一种能引起呼吸道感染和使人发高烧的病毒。进入墓穴的人由于感染上这种病毒,将导致呼吸道发炎最终窒息而死。

1983 年,一位叫菲力普的法国女医生,经过长期研究后,认为这些人死亡原因都是因为发掘者和参观者对墓中霉菌过敏反映造成的。据她研究,死者病状基本相同——肺部感染,窒息而死。她解释道:古埃及法老死后,随葬品除珍宝、工艺品、衣服外,还放置了各种水果、蔬菜和大量食品,后者经过千百年的腐烂成为一种肉眼难见的霉菌,黏附在墓穴中。不论是谁,只要吸入这种霉菌后,肺部急性发作,最后因呼吸困难而痛苦地死去。斯拉特斯堡的杜米切恩教授就因钻入刚发掘不久的充满霉菌的陵墓中临摹铭文而一命呜呼。至今为止,这种说法成为较令人信服的解释了。

但是法老墓碑咒语究竟如何,还有待于科学家们的不懈研究,而最近人们又发现这与金字塔本身所具有未知的“塔能”有关,看来真相如何,不可猜测。

在玛雅预言上,真的记载了 2012 是世界末日这一点吗

关于玛雅人,一直有很多神奇的传说,关于人类的未来,曾有人说玛雅人曾给出语言,到目前为止,人类已经走过了四个太阳纪,玛雅人给出了这样的寓言:“地球并非人类所有,人类却是属于地球所有”,并且,他们认为,根据玛雅寓言,现在我们所生存的地球,已经是在所谓的第五太阳纪,到目前为止,地球已经过了四个太阳纪,地球之友五个太阳纪的生存时间,而到每一次太阳纪结束时,都会出现一次毁灭性灾难。

第一个太阳纪是马特拉克堤利，也就是根达亚文明，据说这场文明的消失是由于诺亚的洪水。

第二个太阳纪是伊厄科特尔，也就是米索不达亚文明，这次文明的发生和发展都在南极大陆，最后消灭的原因是地球磁极转换。

第三个太阳纪是奎雅维洛，也就是穆里亚文明，该文明毁于大陆沉没。

第四个太阳纪是宗德里里克，也就是亚特兰蒂斯文明，也是在火雨的肆虐下引发大地覆灭。

玛雅预言也说，从第一个到第四个太阳纪末期，地球都会进入一片混乱之中，而且在世界末日之前会发生一些惨不忍睹的景象，这就等于是地球灭亡之前的警告。

在玛雅预言的最后一章几乎都是关于一些年代的记录，而这就如同事先被安排好的一样，这些年代全部都在“第五太阳纪”时宣告终结，因此，玛雅预言地球将在第五太阳纪迎向完全灭亡的结局。当第五太阳纪即将结束时，必定会发生一些诸如太阳不再出现、地球发生巨大的晃动。

在玛雅语言中，太阳纪一共只有五个循环，一旦太阳经历过5次死亡，地球就要毁灭，而第五太阳纪始于纪元3113年，历经玛雅大周期5125年后，迎向最终。而以现今西历对照这个终结日子，就在西元2012年12月22日前后。

对于人们传扬的世界末日的预言，生活于危地马拉籍的玛雅长老皮克顿站出来进行了澄清：“根本没这回事！”他甚至表示，末日理论源自于西方，玛雅人从来没有这类想法。至于玛雅人所说的2012年，指的应该是人类在精神与意识方面的觉醒及转变，从而进入新的文明。

“金字塔能”是否真的存在

20世纪30年代，法国人鲍维斯便发现了金字塔能。一次，他到胡夫大金字塔参观游览，发现在塔高1/3处叫作“王室”的厅堂内，有一只垃圾桶。尽管“王室”的温度相当高，但堆放在桶内的有机物质如猫狗之类小动物的尸体，经过很长时间竟然没有腐烂变质，反而脱水和木乃伊化了。

所谓金字塔能，指的是一种能场，具体地说是无处不在的电磁波，在特定的角锥体内有效地汇集、谐振，并与地球磁场和万有引力共同作用而形成的一种能场；此能场是从角锥体起始螺旋向上向外扩张的。

科学研究早就发现金字塔能阻碍自然进程：保鲜、还原作用等。人体试验证实，金字塔能对人这个“弱电磁体”有着奇特的功效：提高细胞组织活力、促进体力和精力的恢复等。

美国睡眠医学会(AASM)建议在日常生活中,学生可利用金字塔能提高记忆和思维能力,更快获得考试答案;也可利用金字塔能促进体力和精力的恢复,提高睡眠效率,避免因睡眠不足而白天打瞌睡的尴尬。

三千多年来。神秘的金字塔能量使法老、国王、学者和科学家们迷惑不解。即使我们目前尚无法找到这种能量的真正来源,这种神奇的能量仍具有非凡的意义。

古巴比伦王国真的修建过空中花园吗

一提到古巴比伦文明,令人津津乐道、浮想联翩的首先是"空中花园"。巴比伦空中花园,是世界八大奇迹之一,又称悬园。在公元前6世纪由巴比伦王国的尼布甲尼撒二世(Nebuchadnezzar)在巴比伦城为其患思乡病的王妃安美依迪丝(Amyitis)修建的。现已不存。

空中花园据说采用立体造园手法,将花园放在四层平台之上,由沥青及砖块建成,平台由25米高的柱子支撑,并且有灌溉系统,奴隶不停地推动连系着齿轮的把手。园中种植各种花草树木,远看犹如花园悬在半空中。巴比伦文献中,空中花园始终是一个谜,甚至没有一篇提及空中花园。现代科学家证实巴比伦空中花园实际上位于巴比伦以北300英里之外的尼尼微,其建造者是亚述王西拿基立(Sennacherib),而不是巴比伦的尼布甲尼撒王(King Nebuchadnezzar)。

当然,巴比伦的空中花园并不是吊于空中,这个名字的由来纯粹是因为人们把原本除有"吊"之外,还有"突出"之意的希腊文"kremastos"及拉丁文"pensilis"错误翻译所致。由古巴比伦国王尼布甲尼撒二世为取悦其王后(米底的公主米蒂斯)所建。

英国牛津大学一位历史学家研究发现,世界七大奇迹之一的巴比伦空中花园确实存在,但所在地是古亚述王国首都尼尼微(Nineveh),而非传说中的巴比伦。

安徒生是一位王子吗

我们都知道,安徒生被称为"童话王子",我们熟悉的《卖火柴的小女孩》《丑小鸭》《皇帝的新装》都是他的作品。很多人认为,安徒生是丹麦的王子,那么,事实真的如此吗?

其实不是！他出生于欧登塞城一个贫穷的鞋匠家庭，童年生活贫苦。父亲是鞋匠，母亲是佣人，早年在慈善学校读过书，当过学徒工。受父亲和民间口头文学影响，他从小爱文学。11岁时父亲病逝，母亲改嫁。为追求艺术，他14岁时只身来到首都哥本哈根。经过8年奋斗，终于在诗剧《阿尔芙索尔》的剧作中崭露才华。因此，被皇家艺术剧院送进斯拉格尔塞文法学校和赫尔辛欧学校免费就读。历时5年。1828年，升入哥本哈根大学。毕业后始终无工作，主要靠稿费维持生活。1838年获得作家奖金——国家每年拨给他200元非公职津贴。

安徒生文学生涯始于1822年的剧本编写。进入大学后，创作日趋成熟。曾发表游记和歌舞喜剧，出版诗集和诗剧。1833年出版长篇小说《即兴诗人》，为他赢得国际声誉，是他成人文学的代表作。他最著名的童话故事有《小锡兵》《海的女儿》《拇指姑娘》等。安徒生生前曾得到皇家的致敬，并被高度赞扬：给全欧洲的一代孩子带来了欢乐。他的作品《安徒生童话》已经被译为150多种语言，编成千上万册童话书在全球陆续发行和出版。

神秘的古城摩亨佐·达罗为什么被称为“死亡之丘”

在今天巴基斯坦的信德省的拉尔卡纳县南部，曾经有个城市叫摩亨佐—达罗，大致存在的时间是公元前2600年至公元前1800年，又称“死丘”或“死亡之丘”(Mound of the Dead)，是印度河流域文明的重要城市，摩亨佐—达罗是世界上其中一个早期古代城市，有“古代印度河流域文明的大都会”之称，[1]该段时期的其他古文明包括古埃及、美索不达米亚及克里特文明。多认为是由古印度的白种雅利安人入侵之前达罗毗荼人（即矮黑人）所缔造的都市文明。

虽然摩亨佐·达罗的繁荣经历了漫长的几个世纪，然而，在历史学家的眼里，也只能是一瞬间的过眼烟云。到了公元前18世纪中叶，哈拉帕文化突然衰落了，印度河流域很多地方遭到了毁灭性的打击，尤以摩亨佐·达罗为甚。发掘中除燃烧的残迹外，街头巷尾，到处都是男女老少的尸骨，整座城市变成了一片废墟，人们称之为“死亡的山丘”。

哥斯达黎加的丛林大石球从何而来

位于中美洲南部的哥斯达黎加共和国，是一个美丽富饶的热带国家。哥斯达黎加的地貌大部分是高原和山地,其北部和沿海为低地平原。

在古代,哥斯达黎加曾有 3 万多名印第安人居住,到了 20 世纪 30 年代末,美国联合果品公司的乔治·奇坦前往哥斯达黎加热带丛林,实地考察开辟香蕉园的可能性。当他走进森林后,惊奇地发现,在森林深处整齐地摆放着几十个一人多高的大石球,旁边还有些小石球。最大的石球直径达 2.4 米,重 16 吨,最小的直径也在 2 米以上。球面异常光滑,光可鉴人,上面刻着一些莫名其妙的图案,有直线的、斜线的,还有三角形的等,相互交织。乔治与同行的人面对这些奇异的大石球面面相觑,大惑不解。

考古学家们经过艰苦的考察和研究,他们得出了一致的结论:森林中的巨型石球是人工凿成的,石球的材料是花岗岩。然而当地并没有这种石料。制造一个直径 2.4 米的石球,需用一块重达 20 多吨的正方体石料。制造者是怎样找到那么大的石料?凿好后,又是怎样运来的?还有制造者以及制造时间等问题,哥斯达黎加的史册中并无记载。16 世纪西班牙曾入侵此地,但西班牙人并不知道这里有大石球。

有的考古学家推测,这些大石球是远古时代当地人信奉的太阳神、月亮神等的雕像;有的考古学家认为,大石球可能是古人墓葬的标志,因为有人曾在古墓穴中发现过小石球。众说纷纭,莫衷一是。这件事便成了考古学中的一个疑谜。

世界上最大的土城昌昌古城是用“混凝土”建造的吗

可能很少有人听过昌昌古城,它是古代美洲奇穆王国的都城,建于公元 11 世纪,面积达 20 平方公里。

那么,昌昌古城现状如何呢?大约 16 世纪时,西班牙殖民统治者侵占了这里,在占领了这里之后,又进行了肆意的破坏,转眼间,昔日繁华的昌昌古城沦为废墟。

1956 年联合国教科文组织将昌昌古城作为文化遗产,列入《世界遗产名录》。

昌昌古城之所以特别,是因为它完全是由泥土建造的城市,之所以如此,是因为其特殊的地理位置和自然条件,秘鲁是位于安第斯山脉与太平洋之间,这是个狭长的海岸地区,所以无法采集坚硬的石头作为建筑材料,此时,智慧的昌昌人选择了用泥土来作为建筑的材料,他们将泥土放置到太阳底下,然后将其烤干制成土砖,虽是泥土制成,但却非常坚实,昌昌人就是用这种土砖配合草和贝壳等简单材料制成了规模宏大的昌昌古城，极具艺术价值。

复活节岛上的600多尊人面石雕像从哪里来

在智利，有个著名的小岛叫复活节岛，这一小岛距离智利本土大概有3600多千米，人们一提起这一小岛，就会想到岛上的600多尊巨人石像。这些石像每个都造型独特，栩栩如生，令人惊叹。

这些石像的制作材料是火山岩，直立在平台上，有些石像的头顶部有一块红色的舌头，就好像是被戴上了议定“红色的帽子”。这些石像的雕刻年代大概是公元400年，是刚开始来到这座小岛上的人雕刻的，其中一些石像已经被损毁，也有一些已被推倒，考古学家称，在大约在公元1680年，岛上的两个部落之间发生过一场战争。每个部落可能都推倒自己的石像，再去雕凿更大、更好的石像。

大凡来过小岛看过的人都会产生疑问：这么多的石像是什么人？又是怎样雕凿的？雕凿这些石像是为了什么呢？供人观赏还是让人膜拜呢？

近些年来，不少国家的考古学家、历史学家等都曾亲临这一小岛，希望能将这些问题搞清楚，他们也为此提出很多想法、假设等，并希望逐渐验证，然而，到了最后，他们都发现，所有问题都无法找到答案，都只是猜测而已。

在小岛上，确实也有一些当地居民，但对于石像的来源，以及其他有关石像的人任何事，他们都找不到一点的记忆，石像到底是为了纪念谁？石像是刻的谁？一切都无从得知。

诺查丹玛斯真的能预言人类未来的命运吗

诺查丹玛斯（1503年12月14日—1566年7月2日），亦译诺查丹玛斯，原名米歇尔·德·诺特达姆，法国籍犹太裔预言家，精通希伯来文和希腊文，留下以四行体诗写成的预言集《百诗集》（Les Propheties，1555年出版，《诸世纪》为误译）一部。

有人说，三百多年来，地球上发生的每一件大事似乎都能在诺查丹玛斯的预言中得到证实。比如，飞机上天、汽车出现、希特勒崛起、第二次世界大战爆发、盟军诺曼底登陆、德国战败、墨索里尼死亡、原子弹在日本爆炸、日本投降、美国总统肯尼迪被刺杀、苏联女宇航员进入太空、苏联入侵捷克、中东战争爆发、全球性污染与温室效应、“挑战者号”爆炸戴安娜王妃身亡等。

难道诺查丹玛斯真的像有些人说的那样,能洞察人类的命运和未来吗?还有人开玩笑地从中发现了对“奔腾2”芯片出现纰漏的预言,其“准确性”并不比其他预言差。然而,只要你稍微思考一下就会发现,预言一说就会出现马后炮,人们也都是在事件发生后才在《诸世纪》中发现了“预言”,从来没有人能事先根据《诸世纪》做出准确的预测。

亚瑟王的故事是真实的吗

可能我们都听说过“亚瑟王”这个名字,那么,亚瑟王是谁呢?他的故事到底是传奇还是真实的历史呢?

传说中,亚瑟王(King Arthur)是英格兰国王,圆桌骑士(Knights of the Round Table)的首领,他是公元5世纪的人,他的一生是传奇的。我们现代社会的人一般是从凯尔特神话传说(Celtic mythology)和其分支中了解亚瑟王的一些事迹,当然这些也都是感性的,并未有人真正涉足和了解过亚瑟王的真实生活。

传说中,他是古英格兰的国王一位近乎神话般的传奇人物,在罗马帝国瓦解之后,他率领圆桌骑士团一举统一了不列颠群岛,被后人尊称为亚瑟王。西元800年左右,威尔斯的修士撰写了一本《布灵顿人的历史》,书中首次记载“亚瑟”这个名字,描述他领导威尔斯人抵抗从泰晤士河中游入侵的萨克森人。

亚瑟王传说是否是真实的,一直是后人们争论的问题,一些学派认为是并不存在的,他们认为的亚瑟王是一个几乎被遗忘的、被神化了的人。

吴哥城的200万居民怎么就神秘消失了

在如今的柬埔寨境内,有个著名的景点——吴哥城,它占地10平方公里,是高棉帝国最后一座都城,始建于公元9世纪,耶利亚拔摩七世进行了扩建,它的中央圣殿即巴扬庙有54座大小宝塔,中间一座巨大的宝塔高约43米,直径25米,每座塔的顶部都雕有象征国王的四面佛,各自面向四方,并呈现出高棉式微笑,它象征着王权至上和佛教神圣。

后人从吴哥城的规模估计出,这座古城最繁荣的时候,至少有200万居民。可是,为什么这样一个有雄伟的王宫和庄严的庙宇以及图书馆和蓄水池,有强大的军队和政权，繁荣昌盛的都城，竟然被丛生的莽草所淹没了呢？

吴哥人到底因为什么不见了？一位研究柬埔寨古代历史的外国人有如下一些论断："亡国是由于奴隶们不断起来反抗所造成的。数万、数十万的高棉奴隶，为了满足国王的奢欲，忍饥挨饿，在采石场或在建筑城墙的工地上像牛马似地劳动，每天都有大批的奴隶死亡。有一天，奴隶中涌现出一个领头造反的领袖，他率领奴隶们起义了。他们杀死了奴隶主和狗腿子，把房子也烧了，将所有的贵族和他们的子女都杀死了，最后只剩下奴隶们了。后来奴隶们抛弃了这座城市，迁移到别的地方去了……"从此以后，这里杂草灌木丛生，再以后就变成茂密的热带森林，成了蝙蝠、眼镜蛇、猴子、豹子等动物出没的地方。

当然，这只是揣度，至于五个城里的200万居民为什么会消失，这个谜底至今没有人能解开。

真正的"雷米特杯"现在何处

爱好足球的人应该都听过"雷米特杯"，雷米特杯，原名胜利杯，但后来为了纪念世界杯足球赛始创者、前国际足联主席儒勒斯·雷米特（Jules Rimet）将其更名为雷米特杯（Jules Rimet Cup），"雷米特杯"是用纯银制作，镀金外表，底座是青金石，造型是长翅膀的尼凯（Nikn）——她为希腊神话中的胜利女神。

关于"雷米特金杯"，外界有着不少传说，"雷米特杯"现在还存在吗？据说，"二战"期间，国际足联的副主席Ottorino Barassi为了防止它被敌军盗走，一直将它放置于自己床底下的一个鞋盒里；然而，到了1966年的时候，金杯在英格兰展示时突然失踪，后来它居然被一只狗寻到，找到的地点是一棵树的下面；再到1983年的时候，它再次被盗，这一次是在里约热内卢，据说最后它被盗贼们熔化了。现在我们能看到的，只是金杯的拥有者巴西足协重新制作的复制品。

参考文献

[1]王悦.很冷很冷的冷门知识[M].北京:中国画报出版社,2012.

[2]朱立春.冷门知识大全集[M].北京:中国华侨出版社,2011.

[3]赵伟.最冷最冷的冷门知识[M].沈阳:万卷出版公司,2015.

[4]小巫博士.你所不了解的冷门知识[M].北京:中国华侨出版社,2014.

[5]王四新.很冷很冷的冷门知识 [M].重庆:重庆出版社,2013.

[6]张洞.好学生一定要知道的冷门知识 [M].北京:中国华侨出版社,2012.

[7]朱立春.世界上最好玩最有趣的500个冷门知识 [M].北京:北京联合出版公司,2015.

[8]海天.冷门知识大揭秘 [M].北京:清华大学出版社,2016.